体育赛事接待酒店餐饮管理技术规范

徐 康 ◎ 主编

TECHNICAL SPECIFICATIONS FOR
CATERING MANAGEMENT OF SPORTS
EVENT RECEPTION HOTELS

中国·武汉

内容简介

本书共分为七章,包括体育赛事接待酒店餐饮服务人事行政管理技术规范、体育赛事接待酒店餐饮服务供应链管理技术规范、体育赛事接待酒店餐饮服务厨政管理技术规范、体育赛事接待酒店餐饮服务营运管理技术规范、体育赛事接待酒店餐饮服务品质控制管理技术规范、体育赛事接待酒店餐饮服务工程管理技术规范、体育赛事接待酒店餐饮服务质量监理管理技术规范。

本书为进一步提高我国各类体育赛事接待酒店餐饮服务水平和规范体育赛事接待酒店餐饮服务提供了借鉴的依据,弥补了我国体育赛事接待酒店餐饮管理的不足。本书可供体育赛事管理者、体育赛事餐饮管理人员及服务团队参考。

图书在版编目(CIP)数据

体育赛事接待酒店餐饮管理技术规范/徐康主编. -- 武汉:华中科技大学出版社,2025.1.
ISBN 978-7-5772-1311-8
Ⅰ. F726.93-65
中国国家版本馆CIP数据核字第2025B4C635号

体育赛事接待酒店餐饮管理技术规范 徐 康 主编
Tiyu Saishi Jiedai Jiudian Canyin Guanli Jishu Guifan

策划编辑:尹 红 汪飒婷
责任编辑:李艳艳
封面设计:廖亚萍
责任校对:朱 霞
责任监印:周治超
出版发行:华中科技大学出版社(中国·武汉)   电话:(027)81321913
　　　　　武汉市东湖新技术开发区华工科技园   邮编:430223
录　　排:华中科技大学惠友文印中心
印　　刷:武汉市洪林印务有限公司
开　　本:787mm×1092mm　1/16
印　　张:16.75
字　　数:418千字
版　　次:2025年1月第1版第1次印刷
定　　价:88.00元

本书若有印装质量问题,请向出版社营销中心调换
全国免费服务热线:400-6679-118　竭诚为您服务
版权所有　侵权必究

体育赛事接待酒店餐饮管理技术规范

编委会

- **首席专家：**
  刘清早
- **主任：**
  徐　康
- **委员（按章节编写顺序排序）：**
  张艳琼　田仲方　肖子龙
  白　瑶　陈　成　曹俊儒

前言

　　大型综合性运动会具有竞赛项目多、参赛人数多、规格高、赛事与活动时间集中的特点,其他体育赛事则具有竞赛项目少、接待酒店数量多、分布广、条件各不相同的特点。餐饮服务则是体育赛事组(执)委会重要的、不可替代的主要服务。

　　大型综合性运动会在设立运动员村、技术官员村、媒体记者村的情况下,由村委会对餐饮服务实施统筹管理,由专业的餐饮服务商在村内提供餐饮服务;与此同时,参与运动会的贵宾、特邀嘉宾、观摩团则居住在运动会指定的接待酒店(也称为运动会总部酒店),居住在这些酒店的运动会来宾则由酒店提供餐饮服务。通常按照当届运动会规定的餐饮标准,结合来宾的需求,编制食谱,组织餐饮供应,提供餐饮服务。

　　若大型综合性运动会或者较大规模、较高规格的单项体育赛事不设立运动员村,则由运动会组(执)委会选择运动会举办地的酒店作为接待酒店,由接待酒店提供餐饮服务。组(执)委会通常制订了统一的餐饮标准,但是即使编制了食谱,提出了相应的工作要求,由于没有对餐饮服务的全过程制订规范流程,也没有专业技术人员进行规范化的管理,在运动会或其他体育赛事举办期间,餐饮服务的水平参差不齐,往往出现同一"餐标"在不同的酒店服务质量不尽相同的现象,造成参赛来宾质疑甚至投诉。

为了解决好接待酒店和运动员村餐饮服务的标准和规范的问题,作为我国知名的运动员村餐饮服务商,武汉市京膳坊酒店管理有限公司编制了我国第一本《大型综合性运动会运动员村餐饮管理技术规范》,于2022年11月正式出版,并向全国公开发行,填补了我国大型综合性运动会运动员村餐饮管理的空白。依据该技术规范,武汉市京膳坊酒店管理有限公司在2023年服务第31届世界大学生夏季运动会时,得到了世界各国代表团和各级领导的广泛好评,获得了中国共产党四川省委、四川省人民政府、中华人民共和国教育部、国家体育总局授予的"先进集体"荣誉称号;随后在杭州第19届亚运会运动员村餐饮服务中,再次获得好评。这是继2019年服务第7届世界军人运动会运动员村以及2020年担任武汉蔡甸火神山医院、武汉江夏雷神山医院餐饮服务工作,获得表彰之后,武汉市京膳坊酒店管理有限公司再次获得的荣誉;随后,武汉市京膳坊酒店管理有限公司成为2023年在广西举行的第一届全国学生(青年)运动会运动员村的餐饮服务商,且获得殊荣。

在长期的实践中,武汉市京膳坊酒店管理有限公司不断地探索、总结和提升。为了填补大型综合性运动会和重大单项体育赛事采用酒店接待模式时餐饮服务规范的空白,公司研究出了《体育赛事接待酒店餐饮管理技术规范》,针对没有设立接待酒店而采用分散式官方接待酒店的体育赛事,对这种体育赛事餐饮管理规范流程进行了系统梳理。在专家的指导下,本书经多次修改后汇编成册,为进一步提高我国各类体育赛事接待酒店餐饮服务水平和规范体育赛事接待酒店餐饮服务提供了借鉴的依据,弥补了我国体育赛事接待酒店餐饮管理的不足。

《体育赛事接待酒店餐饮管理技术规范》具有以下特点:一是规范性,对接待酒店餐饮管理的七个主要业务制订了规范流程,做到了餐饮管理全覆盖;二是专业化,本书所有流程都以体育赛事专业的餐饮管理为标准,对流程中各个环节均做了详细叙述,突出了餐饮管理的规范化;三是实操性,本书是体育赛事管理者、体育赛事餐饮管理人员及服务团队的工具书,按工作的逻辑关系进行梳理排序,使读者"读得懂,记得住,用得上"。

由于编写时间有限,本书难免还有一些不足之处,请广大读者指正,以便修改完善。

编 者

CONTENTS 目录

第一章　体育赛事接待酒店餐饮服务人事行政管理技术
　　　　规范 ……………………………………………………（1）
　　人事行政后勤保障工作管理技术规范 ………………………（1）
　　招聘工作管理技术规范 ………………………………………（17）
　　培训工作管理技术规范 ………………………………………（18）
　　新员工报到工作管理技术规范 ………………………………（19）

第二章　体育赛事接待酒店餐饮服务供应链管理技术规范
　　　　…………………………………………………………（20）

第三章　体育赛事接待酒店餐饮服务厨政管理技术规范 …（50）

第四章　体育赛事接待酒店餐饮服务营运管理技术规范 …（86）

第五章　体育赛事接待酒店餐饮服务品质控制管理技术
　　　　规范 …………………………………………………（180）

第六章　体育赛事接待酒店餐饮服务工程管理技术规范
　　　　…………………………………………………………（196）

第七章 体育赛事接待酒店餐饮服务质量监理管理技术
　　规范 …………………………………………………（239）
　　人员管理监督规范 ……………………………………（239）
　　物资管理监督规范 ……………………………………（241）
　　财务管理监督规范 ……………………………………（242）
　　食材管理监督规范 ……………………………………（243）
　　现场加工管理监督规范 ………………………………（244）
　　现场服务管理监督规范 ………………………………（244）

特色目录

第一章　体育赛事接待酒店餐饮服务人事行政管理技术规范 ………………………………………………………………（1）

附件1　员工招聘方案 …………………………………（5）
附件2　薪酬方案 ………………………………………（5）
附件3　培训方案 ………………………………………（9）
附件4　住宿管理方案 …………………………………（14）
附件5　工服订制与洗涤方案 …………………………（15）
附件6　员工行为规范管理规定 ………………………（16）

第二章　体育赛事接待酒店餐饮服务供应链管理技术规范 ………………………………………………………………（20）

附件1　供应链部人员组织架构 ………………………（27）
附件2　采购订货方案 …………………………………（27）
附件3　供应商遴选方案 ………………………………（28）
附件4　总仓遴选方案 …………………………………（30）
附件5　食材采购流程 …………………………………（33）
附件6　总仓食材到货计划 ……………………………（36）
附件7　现场仓进货流程 ………………………………（37）
附件8　现场仓出货流程及库存管理制度 ……………（40）
附件9　供应链风险防控与应急预案 …………………（44）

附件10　现场仓的管理规范 …………………………………（46）
　　附件11　供应链部员工培训计划 ……………………………（48）
　　附件12　现场仓食材到货计划表 ……………………………（48）

第三章　体育赛事接待酒店餐饮服务厨政管理技术规范 …（50）
　　附件1　厨政部管理人员组织架构图 …………………………（54）
　　附件2　厨政部管理人员岗位职责 ……………………………（54）
　　附件3　食谱评审会前的准备工作流程 ………………………（55）
　　附件4　食谱评审会流程 ………………………………………（56）
　　附件5　食谱分解前工作布置要求 ……………………………（56）
　　附件6　食谱分解的规范流程 …………………………………（57）
　　附件7　食谱分解表格 …………………………………………（57）
　　附件8　菜品烹饪手册（供参考） ………………………………（58）
　　附件9　厨政部小型餐厨具、工器具清单（供参考） …………（58）
　　附件10　厨政部低值易耗品、劳保用品清单（供参考）
　　　　　　………………………………………………………（58）
　　附件11　厨政部标识、标牌 ……………………………………（58）
　　附件12　厨政部风险防控及应急预案 ………………………（61）
　　附件13　厨政部保洁要求 ……………………………………（77）
　　附件14　第一次桌面推演内容 ………………………………（82）
　　附件15　第二次桌面推演内容 ………………………………（82）
　　附件16　带人实战演练流程规范 ……………………………（83）
　　附件17　厨政部日常运行管理流程规范 ……………………（83）

第四章　体育赛事接待酒店餐饮服务营运管理技术规范 …（86）
　　附件1　营运部组织架构图 ……………………………………（91）
　　附件2　营运部工作计划 ………………………………………（91）
　　附件3　营运部培训计划 ………………………………………（95）
　　附件4　营运部表单汇总（供参考） ……………………………（97）
　　附件5　营运部岗位职责及其他操作规范 ……………………（97）

附件6　营运部风险防控与突发事件应急流程规范
　　　　…………………………………………………………（125）
　　附件7　营运部方案…………………………………（143）
　　附件8　正式开餐中规范流程………………………（174）

第五章　体育赛事接待酒店餐饮服务品质控制管理技术
　　　　规范………………………………………………（180）
　　附件1　品控部组织架构（含岗位职责）……………（185）
　　附件2　品控部巡检安排……………………………（188）
　　附件3　品控部培训课程一览表……………………（188）
　　附件4　食材进仓收货标准…………………………（189）
　　附件5　体育赛事供餐24小时品控运行方案………（191）
　　附件6　撤场计划……………………………………（195）

第六章　体育赛事接待酒店餐饮服务工程管理技术规范
　　　　…………………………………………………………（196）
　　附件1　体育赛事接待酒店设计规范………………（200）
　　附件2　体育赛事接待酒店设计图纸会审主要内容
　　　　…………………………………………………………（204）
　　附件3　体育赛事接待酒店施工规范………………（205）
　　附件4　体育赛事接待酒店设备选型及安装规范…（211）
　　附件5　体育赛事接待酒店供餐设备能耗表（示例）
　　　　…………………………………………………………（223）
　　附件6　体育赛事接待酒店氛围布置规范…………（224）
　　附件7　工程部运行所需工作表格汇总……………（224）
　　附件8　工程部运行相关对接人员信息表…………（226）
　　附件9　体育赛事接待酒店厨房设备配件清单……（227）
　　附件10　工程部24小时工作流程推演……………（229）
　　附件11　菜品卡主要内容及要求……………………（231）
　　附件12　工程部维保规范……………………………（232）
　　附件13　工程部撤场规范……………………………（236）

第一章 体育赛事接待酒店餐饮服务人事行政管理技术规范

Chapter One

在体育赛事接待中,餐饮管理的首要任务是人员管理。制定体育赛事接待酒店餐饮服务人事行政管理技术规范旨在对餐饮服务团队的人事行政工作进行规范管理。在体育赛事组委会接待部确定了餐饮服务团队以后,餐饮服务团队应该制定与人事行政管理有关的全流程技术规范。这是餐饮服务团队中标或确定后首先要做好的工作。

体育赛事接待酒店餐饮服务人事行政管理技术规范分为人事行政后勤保障工作管理技术规范、招聘工作管理技术规范、培训工作管理技术规范、新员工报到工作管理技术规范四个方面。

人事行政后勤保障工作管理技术规范

序号	时间	地点	主要内容与要求	责任人员	协助人员	备注
1	签订餐饮服务合同阶段(或者中标后)	组委会接待部办公室、餐饮服务团队办公室	(1)组建餐饮服务团队人事行政部管理团队(人事总监1人、人事经理1人、行政经理1人、后勤经理1人、培训经理1人)。落实团队办公室。 (2)到现场实际查看,了解工作环境和条件。 (3)在征求餐饮服务团队各部门意见的基础上,编制人事行政部运行方案,总体方案应包括:①《员工招聘方案》;②《薪酬方案》(含员工激励方案、考勤管理规定等);③《培训方案》;④《住宿管理方案》;⑤《工服订制与洗涤方案》;⑥《员工行为规范管理规定》。 (4)编制人事行政部经费预算方案,落实经费	人事总监	各部门总监	附件1 员工招聘方案参考接待酒店已有的员工招聘方案 附件2 薪酬方案 附件3 培训方案 附件4 住宿管理方案 附件5 工服订制与洗涤方案 附件6 员工行为规范管理规定参考接待酒店《员工交通管理方案》、组委会接待部制定的《工作纪律管理方案》及组委会接待部制定的《工作餐管理方案》

续表

序号	时 间	地 点	主要内容与要求	责任人员	协助人员	备 注
2	开餐前六个月，第一批员工进驻前一周	体育赛事接待酒店	(1) 落实第一批进驻员工的宿舍。 (2) 寻找合适的员工餐厅，解决员工工作餐。 (3) 如有必要，租赁通勤车。 (4) 协同供应链部寻找办公用品合作商家。 (5) 寻找桶装水合作商家。 (6) 购买车票、机票，安排员工按时抵达体育赛事举办地	人事总监	供应链部总监	
3	开餐前五个月，第二批员工进驻前一周	餐饮服务商办公室、员工宿舍、员工食堂	(1) 落实第二批进驻员工的宿舍。 (2) 人事行政部签署《劳动合同》《派遣合同》，同时签署《住宿协议》	人事总监、人事经理、行政经理	各部门总监	参考《劳动合同》标准模板；参考《派遣合同》标准模板；参考接待酒店《住宿协议》模板
4	开餐前三个月	餐饮服务商办公室、员工宿舍、员工食堂	(1) 落实第三批大批量进驻员工的宿舍。 (2) 落实容纳所有员工进餐的准备工作，解决所有员工的工作餐。 (3) 协同供应链部开展工服订制工作	人事经理、行政经理、后勤经理	各部门总监	厨政部、营运部提前排好班次，人事经理提前分好宿舍
5	开餐前两个月	餐饮服务商办公室、员工宿舍、员工食堂	(1) 确保在高峰时段所有员工能够及时用餐，并保证餐食质量。 (2) 安排大批量员工分批次抵达时的迎接准备，保证第三批员工能够顺利并按时抵达体育赛事举办地。 (3) 按餐饮服务团队部门、班次和岗位，重新调整宿舍。 (4) 完成工服接收工作	人事经理、行政经理、后勤经理	各部门总监	

续表

序号	时间	地点	主要内容与要求	责任人员	协助人员	备注
6	开餐前一个半月	餐饮服务商办公室、员工宿舍、员工食堂	（1）根据大批量员工分批次报到的时间，签署《劳动合同》《派遣合同》，同时签署《住宿协议》。 （2）安排员工集中点名，将宿舍房卡、钥匙或密码分派给各直管领导，由直管领导带队前往宿舍安置。 （3）组织员工有序进餐，每日统计四餐进餐人数，跟食堂指定人员核对餐费。 （4）按照组委会接待部的统一要求，办理餐饮服务团队各部门的人员证件和车辆证件。 （5）组织发放工服。 （6）落实员工培训等各项准备工作。 （7）按照餐饮服务团队的统一安排，组织员工参加桌面推演及带人实战演练，做好演练后的整改，确保至少在正式开餐前一周完成整改。	人事总监、人事经理、行政经理、后勤经理	各部门总监	
7	开餐运行	餐饮服务商办公室、接待酒店、员工宿舍、员工食堂	（1）组织餐饮服务团队全体员工参加"倒计时系列活动"和"开餐前动员誓师大会"。 （2）监管员工考勤，办理员工入职、离职手续及保险、薪酬核算等事宜。 （3）做好员工每日四餐进餐人数统计，跟食堂指定人员核对餐费。 （4）确保办公用品、桶装水等物品全部到位。 （5）每日24小时驻守接待酒店员工通道，对员工进出进行检查管理。	人事总监、人事经理、行政经理、后勤经理	各部门总监	

续表

序号	时间	地点	主要内容与要求	责任人员	协助人员	备注
			（6）每日24小时分班对宿舍进行管理，注意人员安全、宿舍卫生、检查寝具及设备设施等的维护。 （7）每日24小时分班接收工服清洗工作。 （8）制订《收尾方案》。			参考组委会接待部《收尾方案》
8	闭餐	餐饮服务商办公室、接待酒店、员工宿舍、员工食堂	（1）宣布员工转移方案。 （2）核对员工考勤后交至财务部，在员工转移离岗前发放薪酬。 （3）对员工进行转移前的教育，加强对员工的管理，离开前检查宿舍物品有无损坏。	人事总监、人事经理、行政经理、后勤经理	各部门总监	
9	收尾	餐饮服务商办公室、员工宿舍、员工食堂	（1）按照《收尾方案》，组织员工进行鉴定、总结，并颁发纪念证书。 （2）组织召开总结大会，对员工进行表彰及奖励。 （3）根据撤场时间，安排通勤车将外地员工送往车站。 （4）对接办公用品、桶装水等供应商，办理退还押金手续。 （5）整理文件和档案。 （6）负责处置人事行政固定资产。 （7）安排继续留守人员的食宿事宜。 （8）配合做好财务结算工作，配合做好审计工作。 （9）组织餐饮服务团队其余管理人员撤离。	人事总监、人事经理、行政经理、后勤经理	各部门总监	

附件1　员工招聘方案

参考接待酒店已有的《员工招聘方案》。

附件2　薪酬方案

1. 薪资考核管理规定

为进一步规范体育赛事接待酒店餐饮服务工作管理,强化各部门人员劳动纪律,提高各部门人员的工作效率,确保体育赛事接待酒店餐饮服务任务顺利完成,建立和完善薪酬考核体系,特制订本办法。

(1) 基本原则。

①公开、公平、公正。

②坚持效率与贡献优先,兼顾按劳分配。

③动态考核,有效激励。

(2) 适用范围:除项目总经理外,体育赛事接待酒店餐饮服务项目所有员工。

(3) 薪酬结构:员工薪酬由岗位工资(固定薪酬)和绩效薪酬组成。

(4) 薪酬考核。

①日常考核:各部门以周工作安排作为日常考核工作重点,工作人员应在计划时间内完成本周工作,未完成的周计划工作应在月度内完成。如未完成月度工作,视情况扣罚当月考核工资。

②项目考核:根据本次餐饮服务项目的完成情况,在项目服务期内按时圆满完成部门任务,未对项目产生不良影响的,给予一次性奖励鼓励;如项目顺利完成,但在项目期间由于个人原因或所在部门给体育赛事造成不良影响的,扣罚当月绩效考核工资。

③考核由考核小组负责实施。

④考核小组组长:项目总经理。

⑤考核小组成员:各部门总监。

⑥考核周期:从体育赛事开始至体育赛事完全结束。

(5) 发放时间。

①次月15日发放工资,如遇节假日提前发放。

②以银行转账或现金方式发放上薪资。

2. 员工激励方案

(1) 目的:为提升工作效率,提高员工积极性,对员工进行关怀激励,由人事总监制定关怀激励政策,人事经理负责具体实施。

(2) 激励原则。

①激励和惩罚相结合原则:采用正面的激励手段,通过认可、表扬、赞赏、加薪、升级等对员工进行肯定和奖励。对员工不佳行为或业绩,采用批评、降薪、降级、通报、扣罚等负面的惩罚手段。在体育赛事接待酒店餐饮管理工作中,将正面激励与负面惩罚手段相结合,做到"奖惩结合,奖罚分明",从这两个方面对员工的工作和行为进行评价和反馈,让员工不断提高工作效率。

②物质激励和精神激励相结合原则：在体育赛事接待酒店餐饮服务正式运行前，组织召开誓师大会。通过誓师大会以表所有员工蓄势待发的决心。会上全体员工将郑重宣誓，致力为运动员提供热情、优质、高效的服务，力求让运动气息与服务工作有机融合，使这里成为运动员的休息驿站与美食天堂，也使餐饮服务项目员工全面进入正式供餐的工作状态，为体育赛事接待酒店餐饮服务的最终胜利而努力奋斗。

誓师大会
具体流程

员工希望得到认可，公司可定制"体育赛事接待酒店餐饮服务明星"奖牌，在顺利闭餐后，召开总结大会，为表现优异的员工颁发奖金，为每一位参与的员工授予奖牌和荣誉证书，让员工引以为豪。

③组织目标和个人目标相结合原则：人事行政部建立组织目标和个人目标的正向相关性，按岗位贡献率设立500~50000元的个人项目完成奖金，使员工在投身于工作、实现组织目标的过程中，也逐步实现个人目标。

（3）激励方案：公司采用"固定薪酬＋绩效薪酬"的激励方式，依据员工的工作绩效，按约定的目标达成情况，向员工支付薪酬。员工收入直接与绩效目标挂钩，激励作用更加明显。

①生日关怀：人事行政部每月定期举行生日会，对在体育赛事期间过生日的员工，赠送生日贺卡或有纪念意义的小礼物，并分享生日蛋糕。

②伤病关怀：员工因伤因病住院，由人事经理及员工所在部门经理一同前往医院探望、慰问员工，表达关怀之情。

③家庭关怀：员工亲属来体育赛事接待酒店探望员工时，可由员工所在部门经理予以接待；在非开餐运行阶段且符合安保规范的前提下，可邀请员工亲属到工作人员餐厅就餐，也可邀请员工亲属参加收尾阶段的员工总结表彰大会。

④每月沟通会：人事行政部负责每月组织不少于一次的"员工沟通会"，邀请总经理或副总经理以及各部门总监参加。会上员工可提出关于工作、生活等方面的问题与建议，由出席会议的领导现场应答，由人事行政部做好会议记录，并负责会后督促相关部门落实。如因各种原因无法完全落实的，应主动向员工反馈相关情况。

3. 员工福利规定

（1）目的：为增强团队凝聚力、归属感和营造积极的工作氛围，并结合国家和当地相关政策及公司规章制度，特制定本制度。

（2）适用范围：本制度适用于体育赛事接待酒店餐饮服务项目所有员工。

（3）福利规定。

①住宿：为每位员工配置床位一个，被褥、枕头一套。

②交通：如有必要，酒店集中安排通勤车。

③工作餐：员工按规定餐标进餐。

④主管及以上级别员工，根据岗位需要发放通信补助。公司提供各类有薪假期，包括法定节假日、病假、丧假、探亲假等。

⑤公司提供的各类保险：公司为员工（含派遣人员）购买国家规定的各项保险，包括养老保险、医疗保险、工伤保险等，保险费用的承担按国家相关规定执行。公司免费为所有员工购买商业性质的意外伤害险。

4. 考勤管理规定

为加强体育赛事接待酒店餐饮服务项目所有员工的考勤管理，保证体育赛事接待酒店餐饮服务工作的正常进行，根据国家相关法律法规和有关政策规定，在保障劳动者合法权益的前提下，结合体育赛事运作的实际情况，特制定本考勤管理规定。

（1）员工考勤的基本要求。

①按照国家法定的劳动者工作时间和休息假期，根据不同部门或不同岗位的工作特点，分别实行标准工时制、综合工时制（轮班制），以确保在体育赛事供餐期间餐饮服务工作的连续性，以圆满完成各项服务任务。

②结合各部门实际工作情况，制定不同工作制的作息时间，以规定的形式进行签到、点名、出勤、加班、调休等考勤管理，并在向聘用人员传达后实施。

③采用考勤机管理员工考勤。

④员工应按规定的考勤时间打卡，不得无故迟到、早退或旷工。若考勤机出现故障，员工应第一时间向部门经理报备，由部门经理核实，经人事经理审批后可以补签到。

⑤因公外出办事，无论时间长短，必须填写外勤工作申请单，并经本部门经理批准，否则视为旷工。

⑥综合工时制（轮班制）员工应按规定的作息时间准时交接班。如遇接班人员未能按时接班，交班人员应立即报告本部门经理，不得脱离工作岗位，直到接替人员到岗交接工作为止。

⑦聘用人员因故不能按时到岗工作时，要提前请假或及时告知本部门经理，以便公司组织人员妥善安排服务工作。需要请假时，应及时办理相应的请假、休假手续，按规定的管理权限批准后方可休假，假期期满应及时到人事部销假。

（2）员工请、休假手续办理流程。

①员工请事假，应由当事人提前填写员工请假单。

②员工休病假，应凭指定医疗机构出具的有效证明文件方可请假。

③员工请假、休假1日由直接主管批准；2日由部门经理批准；3日及以上由部门总监批准。管理人员请假、休假时，须经上一级主管领导批准。员工请假、休假手续经批准后方视为有效。

④员工未履行请假、休假手续，擅自离开工作岗位超过4个小时，按旷工1日处理。请假期满未归，除因特殊情况且有正当理由证明者外，应按旷工处理。

（3）旷工、迟到、早退违规处理。

①旷工：未经直接主管批准，无故不上班者；迟到、早退超过2小时者；超假未归而又无合理证明者；请假理由弄虚作假者；病假未开具证明者；补休换休未经批准同意者。以上违规行为都按旷工处理。

②迟到、早退：凡超过上班时间15分钟，视为迟到，扣罚50元/次。下班早退半小时以内的，以口头警告并扣罚50元/次；半小时以上予以书面警告，并按脱岗处理，扣罚1日工资；2小时以上以严重警告及旷工1日处理。

③无故旷工时一律扣罚日工资的2倍，餐饮服务项目期间累计旷工7日及以上者，予以辞退。

（4）病假、事假期间工资支付规定。

①病假：员工因病或非因工负伤需要治疗休养时，根据指定医疗机构出具的有效证明文

件,给予病假申请。员工在规定的病假期内休假,病假工资可以低于当地最低工资标准支付,但不能低于最低工资标准的80%。

②事假:员工因事请假,原则上不超过5个工作日,事假期间不发工资。

(5)加强考勤管理。

①体育赛事接待酒店运行期间利用考勤机记录员工出勤情况,当月考勤周期:1日—30日(31日)。

②员工上、下班均需打卡(每日共计2次)。

③除项目总经理不用打卡外,其余人员必须严格执行考勤打卡制度。

④各部门应指定专人负责考勤工作,各部门经理必须严格、公正、实事求是地审核员工的出勤情况,认真审核员工请假、休假原始凭证,月底前经部门经理签字后,递交人事行政部审核后交由财务部进行工资核算。

(6)考勤管理实施规定:考勤制度,适用于除项目总经理外的所有员工。用考勤机进行考勤记录时,为避免员工同时进行签到,排队时间过久,更好地执行考勤制度,根据体育赛事接待酒店场地实际情况,购买多台考勤机。

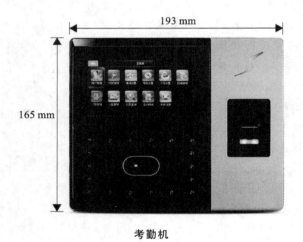

考勤机

外勤工作申请单

申请人		部门		外勤时间	
外勤事由说明:					
				年 月 日	
部门经理(主管)意见:					
				年 月 日	

请假申请单

姓名：	岗位：	部门：
请假时间： 年 月 日至 年 月 日		请假类别：事假□ 病假□
请假事由：		

部门经理（主管）签字：　　　　　　　　　　　　　总经理签字：

（7）其他。

①本管理规定适用于体育赛事接待酒店餐饮服务项目所有员工。

②本管理规定未尽事宜，由人事行政部负责解释说明。

附件3　培训方案

1. 培训计划

体育赛事接待酒店餐饮服务项目所有员工都应当充分了解和掌握各自工作岗位的职责，以下是完整的培训计划。

（1）培训目的：通过对员工进行职业道德、职业技能的培训，引导员工，尤其是新员工，了解、理解、熟悉、掌握体育赛事接待酒店餐饮管理运行的规范过程。通过培训，使员工在职业道德、职业知识、职业技能等方面符合岗位要求，同时使员工了解、理解、熟悉、掌握体育赛事接待酒店餐饮服务项目的运行特点、运行模式及运行规律，共同执行体育赛事接待酒店餐饮管理技术规范，实现餐饮服务目标。

（2）培训组织：人事行政部将充分利用餐厅的空间，组织员工开展培训。培训工作由人事行政部培训经理负责并牵头，各部门编制本部门培训计划和培训方案，经总经理审批同意后由人事行政部统一组织实施，并选派内部管理人员担任培训讲师或者外聘专业培训讲师。培训时间从基础准备阶段一直延续至开餐运行阶段，并根据不同阶段的任务及目标，对培训内容各有侧重。

（3）培训形式。

①脱产培训：受训员工在正式开展工作岗位前，集中学习一门知识，掌握一项技能。鉴于体育赛事接待酒店餐饮管理演练整改阶段、开餐运行阶段的高强度工作，在基础准备阶段、全面准备阶段前对员工进行脱产培训。主要方法有以下几种。

a. 专题讲座：在培训对象人数较多，培训内容偏重于知识掌握时较为常用，要求培训讲师能有效地组织材料并进行讲授。

b. 情景模拟：也称情景培训法，这种方式有利于培训对象身临其境地分析、解决问题。事先要精心设计、充分准备，例如，组织前厅服务岗位的员工模拟处理餐厅现场的安全事故，如出现食品中毒、火灾、安全事故等，让员工讨论及提出解决问题的方法，并陈述理由，最后由培训讲师做出综合分析及点评。

c.案例分析:要求培训讲师向受训员工提供案例,引导员工讨论,培养员工分析问题、解决问题的能力,并将这种能力迁移到日常工作中。这种方法往往会与情景模拟、专题研讨等方法结合运用,且常用于对管理人员的培训。

d.专题研讨:可就某个培训内容举办短期课堂讨论或研讨会,有较强的针对性。内容安排紧凑,可使受训员工在较短时间内得到大量信息。

②在岗培训:受训员工不离开自己的工作岗位,以边工作边学习的模式接受培训。这种培训方法的最大优点是受训员工的工作不会受到影响,他们在接受培训的过程中也能随时处理工作中的问题。在岗培训的主要方式有以下几种。

a.工作指导:让有经验的员工作为新员工的指导老师,帮助新员工了解体育赛事接待酒店餐饮管理项目,为新员工提供各种指导。

b.工作轮换:通常采用这种方式对新员工进行培训,帮助新员工快速了解公司各部门的基本职能及运作模式,让员工能胜任更高职位的工作。在员工岗位晋升之前也可安排其到不同岗位进行工作轮换。

c.任务模拟:给某位员工或团队布置一项模拟任务,要求其在规定时间内完成。这项模拟任务可能是做一份可行性分析报告、拟订一项工作计划、制作一份体育赛事接待酒店餐饮服务指南等。通过让员工完成这些任务,来锻炼他们的某项技能。

(4)培训内容。

①基本素质培训:通过培训使员工具备基本的道德知识、法律知识,初步建立起员工对团队的信任度,培养员工应具备的服务心态与服务意识。主要培训内容为餐饮服务商基本情况及企业文化、规章制度、职业道德素养、团队精神等内容。

②职业知识培训:通过培训使员工具备完成本职工作所必须具备的知识。主要培训内容包括体育赛事接待酒店的基本情况、体育赛事接待酒店餐饮管理重点专项工作基本情况、食品安全法律法规知识、所在部门职能及岗位职责等。

③职业技能培训:通过培训使员工掌握完成本职工作的必备技能。主要培训内容包括工作流程及操作规范、设备设施操作规范及与本岗位职责相关的各项技能等。

(5)培训师资。

①内部培训讲师:人事行政部从公司各部门选派具备相关岗位2年以上工作经验、对相关业务运作规范熟悉、具有良好的沟通技巧、乐于分享、愿意跟随公司长久发展的员工担任培训讲师。

②外聘培训讲师:人事行政部根据培训课程需要,从公司外部选择深耕于某个专业领域的培训讲师,通常要求其在专业领域有较高的资历与水平,能积极配合,认真完成课程准备、组织实施、效果评估等,以保证实现培训目标。

2. 培训计划

人事行政部根据体育赛事接待酒店餐饮管理工作目标及任务,对各部门、各岗位的培训需求进行分析,制订科学、合理、可行的培训计划。培训计划分为体育赛事接待酒店餐饮服务项目管理人员培训课程、体育赛事接待酒店餐饮服务项目所有员工规章制度和纪律规范培训、体育赛事接待酒店餐饮服务项目各部门员工专业技能培训课程。

体育赛事接待酒店餐饮服务项目管理人员培训课程

培训课程	培训对象	培训师资	培训课时
管理人员的职业道德与职业素养	主管及以上级别员工	培训经理	2课时
管理人员管理模式的形成	主管及以上级别员工	培训经理	2课时
体育赛事接待酒店餐饮管理背景知识	主管及以上级别员工	培训经理	2课时
体育赛事接待酒店功能介绍	主管及以上级别员工	培训经理	2课时
体育赛事接待酒店安保知识	主管及以上级别员工	培训经理	2课时
总课时	10课时		

体育赛事接待酒店餐饮服务项目所有员工规章制度和纪律规范培训

培训类别	培训课程	培训对象	培训师资	培训时间
基础知识	（1）餐饮服务商基本情况及企业文化、规章制度 （2）体育赛事接待酒店餐饮管理背景知识	全体员工	人事总监	3课时
体育赛事接待酒店规章制度	（1）体育赛事接待酒店简介 （2）体育赛事接待酒店功能布局与人员流线、物资流线、车辆流线 （3）体育赛事接待酒店工作人员行为规范 （4）体育赛事接待酒店通用政策 （5）体育赛事接待酒店餐饮政策 （6）体育赛事接待酒店防控政策	全体员工	培训经理	3课时
职业道德	（1）职业道德和职业尊严 （2）餐饮服务礼仪	全体员工	培训经理	3课时
法律法规	（1）食品安全相关法律法规 （2）消防安全相关法律法规 （3）设备安全相关法律法规 （4）化学安全相关法律法规 （5）环境保护相关法律法规 （6）劳动保护相关法律法规 （7）保密相关法律法规	全体员工	品控总监	3课时
安全防控	（1）食品安全操作规范 （2）HACCP（危害分析与关键控制点）体系 （3）消防安全操作规范 （4）设备设施安全操作规范 （5）体育赛事接待酒店证件使用及安检规范培训 （6）突发事件应急处置预案	全体员工	品控总监、工程部总监	6课时

续表

培训类别	培训课程	培训对象	培训师资	培训时间
语言培训	(1) 餐饮服务外语/民族语言实务 (2) 日常外语/民族语言会话	全体员工	外聘讲师	6课时
清真知识培训	(1) 清真饮食 (2) 穆斯林习俗	全体员工	外聘讲师（阿訇）	2课时

体育赛事接待餐饮服务项目各部门员工专业技能培训课程

培训类别	培训课程	培训对象	培训师资	培训时间
营运部理论知识	(1) 各岗位职责与工作流程 (2) 餐厅服务礼仪及全国主要民族风俗、宗教礼仪 (3) 前厅服务标准 (4) 开餐前的准备工作 (5) 用餐过程中的服务 (6) 闭餐后的收尾工作 (7) 餐具的运送及摆放 (8) 垃圾分类管理规范 (9) 清洁工具、餐厅设备和清洁药剂使用 (10) 餐厅常见的咨询投诉与处理 (11) 与各部门的配合 (12) 营运部风险防控及应急处理预案	营运部全体员工	营运部总监、副总监、经理	24课时
营运部现场实操	(1) 行业礼仪 (2) 人员点位、工作流线 (3) 设备使用及餐用具现场摆放点位图 (4) 开餐前的准备工作 (5) 用餐过程中的服务 (6) 闭餐后的收尾工作 (7) 餐用具的运送及摆放 (8) 工作现场卫生标准 (9) 工作纪律、交接班制度及流程 (10) 营运部与各部门配合工作流程 (11) 餐饮服务外语/民族语言实务 (12) 日常外语/民族语言会话			6课时

续表

培训类别	培训课程	培训对象	培训师资	培训时间
厨政部理论知识	(1) 厨政部岗位职责 (2) 厨政部工作流程 (3) 标准菜单分解、应急菜单分解 (4) 厨政部生产安全及食品安全监督管理 (5) 厨政部设备标准操作流程 (6) 清真食品注意事项及操作流程 (7) 厨房各操作间及设备卫生清洁维护标准 (8) 餐厨用具清洁规范和安全存放标准 (9) 厨房用火、用气、用电安全 (10) 厨政部风险防控及应急处理	厨政部全体员工	行政总厨、行政副总厨、厨师长	6课时
厨政部现场培训	(1) 岗位工作流程及技术规范 (2) 厨房设备设施操作 (3) 岗位纪律要求 (4) 厨政部与各部门配合工作流程 (5) 厨政部菜品制作流程			6课时
供应链部理论培训	(1) 供应链架构及各岗位职责 (2) 采购原则、流程及运行工作程序 (3) 供应链风险防控应急处理 (4) 仓储物流运作流程 (5) 仓储物流紧急预案 (6) 仓储物流安全管理 (7) 仓储物流消防安全培训 (8) 搬运工管理规定 (9) 库存(冷冻、冷藏)控制流程 (10) 各类表格的填写 (11) 物流调度装卸流程	供应链部全体员工	供应链部总监、仓储物流经理、采购经理	6课时
供应链部现场培训	(1) 供应链各岗位操作流程 (2) 仓库点位图 (3) 收货工作流程 (4) 供应链部工作纪律 (5) 货物搬运摆放要求 (6) 供应链与各部门配合工作流程 (7) 工作制度与交接班			6课时

续表

培训类别	培训课程	培训对象	培训师资	培训时间
人事行政部理论培训	（1）岗位职责及操作流程 （2）工服间岗位职责及操作流程	人事行政部全体员工	培训经理	2课时
人事行政部现场培训	（1）岗位任务模拟 （2）日常外语/民族语言会话 （3）体育赛事接待酒店各区域介绍			2课时

附件4　住宿管理方案

1. 员工住宿管理规定

为提高工作效率，减少安全隐患，公司为员工提供集体宿舍，根据实际情况，现制定如下管理规定。

（1）住宿安排：公司为所有员工安排集体宿舍，由人事行政部统一安排。

（2）宿舍配置：为每个宿舍配置床铺、热水器、开水器、清洁用品等生活必需品。为每位员工配置床位一个，被褥、枕头一套，员工必须按公司规定使用各自的床及用品等。

2. 宿舍管理条例

（1）不准私自调换房间、床位。员工个人财物自行妥善保管。

（2）员工宿舍内大部分设施属公司所有，请爱护宿舍内一切公共设施，不随便移动拆卸，损坏须照价赔偿。未经人事行政部管理人员许可，任何人不得把设施搬离宿舍。

（3）不准随地吐痰、乱丢东西，保持室内整洁干净，不准往窗外丢杂物。卫生间要经常冲洗，垃圾要倒入指定垃圾桶。

（4）入住宿舍的人员必须是在职员工，离职员工和外来人员拒绝入住，未经后勤经理允许不得擅自带人入住。

（5）严禁在宿舍内赌博、酗酒，严禁在宿舍进行有伤风化及违法犯罪活动。

（6）注意节约水电，出门或离开宿舍务必关门、关水、关电，以免影响他人生活起居和财产安全，避免浪费水电。宿舍内禁止使用大功率电器，不准私自接拉电线，以防发生火灾事故，使人身安全和财产受损。住宿期间水电费按入住时间在月末收取。

（7）严格遵守作息时间，严禁在宿舍内大声喧哗、吵闹、大声播放收（录）音机、手机彩铃和电视，所有娱乐活动应文明、小声，以不影响他人休息为前提。

（8）房间所住的员工必须负责卫生清扫，轮流值日。

（9）严禁在宿舍内搞封建迷信和违法乱纪活动。入住宿舍员工应团结一致、互谅互让、互勉互助，避免吵架、打架、斗殴事件的发生。

（10）员工宿舍的水管、电灯损坏时，必须及时上报工程部安排维修。

（11）员工必须按公司分配规定使用各自的床及用品等。员工个人财物妥善保管，任何人未经主人同意不得擅自动用他人物品。

（12）员工退宿时，必须到人事行政部办理退宿手续，由管理人员清点宿舍物品，遗失、损坏物品时按价赔偿。

（13）人事行政部管理人员有义务监督、执行本制度，对于违反本制度的员工，应主动进行劝止、批评、教育，对于不听劝阻的员工，或明知故犯的，按行为情节轻重进行处理。

（14）宿舍的钥匙由专人负责，并在人事行政部进行登记。

（15）入住宿舍的员工应服从宿舍长安排的各项合理工作，并认真执行以上规定，违者每次罚款100元。

附件5　工服订制与洗涤方案

1. 工服订制方案

（1）工服订制配置建议方案。

人员级别	套装配置
经理及以上管理人员 （清真/非清真）	衬衣×3、西裤×2、西服×2、鞋×2
行政总厨/厨师长 （清真/非清真）	厨师服×3、高级厨师裤×2、高档厨师鞋×2、围裙×2、外套×1
厨师/厨工 （清真/非清真）	厨师服×3、厨师裤×2、厨师鞋×1、围裙×3、外套×1
其他工作人员 （清真/非清真）	POLO衫×3、运动裤×3、运动鞋×1、腰包×1、帽子×1、外套×1

（2）工服发放及管理方案：工服专员负责工服的管理工作，包括工服的发放、回收、洗涤等具体工作，24小时不间断。员工报到后，到工服配发处领取工服。考虑到食品安全问题，员工要爱惜工服，及时按规定送洗及领回。工服间会设在现场交接后最先进入的区域，以确保工服的整洁干净，达到卫生要求。员工应在指定更衣室更换，并在上岗前按照工作岗位工服规定着装。

2. 工服洗涤方案

（1）洗涤合作商选择：在体育赛事举办地的洗涤供应商里，选择一家专业洗衣公司进行合作。

（2）洗涤工作方案。

①在体育赛事供餐期间和实战演练中，为所有员工洗涤工服，按每日洗涤1次计算。

②如有特殊污损等，经后勤经理批准后可特别送洗。

③工服间配置备用工服，可在特殊情况下经项目总经理批准后，由工服专员登记发放使用。

④工服间全天24小时对所有员工开放,工服需由员工本人交至工服间清洗,每人每次最多送洗一套,工服专员做好相关登记后方可办理。

⑤工服由工服专员负责分类、清点、整理,整理完毕的干净工服与脏工服必须分别存放在指定区域内。

⑥指定的洗衣公司派专车和专门负责人,每日一次到工服间收取待洗工服,并将前日送洗后洗净的工服运送回工服间。

⑦工服专员需严格按照工作程序和标准发放工服、保管工服,并做好记录。确保所有工服在指定合作的洗衣公司清洗后,整齐摆放在指定区域。

附件6　员工行为规范管理规定

1. 目的

为加强员工日常工作纪律管理,维护餐饮服务团队良好形象,特制定本规定。

2. 适用范围

本规定适用于参与体育赛事接待酒店餐饮服务项目的所有员工。

3. 仪容仪表

(1) 员工着装应整洁、大方、颜色力求稳重,纽扣须扣好。不得卷起裤脚,不得挽起衣袖。

(2) 上班时间不得穿短裤、超短裙及露背装。

(3) 员工宜化淡妆。

(4) 员工头发应修剪、梳理整齐,保持干净,禁止梳奇异发型。男员工不准留长发,禁止剃光头、留胡须。

(5) 员工应保持良好的个人卫生习惯。

4. 服务规范

(1) 接待客人时应面带微笑,使用礼貌用语,如"您好!""请稍等!""请慢走!"等。

(2) 与客人谈话时应端正站姿,用心聆听,不抢话、插话、争辩,音量要适度,语气要温和。

(3) 遇到客人询问,在不泄露项目秘密的情况下要做到有问必答,如遇不好回答的问题,可婉转回复,不得以生硬、冷淡的态度待客。

(4) 尊重客人的风俗习惯;不议论、不指点、不讥笑有生理缺陷的客人;不收受客人礼品,如实在不能推辞,员工应将礼品交项目总经办。

5. 行为规范

(1) 员工要按照工作时间按时上、下班,不得迟到、擅离职守或早退。

(2) 举止文明,对客人热情礼貌,沟通时要说普通话。

(3) 员工之间应通力合作、同舟共济,共同维护项目团队形象。

(4) 员工应忠于职守,关心项目,爱护项目,维护项目利益。

(5) 秉公办事、平等待人;敬业乐业、钻研业务;讲求效率。

(6) 切实服从领导的安排和调度,保质保量地完成工作任务。

(7) 爱护项目财产,不浪费,不损公肥私。

招聘工作管理技术规范

序号	时间	地点	主要内容与要求	责任人员	协助人员	备注
1	签订餐饮服务合同阶段（或者中标后）	公司（内部选拔）	选拔公司内部、体育赛事接待酒店内部的员工担任各部门负责人	人事总监	各部门总监、体育赛事接待酒店人事总监	
2	开餐前七个月	体育赛事接待酒店、餐饮服务商办公室	制定招聘规范： (1) 确定招聘计划。 (2) 选择招聘渠道：①公司内部招聘；②公司外部招聘。 (3) 明确招聘方法：①从体育赛事接待酒店的内部员工中筛选；②从储备人才库里筛选；③公司部门内部推荐；④开通招聘平台进行社会招聘补充人员	人事总监、人事经理	各部门总监、体育赛事接待酒店人事总监	先内后外，内招为主，外求为辅；员工外求，中层内招，高层兼有
3	开餐前六个月	体育赛事接待酒店、餐饮服务商办公室	招聘前期准备工作： (1) 社会招聘：①网上发布公司简介、招聘岗位信息、岗位要求、入职时间、待遇、联系方式；②筛选合适人员，邀约面试。 (2) 体育赛事接待酒店的内部招聘：①与体育赛事接待酒店的人事部对接，沟通岗位需求、岗位要求、上岗时间、待遇等招聘信息；②确定内部招聘宣讲时间、宣讲内容等信息。 (3) 招聘工作实施：根据招聘信息筛选合适人员，并进行背景调查，向合格者发放录用通知书，保证开餐前5个月上岗	人事经理	各部门经理、体育赛事接待酒店人事经理	

续表

序号	时间	地点	主要内容与要求	责任人员	协助人员	备注
4	开餐前三个月（一线员工开始招聘）	体育赛事接待酒店、餐饮服务商办公室	（1）内部招聘：采用无领导小组面试方式，进行集体面试，确定内部招聘名单。 （2）社会招聘：对编制不足的岗位进行社会招聘	人事经理	各部门经理、体育赛事接待酒店人事经理	
5	开餐前一个半月	餐饮服务商办公室	持续跟进招聘的进展，及时补缺	人事经理	各部门经理、体育赛事接待酒店人事经理	

培训工作管理技术规范

序号	时间	地点	主要内容与要求	责任人员	协助人员	备注
1	开餐前五个月	体育赛事接待酒店、餐饮服务商办公室	编制培训计划： （1）确定培训内容（如基础素质、职业知识、职业技能等）。 （2）设定培训形式（如脱产培训、在岗培训等）。 （3）培训讲师选择（内部培训讲师、外聘培训讲师）	人事总监、培训经理	各部门总监、体育赛事接待酒店各部门总监	
2	开餐前两个月	体育赛事接待酒店、餐饮服务商办公室	实施培训工作： （1）体育赛事接待酒店餐饮服务项目所有员工规章制度和纪律规范培训：24课时。 （2）体育赛事接待酒店餐饮服务项目管理人员培训：10课时。 （3）清真饮食及穆斯林习俗：2课时（外聘讲师）。 （4）语言培训：6课时（如有需要，外聘讲师）	培训经理、外聘讲师	各部门总监、体育赛事接待酒店各部门总监	参考附件3相关内容

续表

序号	时间	地点	主要内容与要求	责任人员	协助人员	备注
3	开餐前一个月	体育赛事接待酒店各部门	辅助各部门开展专业技能培训，提供建议和帮助	培训经理	各部门总监、体育赛事接待酒店各部门总监	参考附件3中相关内容

新员工报到工作管理技术规范

序号	时间	地点	主要内容与要求	责任人员	协助人员	备注
1	按规定时间进驻	体育赛事接待酒店、餐饮服务商办公室	提交资料：新员工根据"新员工入职清单"，在规定时间内到人事部报到，并提交入职资料。 (1) 半年内1寸蓝底/白底彩色免冠证件照。 (2) 身份证复印件（正反面都要复印，要求清晰复印在同一张A4纸上，并核验身份证原件）。 (3) 学历证书复印件（核验证书原件）。 (4) 职业资格证书、技能等级证书复印件（核验证书原件）。 (5) 健康证	人事经理	各部门经理、体育赛事接待酒店人事经理	
2			接收资料及物品： (1) 劳动合同或派遣合同及相关文件。 (2) 宿舍房号及钥匙。 (3) 员工号牌。 (4) 员工工服。 (5) 员工手册。 (6) 新员工入职须知资料	人事经理、行政经理、后勤经理	各部门经理、体育赛事接待酒店人事经理	

第二章 体育赛事接待酒店餐饮服务供应链管理技术规范

体育赛事接待酒店餐饮服务供应链管理,是一个涵盖从原材料采购直至最终送达餐饮接待对象的综合性流程。这一过程不仅涉及制作、加工与运输环节,还囊括了物流控制以及供应商、制造商、总仓、中央厨房、配送中心和接待对象之间的多方协调与管理。供应链管理的核心在于追求整体效益,获取最大的合法利润并提供优质的餐饮服务。它不仅依赖于现代信息技术和集成技术,还依赖于现场的管理。

在确定了体育赛事接待酒店餐饮服务团队后,在人力资源管理的编制和体系下,组建"餐饮服务团队供应链"工作团队,对供应链(包括食材和非食材)全流程进行管理是餐饮管理全程中首先要做好的基础工作。

供应链的管理旨在对食材和非食材的全流程进行科学管理,从而为体育赛事接待酒店餐饮服务提供安全、优质的服务,从而实现餐饮管理的目标。

体育赛事接待酒店餐饮服务供应链管理包括签订餐饮服务合同阶段(或者中标后)、开餐前六个月阶段、开餐前三个月阶段、演练阶段、整改阶段、开餐前一周阶段、正式开餐运行阶段、闭幕阶段、收尾阶段共9个阶段。每一个阶段均有明确的时间节点、工作地点、主要工作内容、责任人与协助人等。按照工作的先后顺序和逻辑排序,详见下表。

序号	时间节点	工作地点	主要工作内容	责任人	协助部门或人员	备注
1	签订餐饮服务合同阶段(或者中标后)	餐饮服务商办公室	中标后,完成与餐饮服务商厨政部、品控部的对接,明确对供应链部工作的要求	供应链部总监	组委会接待部	
2	开餐前六个月阶段	餐饮服务商办公室、体育赛事接待酒店	(1)供应链部进驻赛事举办地,开展体育赛事接待酒店餐饮保障前期筹备工作: ①组建供应链部工作团队。 ②编制组织架构和工作职责	供应链部总监	人事总监、行政总监	附件1 供应链部人员组织架构

续表

序号	时间节点	工作地点	主要工作内容	责任人	协助部门或人员	备注
			(2) 供应链部具体工作： ① 了解餐标，对当地可供食材以及生产加工条件进行充分调研，参照其他体育赛事的食谱，提供初步可供食材清单，配合厨政部完成食谱的编制，确定所需食材的种类、规格、数量。 ② 以评审的食谱为基础，配合厨政部编制食材需求清单，对食材供应商开展全方位的遴选，在这一过程中与厨政部、品控部保持及时沟通，确定食谱所需要食材的供应商。 ③ 将食材需求清单上报给组委会接待部审核，启动预采购计划，签订意向供货合同。同步将食材供应商的相关信息向当地市场监督管理部门、民族宗教事务委员会、组委会反兴奋剂工作部门汇报，主动接受他们的指导。 ④ 根据食谱，会同食品安全监督管理部门及组委会接待部完成食材供应商的遴选，与厨政部、品控部核对供货种类、时间、数量、交货标准后与供应商签订正式合同，建立"全封闭式"采购流程。 ⑤ 完成食材现场仓的遴选，并向组委会接待部等部门汇报。 ⑥ 根据厨政部、工程部的具体要求，完成厨房新增设备设施的采购或租赁，确定供应商，明确到货时间。	供应链部总监、供应链部采购经理、现场仓经理	组委会接待部行政总厨、反兴奋剂工作部门、营运总监、工程部总监、品控部负责人、食品安全监督管理部门、民族宗教事务委员会负责人	附件2 采购订货方案 附件3 供应商遴选方案 附件4 总仓遴选方案 附件5 食材采购流程 附件6 总仓食材到货计划

续表

序号	时间节点	工作地点	主要工作内容	责任人	协助部门或人员	备注
			⑦同组委会接待部一起对食材供应商及现场仓进行抽查，建立食材采购与运输工作流程，向食材供应商提报初步食材采购计划。 ⑧新增厨房设备设施到货，工程部完成调试。 ⑨采购的餐厅桌椅到货，并安装到位			
3	开餐前三个月阶段	餐饮服务商办公室、体育赛事接待酒店	（1）食材采购、新增设备设施租赁及服务类（含洗涤、绿植、开荒保洁、消杀、氛围布置）等合同全部签订完毕。 （2）遴选食材运输服务商，签订食材配送协议。 （3）向各食材供应商下达《食材生产、运输及到现场仓验收标准函》，并接收回执单，需预留特殊食材到货周期及检测周期（包括进口产品，须进行兴奋剂检测的产品）。 （4）与品控部对接，针对部分食材无法供应（如配料表中含有兴奋剂源、生产过程不符合监管要求）等突发情况制定解决办法。 （5）编制食材进入现场仓计划和配送方案，确定物流服务商和现场仓进货流程。 （6）制定现场仓食材库存管理制度。 （7）采购（租赁）的厨具、餐具到货并入库	供应链部总监、现场仓经理	组委会接待部、行政总厨、营运总监、工程部总监、品控部负责人、食品安全监督管理单位负责人、民族宗教事务委员会负责人	附件7 现场仓进货流程 附件8 现场仓出货流程及库存管理制度

续表

序号	时间节点	工作地点	主要工作内容	责任人	协助部门或人员	备注
4	演练阶段	餐饮服务商办公室、体育赛事接待酒店	演练阶段通常由组委会接待部统一组织三次综合演练，包括桌面推演两次，带人实战演练一次。在正式开餐前六个月至一个月内，以接待酒店达到可供餐状态为起始标志性事件，以演练和整改完成为标志性结束事件。 演练的主要工作目标：①检验供应链部全面准备阶段的工作成果；②提高供应链部管理团队的执行力和协调力，达到可正式供餐标准。 （1）第一次综合演练需组委会接待部分管领导参加，供应链部总监以《餐饮服务供应链部重点工作实施方案（1.0版本）》为依据，按照方案中的人员组织架构、工作职责、工作区域及工作内容、工作接口对接表、体育赛事当日工作流程、专项工作风险防控及突发事件应急预案进行推演。 （2）第二次综合演练需组委会接待部领导参加，餐饮服务团队各部门之间需进行跨部门的桌面推演并完成现场对接和现场工作点位的确认，供应链部总监以《餐饮服务供应链部重点工作实施方案（2.0版本）》为依据，向全体参演人员讲解，并要求当场讲解和回答提问。	供应链部总监、供应链部采购经理、现场仓经理	组委会接待部	

续表

序号	时间节点	工作地点	主要工作内容	责任人	协助部门或人员	备注
			（3）第三次综合演练即带人实战演练。组委会接待部组织开餐运行阶段实际入住人数的1/3左右规模的参演人员，模拟接待对象正式入住情况下的24小时全流程演练，供应链部按照实战演练流程表，明确接待对象从入住开始至离开，供应链部各岗位人员的工作点位、工作流线、工作流程、工作标准			
5	整改阶段	餐饮服务商办公室、体育赛事接待酒店	（1）通过第一次内部桌面推演，查找演练中的问题，梳理出整改工作清单，并至少在正式开餐前一周整改完毕。 （2）通过对第二次跨部门桌面演练，查找演练中的问题，梳理出整改工作清单，并至少在正式开餐前一周整改完毕，修订完善"供应链部专项工作赛时日工作流程表"及"供应链部专项工作风险防控及突发事件应急预案"。 （3）通过第三次带人实战演练，查找演练中的问题，梳理出整改工作清单，并至少在正式开餐前一周整改完毕。在此次演练中涉及风险场景和突发事件场景，可进行专项演练。如有必要，可再次组织风险防控及突发事件专项演练	供应链部总监、供应链采购经理	组委会接待部行政总厨、营运总监	附件9 供应链风险防控与应急预案

续表

序号	时间节点	工作地点	主要工作内容	责任人	协助部门或人员	备注
6	开餐前一周阶段	体育赛事接待酒店	（1）制定并完善现场仓的管理规范。 （2）做好供应链部各岗位的岗前培训工作，正式开餐前完善阶段检查供应链部主要工作，即对餐饮服务情况再次复检： ①检查供应链各岗位人员思想、身体健康状态是否良好。 ②供应链部总监检查供应链部各岗位的工作情况，确保在正式开餐阶段按照"供应链部专项工作赛时日工作流程表"执行，并实现相关工作流程的闭环管理。 ③供应链部经理对餐厅设备设施进行逐一检查，确保可正常使用。 ④供应链部总监在正式开餐前，需确认供应链部与组委会接待部驻接待酒店接待站各工作团队是否完成工作对接。 ⑤正式开餐前一周，与厨政部、品控部再次对接后，确认各供应商食材依次到达现场仓的计划	供应链部总监、采购经理、现场仓经理	品控总监，食品安全监督管理部门，民族宗教事务委员会负责人，人事总监，行政总厨，营运总监，厨房新增设备的供应商、现场仓施工方供水单位、供电单位、供气单位，消防单位，组委会接待部	附件10 现场仓的管理规范 附件11 供应链部员工培训计划
7	正式开餐运行阶段	体育赛事接待酒店	开餐运行阶段做好食材的保供工作： （1）与厨政部、营运部做好食材需求计划，并严格按计划下达订单，确保食材的有效供应。 （2）合理安排现场仓的食材储存和周转，既要保供，又要避免爆仓。	供应链部总监、采购经理、现场仓经理	行政总厨，营运总监，厨房新增设备的供应商，现场仓施工方供水单位、供电单位、供气单位，消防单位，组委会接待部	附件12 现场仓食材到货计划表

续表

序号	时间节点	工作地点	主要工作内容	责任人	协助部门或人员	备注
			(3)及时与厨政部对接用餐人数,合理调整每日到货计划表并及时通知食材供应商与现场仓经理。 (4)制定现场仓每日食材到仓计划表,加强巡检,进销存台账清晰准确			
8	闭幕阶段(供餐结束)	体育赛事接待酒店	(1)在供餐结束前三日再次清点库存,再次与厨政部对接就餐人数,调控每日食材到仓计划表,做好领料计划。 (2)根据库存拟订闭餐前增加、减少食材供应的计划,对剩余库存拟订处置及清退方案。 (3)做好现场仓的食材清点工作,编制清单,提交给组委会接待部,确定库存食材处置方案,按方案做好处置	供应链部总监、供应链部采购经理	行政总监、营运总监、财务总监、组委会接待部	
9	收尾阶段	餐饮服务商办公室	做好交接和收尾工作: (1)拟订购置的固定资产处置方案,报组委会接待部批准后进行处置。 (2)明确参与收尾工作的人员,及时转移不参与收尾工作的人员。 (3)清理所有的档案,并移交给行政部。 (4)核算所有的费用,做好结算工作,配合财务部做好审计。 (5)按照统一部署做好总结、考核、表彰等工作。 (6)处置现场仓所有的食材,将现场仓移交给接待酒店	供应链部总监	人事总监、行政总厨、营运总监、财务总监、组委会接待部	

附件1　供应链部人员组织架构

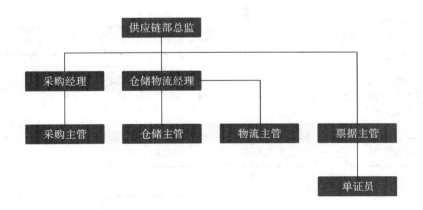

附件2　采购订货方案

1. 采购流程

（1）产品预测。

①数据来源：用餐人数预估模型。预报5日的人数，每日通报调整信息及每日食材、物品消耗量及库存余量。

②就餐人数调整：餐厅近期（3日）就餐人数及未来可能波动区间。将厨房、餐厅的现场仓库库存余量、日用量数据发送至供应链指定联络邮箱。

（2）计算方法：根据用餐人数预估模型的"用餐总人数"，并参照"百人用量"，预估未来7日内每日的产品需求量。

计算公式：

$$产品需求量 = \frac{用餐总人数 \times 百人用量}{100} + 安全库存 - 厨房、餐厅库存余量$$

（3）必要性审核：供应链部对使用部门填写的物料需求清单进行适用性和必要性方面的审核，提出审核意见，修改或者删除相关项，并据此完成采购申请，报项目总经理审批。采购订单管理流程如下页图。

2. 拟订采购申请

（1）采购小组根据采购需求计划，结合不同物料采购周期和起订量方面的要求，完成采购申请。

（2）采购小组根据采购申请立即与供应商联络，确认是否能够按照物料采购清单上所申请的数量及时间到货。确认无误后，将通过审核的物料采购清单打印并发送至供应商处，同时通知品控部、仓库做好接货验收准备。如有临时变更，及时通知各相关部门。

3. 采购订单时间节点

（1）结合不同货物在采购周期方面的差异，至少在采购周期前1天完成采购申请的审核流程。

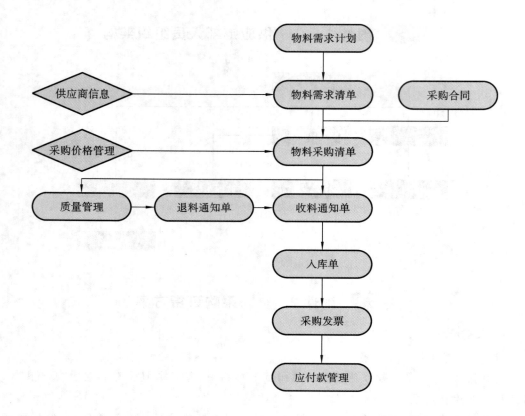

（2）对于紧急申请采购的物料，采购小组按照紧急申请采购流程，在 4 小时内完成订货，并确保物流在 1 天内完成配送。

附件3　供应商遴选方案

采购和租赁应当按照公司内部的招标方式遴选合格的供应商，编制供应商遴选文件。在招标过程中，由招标人代表、采购小组代表和其他招标人认可的代表组成遴选小组。通过对所有参与遴选的供应商评分的方式最终确定供应商，招标人明确不参与遴选的除外。编制的供应商遴选文件不应当具有倾向性和特指性。

1. 供应商遴选评分表

评分因素	评分标准	得分（满分100）
价格	通过比价，按综合价格由低到高排列，排第一得20分，排第二得10分，排第三得5分	
企业信誉	供应商获得过行业相关荣誉或奖项的，提供一项得1分，最高得5分，未提供不得分	

续表

评分因素	评分标准	得分（满分100）
企业实力	供应商具有ISO 9001质量管理体系认证证书、ISO 22000食品安全管理体系认证证书、OHSAS 18001职业健康安全管理体系认证证书、ISO 14001环境管理体系认证证书或HACCP食品安全保证体系认证证书,提供一项得2分,最高得10分	
履约能力	供应商近三年未发生食物中毒事故,提供书面承诺。提供者得3分,未提供者得0分	
	供应商无消防责任事故,提供书面承诺。提供得3分,未提供得0分	
类似业绩	供应商有类似项目业绩,业绩以中标通知书或合同为准,提供一项得4分,本项最高得20分	
用户评价	上述类似项目业绩中甲方单位反映服务质量良好,每项得2分,最高得10分	
突发事件应急预案	对供应商提供的突发事件应急预案进行评分:内容全面具体、科学合理、针对性强得6分;内容完整、合理可行得4分;内容基本可行得2分;不可行或未提供者不得分	
现场考察	工艺流程:车间、仓库、检测室内各项设备设施配置、工艺流程等完善得6分;工艺流程一般得4分;工艺流程差得2分	
	卫生情况:车间内外及设备的现场卫生状况洁净得6分;卫生状况一般得3分;卫生状况差得1分	
	管理能力:供应商公司的组织结构清晰完备得5分;一般得3分;较差得1分	
供应方案	根据供应商提供的供应方案进行评分:内容全面具体、科学合理、针对性强得6分;内容完整、合理可行得4分;内容基本可行得2分;不可行或未提供者不得分	
合计		

注:供应商应满足各项资质,有一项不满足的不能参加遴选。

2. 供应商遴选流程图

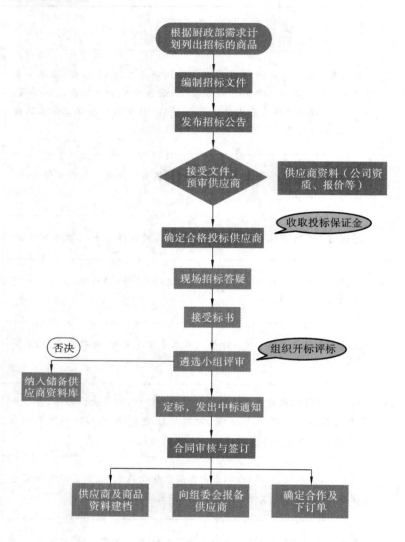

附件4　总仓遴选方案

体育赛事接待酒店餐饮服务执行两级仓储制度，即总仓和现场仓。

根据食谱分解结果确定的食材种类、数量以及其他物资，测算出相应的仓储库容，包括冷冻仓、冷藏仓和干仓，在距离体育赛事接待酒店尽可能近的区域遴选出符合要求的仓储企业作为总仓服务商。总仓服务商应当具备丰富的仓储管理经验、良好的硬件设备设施、完善的库存和追溯管理系统，并具备自有物流车辆以满足从总仓到体育赛事接待酒店现场仓的运输工作。

根据实际需求编制总仓需求方案，包括设备设施要求、仓容需求（考虑清真食材）、温度要求、储存时间、安全和管理体系要求、物流车辆需求等。

1. 总仓选址与环境要求

(1) 总仓距离体育赛事接待酒店尽可能近,交通畅通,并有备选的运输路线。

(2) 不得选择易受到污染的区域。应距离粪坑、污水池、垃圾场(站)、旱厕等污染源25 m以上,并位于粉尘、有害气体、放射性物质和其他扩散性污染源的影响范围外。

(3) 用水、用电能满足储存、消防和生活的需要,生活区、储存区应严格分开。

(4) 环境应干净整洁,库区路面应平整,无起尘。

2. 总仓基本设备设施的要求

(1) 仓库设计、建造须符合《冷库设计规范》(GB 50072—2021)的要求。

(2) 建筑、设备设施、制冷系统应与库房面积相适应,使用的材料应符合食品卫生环保、消防和安全生产的有关规定。

(3) 应有防霉、防鼠、防虫害等设施。

(4) 应配备自动温度显示记录装置。

(5) 应配备相应的安保监控及记录装置。

(6) 库门、电梯门、柱子、墙壁和制冷系统管道等易受碰撞之处,应设有防护装置。

(7) 清真食品需要单独存放,可物理隔离,满足单独存放的要求。

(8) 冷冻或冷藏库具有专业的制冷设备和温度报警系统。

(9) 运输车辆配备全球定位系统(GPS)。

(10) 所有车门(包括侧门)均配备门锁。

(11) 满足基本的安全要求。

3. 总仓在管理方面的要求

(1) 库内应干净整洁,无杂物,无异味;库内的器具应定期清洁和消毒;有毒有害物品禁止带入库区;清洁使用的洗涤剂、消毒剂等物品专人管理,妥善保存。

(2) 入库货物到仓库时,乙方应检验货物包装标志是否符合以下要求。

① 箱体上至少2~4面贴有政府溯源专用码。

② 应标注货物的名称和净含量。

③ 应标注货物的生产日期、保质期和(或)保存期,并注明储藏条件,日期的标注顺序为年/月/日。

④ 应标注生产企业的名称和地址。

⑤ 应标注质量(品质)等级和产品执行的标准号。

(3) 库内货物应合理堆码,堆码重量不得超过设计负荷。

(4) 库内货位堆码应符合以下要求:距冷藏间顶棚≥0.2 m,距顶排管下侧≥0.3 m,距顶排管横侧≥0.2 m,距无排管的墙≥0.2 m,距墙排管外侧≥0.4 m,距冷风机≥1.5 m,距风道底面≥0.2 m。

(5) 每垛均须明确标示品种、规格、数量、重量、等级、生产厂家、生产日期、入库日期等。

(6) 库内货物应包装牢固、完整、清洁,标志清晰。

(7) 库内应合理分区并设置标识,便于操作、运输工具通过及设备检修和品质检查;冷库应及时除冰、霜、水,库内排管和冷风机等要及时除霜;冷库内严禁带水作业。

(8) 应为甲方的货物划出专用进出货、分拣、存放区域,并进行物理隔离,以防止非甲方货物或人员进入甲方货物存放区域。

（9）应为甲方设置专用卸货平台与停车区域,以方便政府监管部门对甲方的货物进行必要的检测。

4. 总仓在安全方面的要求

（1）应定期维护库内电器线路,防止漏电;消防应符合《冷库设计规范》(GB 50072—2021)中的相关规定。

（2）应建立确保设备设施安全运行的管理制度及应急预案,并有效实施和记录,防止制冷系统制冷剂的泄漏。

（3）应有健全的安全保卫制度,并有专职安全保卫人员。若政府有关部门按组委会接待部的特别要求,对仓库外围进行安防设施安装和管理,乙方应积极配合。

5. 总仓工作人员的要求

（1）特种设备操作人员应依据国务院令第549号《特种设备安全监察条例》中的相关规定,持证上岗。

（2）所有作业及相关管理人员体检合格后方可上岗。参与本次项目的所有人员,于项目开始前须进行一次体检,凡患有影响食品卫生疾病的人员,不得参与本次项目。

（3）应当加强人员出入管理和健康监测,库区入口需配备体温检测设备。

（4）总仓工作人员均需要通过公安部政治审查,不符合政治审查要求的人员不允许在总仓服务期间在库区进行与作业有关的操作。

6. 总仓温度要求

总仓冷冻库房温度需控制在－22～－18 ℃;冷藏库房分为乳制品区、蔬果区,温度需控制在1～4 ℃;常温仓分为干调区和粮油区,温度需控制在15～25 ℃,其他按要求存放在冷藏库房的货品温度需控制在1～4 ℃。总仓所有库房需在使用期间保证24小时供电。

7. 总仓安全和管理体系需求

序　号	内　容	要　求
1	食品存放温度	按照温度要求保证24小时供电
2	食品安全制度	完善的HACCP体系
3	烟雾报警器	《自动喷水灭火系统设计规范》(GB 50084—2017)
4	喷淋系统	《自动喷水灭火系统设计规范》(GB 50084—2017)
5	消防栓	《消火栓箱》(GB 14561—2019)
6	灭火器	《干粉灭火剂　第1部分:BC干粉灭火剂》(GB 4066.1—2004)
7	消防水池	水源充足并配备消防水桶
8	监控系统	24小时运行,每5分钟自动存档画面,监控录像最少保存30日
9	照明设备	使用不超过60 W的白炽灯
10	防火标志	《消防安全标志　第1部分:标志》(GB 13495.1—2015)
11	安全出口	《消防安全标志　第1部分:标志》(GB 13495.1—2015)

8. 物流车辆需求

（1）原则上所有物流车辆应为总仓自有车辆。

（2）所需车辆应满足冷藏、冷冻和常温食材的运输要求，同时区分清真和非清真。

（3）可提供 24 小时运输服务，具有流畅的信息沟通平台。

（4）具备抗运输风险能力并保障运输质量，承担在运输中造成的损失。

（5）具有运输资质，且对道路熟悉。

（6）服务时间为体育赛事供餐期间，且在服务时间听从组委会接待部的安排，严禁同时为其他公司服务。

（7）具有清洗、消毒车辆的场所。

（8）车辆具有固定的司机。

（9）车辆须安装 GPS，GPS 实时监控配送车辆位置及车辆状态等，保障货物能及时准确送到现场仓。

（10）车辆及货箱要封签。

附件 5　食材采购流程

为规范体育赛事接待酒店食材采购流程，明确采购责任，对采购过程进行把控，确保所采购的产品满足组委会接待部的要求，特制订此流程。

食材采购流程主要包括采购计划的实施过程、采购管理、采购认证管理三个步骤，还需保控食材验收标准。

1. 采购计划的实施过程

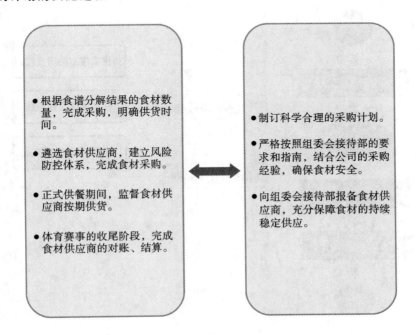

2. 采购管理

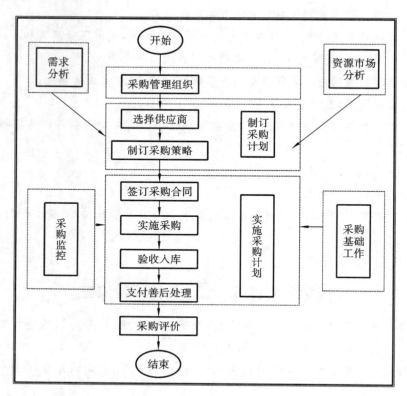

3. 采购认证管理

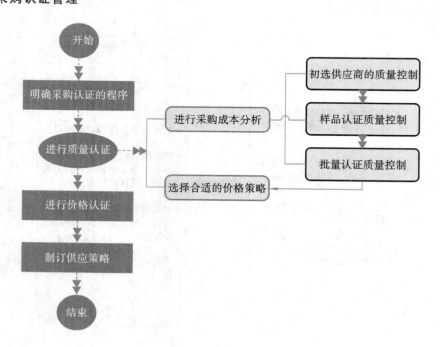

(1) 采购信息。

①对食材的验收标准及要求。

②其他要求：价格、数量、交付时间、配送方式、余料退货方式等。

③采购单、采购合同、食品质量承诺书。

(2) 采购检查及验收。

①非食品验收：采购人员与仓储主管现场验收，验收合格后签收入库。

②食品验收：从订货源头取样验收；采购人员与仓储主管现场感官验收，核对检测报告、检疫证明等文件，验收合格方可签收入库。

4. 食材的验收标准

(1) 采购带包装的食品时，禁止采购无生产日期、无保质期或无最佳食用截止日期、无生产厂家的"三无"产品。

(2) 禁止采购无食品生产许可证编号的产品（农产品除外），食品生产许可证编号由英文字母"SC"加14位阿拉伯数字组成。

(3) 食品原料品质的基本要求和标准。

①根据厨政部对膳食的要求，按照合理和营养的原则确定。

②按照就餐人员对食品原料的食用习惯和食用价值确定。

(4) 蔬菜类标准：蔬菜农药残留量不超标。

(5) 腌菜、泡菜类标准：具有该腌菜、泡菜应有的色泽和气味，无白花、无腐烂、无变质、无酸臭味，符合《食品安全国家标准 酱腌菜》（GB 2714—2015）及《食品安全国家标准 食品添加剂使用标准》（GB 2760—2014）。

(6) 猪肉类标准：符合《食品安全国家标准 鲜（冻）畜、禽产品》（GB 2707—2016），检疫印章清晰清楚可查。

(7) 牛肉类标准：符合《食品安全国家标准 鲜（冻）畜、禽产品》（GB 2707—2016），检疫印章清晰清楚可查。

(8) 畜禽类验收标准：符合《食品安全国家标准 鲜（冻）畜、禽产品》（GB 2707—2016），检疫印章清晰清楚可查。

(9) 禽蛋类标准：蛋壳外有层霜状粉末，壳表面比较粗糙，但有光泽；用光照时能透光，呈橘红色，气室小而透亮，能看到蛋黄轮廓；将蛋轻轻摇动，听不到声音或感觉不到振动的为新鲜蛋。

(10) 鱼类产品标准：必须提供水产品的产地证明、检验合格证明等相关资质。

(11) 干货类标准：干爽、不霉烂、整齐、均匀、完整、无虫蛀、无杂质，保持应有的色泽。

(12) 粮食标准：符合《食品安全国家标准 粮食》（GB 2715—2016）。

①小麦粉标准：符合《小麦粉》（GB/T 1355—2021）的规定。

②面粉的品质标准：面粉含水量为12%～13%，有正常气味，颜色较淡。

③稻米的质量检验标准：有清香味和光泽，无米糠和其他杂质，无虫草害，无异味，无霉味，用手摸时滑爽、干燥；米粒形状均匀、整齐，重量大；无碎米、爆腰米和腹白的米。

(13) 定型包装类食品标准：凡是带有包装的食品，其质量卫生标准除符合国家规定的质量卫生标准外，还必须包装整洁，包装盒或标签上须注明食品名称、生产厂家、生产地址、生产日期、保质期;包装食品的内容和重量必须和包装上注明的完全一致。

(14) 冻品类标准:符合《食品安全国家标准 鲜(冻)畜、禽产品》(GB 2707—2016)。

(15) 食用油脂标准:符合《食品安全国家标准 食用植物油料》(GB 19641—2015)和《食品安全国家标准 食用动物油脂》(GB 10146—2015)。

(16) 以上食材标准有更新或有其他未明确的食材采购标准时,按国家最新相关标准执行。

附件6 / 总仓食材到货计划

在开餐前一周内,所有食材必须全部进入总仓。以下是体育赛事接待酒店长保质期食材到货计划表、体育赛事接待酒店供应链部供应商到货计划表。

体育赛事接待酒店长保质期食材到货计划表

序号	货品种类	___月										
		1	2	3	4	5	6	7	8	9	10	11	…
1	冷冻鸡肉	●											
2	冷冻牛、羊肉		●										
3	非清真生肉			●									
4	冷冻面点				●	●							
5	热饮饮品						●						
6	牛奶、饮料							●					
7	冰淇淋								●				
8	封装食品									●	●		
9	米、面、粮油									●	●	●	
10	干货									●	●		
11	一次性餐用具						●	●					
…	…												

体育赛事接待酒店供应链部供应商到货计划表

序号	供应商名称	货品类别	采购经理	计划到货日期	实际到货日期	运输车牌	封签号	车辆温度	供应商送货人	司机签名	登记人	备注
1												
2												
3												
4												
5												
6												
7												
8												

附件7　现场仓进货流程

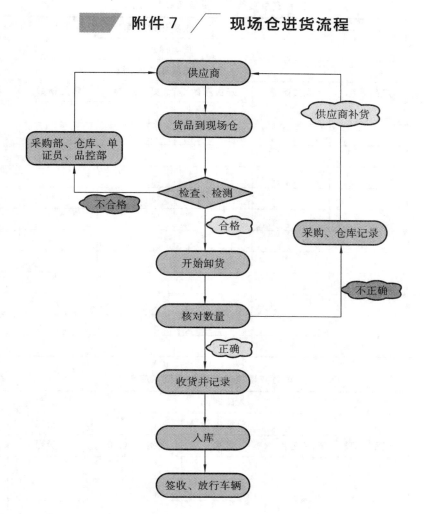

流程图说明如下。

（1）供应商确认订单、送货时间及数量、收货地点等，并确认回传。

（2）将确认后的送货时间告知现场仓仓储物流经理，由仓储物流经理通知理货员，提前准备收货，理货员安排货品储位。体育赛事接待酒店供应链收货记录单见下页。

（3）供应商到货后，将供应商送货单交给单证员制作体育赛事接待酒店供应链入库单，将入库单交仓储物流经理验收。

（4）仓储物流经理将入库单交给理货员，理货员签收点数，无误后签字确认，将入库单供应商联交总仓单证员，并要求其填写收货记录单，理货员保管签收单。

（5）理货员安排装卸工卸货至指定库位。

（6）理货员收货完毕后，将实际签收入库单交给单证员改写入库数据，仓储主管审核订单。体育赛事接待酒店供应链入库单见下页。

体育赛事接待酒店供应链收货记录单

订单号:				收货记录单号:			
收货日期:				货车温度:			
开始收货时间:				完成收货时间:			
产品编号	产品名称	收货数量	好货箱数	好货数量	坏货箱数	坏货数量	
收货人:				主管签字:			

体育赛事接待酒店供应链入库单

仓库名称			入库时间			入库单号		
单证员			单证主管			状态		
供应商	产品编码	产品名称	批号	规格	单价/元	数量	金额/元	
			合 计					
采购经理				仓储物流经理				

入库标准

区域	标 准
车辆	封闭货车车厢外观良好、清洁
	车厢密封、清洁、无异味
	车辆GPS无故障
	温度记录仪信息完好,能够读取完整的信息
	车辆铅封、封条完整无破损
仓库	仓库内使用塑料卡板或木卡板时须做杀虫处理(高温、低温)
	仓库门保持关闭
	仓库内严禁明火
	冷冻库区温度:-22~-18 ℃
	冷藏库区温度:1~4 ℃
	常温区温度:15~25 ℃
	低温仓库:5~10 ℃
装卸区	不允许分段搬运货物时间超过30分钟;严禁将冻货存放在装卸区
	没有货物进出时,装卸区出入口必须关闭
	装卸区不能存放货物超过30分钟
货物	货物包装箱外面无金属物(如铁钉)、玻璃制品及陶瓷制品
	货物外箱平整、无皱褶、字体印刷清晰、无擦痕
	每个货物外包装箱上,食品安全二维码清晰、无破损
	货品外箱包装无破损、无渗漏、无污染、无挤压现象,进口货要有中文标志
	冷冻货温度:-25~0 ℃(视各冷冻货品特性而定)
	冷藏货温度:0~10 ℃(视各冷藏货品特性而定)
	常温货温度:25 ℃以下
	对货物要小心、爱护和留意,不能上下倒置,货物正面向外

收货时验货步骤

步 骤	说 明
1	从车厢尾部先卸一板货物,把该板货物放到装卸区内一个不影响操作的地方
2	从第一板货物中取一箱,放到品控检查专用台上
3	在品控检查之前必须清洁及消毒双手: (1)用专用的消毒液涂擦双手,让双手自然晾干; (2)戴上一次性手套
4	检查货物的保质期
5	用小刀小心地开启纸箱
6	立即用酒精对温度计感应部分消毒

续表

步 骤	说 明
7	将消毒过的温度计放在内包装之间,然后把纸箱暂时盖上,测量温度
8	检查货物实际情况,确认有无异常现象
9	如果货物符合温度和包装的要求,应立即将箱口封好,并贴上品控标签,放回该批货物中,并立即进行正常收货

收货记录单

项 目	内 容	项 目	内 容
(1) 订单号		(8) 好货总箱数	
(2) 收货记录单号		(9) 坏货总箱数	
(3) 收货日期		(10) 货车温度	
(4) 产品编号		(11) 开始收货时间	
(5) 产品名称		(12) 完成收货时间	
(6) 好货数量		(13) 收货人签名	
(7) 坏货数量		(14) 收货主管签名	

注:所有栏目必须填写清楚并存档。

附件8 现场仓出货流程及库存管理制度

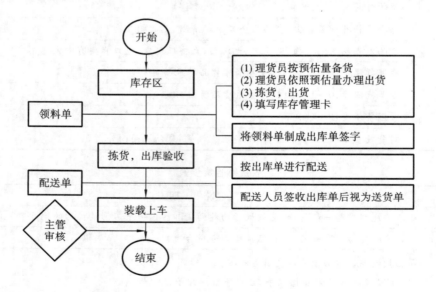

流程图说明如下。

(1)厨政部凭行政副总厨或计划经理、营运部凭营运副总监或营运经理签字的领料单方可到现场仓领货。

(2)现场仓管理员收到领料单后应立刻协助出货,并将领料单交单证员制出库单,出库单应与领料单信息一致,并保留存档。

体育赛事接待酒店领料单

领用部门:								领用日期:		年	月	日	
序号	产品编码	产品名称	规格型号	批号	申请数量	单位	折合数量	领用数量					备注
								第一次	第二次	第三次	第四次	合计	
1													
2													
3													
4													
5													
6													
领料人							领用部门总监						
仓库物流经理							仓储主管						

体育赛事接待酒店供应链部出库单

仓库		出库日期		出库单号		
单证员		单证主管		状态		
申请部门						
产品编码	产品名称	规格型号	单位	批号	单价	数量	金额
		合 计					
领用人				领用部门总监			

现场仓货物储存管理要求

为满足餐厅运行的要求,现场仓需要储存24小时的食材,对现场仓管理方面和安全方面的要求同总仓。

(1) 按照食材的保质期限和种类,将其划分为直接使用产品(易腐败变质、保质期短)和储存产品(易保存)两个大类。确定库存,并采取相应的库存控制措施。

(2) 经验收或检验合格的食材方可入库,对入库食材分类建立台账,登记每批食材的收货日期、品名、数量、规格,发货按"先进先出"的原则发放。及时登记台账,确保账物一致。

(3) 各类食材根据储存条件的要求,分库、分区存放,必要时隔离存放,按每批入库货物设立标志;对各类食材储存的温度进行监控,按规定定时检测。

(4) 理货员对所管辖范围的常用货物定时进行清点,同时检查食材的保质期、质量状况等,每3日进行一次全面盘点。

(5) 成品、半成品的储存按菜点生产过程控制的有关规定执行。

(6) 交付过程按物流运输的有关规定实施。

(7) 盘点管理:现场仓实行日盘管理,由现场仓主管每日17:00前对库存食材进行盘点,数据报厨政部计划经理。盘点表如下。

体育赛事接待酒店现场仓实盘点表

仓库名称:

产品编码	产品名称	规格型号	单位	账面数量	盘点数量	盈/亏数量	货存位置	备注
盘点人			仓储主管			财务经理		

(8) 冷藏、冷冻库房温度标准。

冷藏、冷冻库房温度标准

种　类	冷冻库	冷藏库	常温仓
肉禽类	－22～－18 ℃	—	—
生鲜类	—	1～4 ℃	—
水产类	－22～－18 ℃	1～4 ℃	—
蔬果类	—	1～4 ℃	—
速冻食品类	－22～－18 ℃	—	—
乳制品（饮料）	—	1～4 ℃	—
干货	—	—	15～25 ℃
粮油	—	—	15～25 ℃

现场仓冷冻库房温度须控制在－22～－18 ℃；冷藏库房中乳制品（饮料）、蔬果类为1～4 ℃；常温仓中干货和粮油为15～25 ℃，其他按要求存放在冷藏库房的食材温度控制在1～4 ℃。现场仓所有库房需在使用期间保证24小时供电。现场仓当班主管对现场仓库房温度进行检查并记录。

体育赛事接待酒店现场仓温度巡查表

仓库名称：

项　目	1:00	3:00	5:00	7:00	9:00	11:00	13:00	15:00	17:00	19:00	21:00	23:00	备注
月　日	℃	℃	℃	℃	℃	℃	℃	℃	℃	℃	℃	℃	
检查人													
月　日	℃	℃	℃	℃	℃	℃	℃	℃	℃	℃	℃	℃	
检查人													
月　日	℃	℃	℃	℃	℃	℃	℃	℃	℃	℃	℃	℃	
检查人													

注：检查人发现冷藏冷冻、库房的温度异常时，务必及时通知当班仓储主管。

(9) 其他相关管理制度。

①所有工器具、低值易耗品、清洁用品采取随用随供的模式，最大程度降低库存。

②库存货品要进行定位管理，即将不同的货品按分类、分区管理的原则来存放。仓库至少分为三个区域：第一，大量储存区，即以整箱或整盘方式储存；第二，小量储存区，即将拆零货品放置在陈列架上。

③区域确定后应制作一张配置分类图，贴在仓库入口处，以便于存取。小量储存区应尽量固定位置。

④储存货品不可直接与地面接触。一是为了避免潮湿；二是为了保证食品卫生安全；三是为了堆放整齐。

⑤要注意仓储区的温、湿度，保持通风良好、干燥、不潮湿。保证做到"二齐，三清，四定位"。二齐：货品摆放整齐，库房干燥整齐。三清：货品品类清楚、数量清楚、规格标志清楚。

四定位:货品按区、排、架、位定位明确。

⑥有防水、防火、防盗等设施,以保证货品安全。

⑦储存设立库存管理卡,货品进出必须遵循"先进先出"原则。

⑧理货员应严格按照到货通知(采购单到货通知),提前安排到货的储存储位及收货事宜。

⑨入库应严格填写入库单、库存管理卡及做台账记录。

⑩库存中如有变质或超过保质期的货品要及时处理。

⑪如因货品急需未填写入库单的,理货员要在货物验收后及时补填"收货验收单"。

⑫货品出库,理货员凭出货单如实发货,若出货单上负责人未签字,或签名不清或被涂改,理货员有权拒绝发货。

⑬任何人不得私自办理出货手续,不得以任何名义从库内拿走货品,不得在货架或货位中乱翻乱动,理货员有权制止和纠正此类行为。

⑭收货标准:原封箱,品质检验。

附件9 供应链风险防控与应急预案

成立以项目总经理为组长,行政总厨为副组长的风险防控应急处置领导小组,明确责任,严格落实岗位职责,力争将各类风险隐患发生的概率降到最低,畅通内外沟通机制。一旦发生危险状况,第一时间启动应急响应机制。风险防控应急处置领导小组组织架构如下。

1. 食材收货、储存、运输风险

(1)风险描述。

①收货品质、数量不达标。

②储存不当导致食材变质。

③运输途中食材被污染。

(2)产生原因。

①供应商未能按照食材出库操作流程进行作业。

②储存设备故障导致食材变质。

③未能按照食材运输操作流程进行作业。

(3)避免措施。

①监督供应商按照食材出库操作流程进行作业。

②认真实施储存设备保养维修计划,做好应急准备。

③认真按照食材运输操作流程进行作业。

(4)风险应对处置的主要措施及流程。

①应对措施。

a. 收货品质、数量不达标的应对措施:供应链部总监联系供应商,将品质不达标的食材进行退货,并要求其重新进行配送;对数量不达标的食材要求供应商及时补送。

b. 储存不当导致食材变质的应对措施:供应链部总监将变质的食材进行废弃并及时进行补货,联系设备供应商维修或更换损坏的设备。

c. 运输途中食材被污染的应对措施:行政总厨将被污染的食材进行废弃,联系供应链部总监进行补充,对事故责任人进行再教育,避免再次发生。

②风险应对处置流程:行政总厨将事故上报项目总经理、组委会接待部主任,组委会接待部主任召集服务商分析事故原因,制订预防措施。

(5) 相关说明:该风险属于重大风险。

2. 物资库存严重偏离风险

(1) 风险描述:物资严重不足或过剩。

(2) 产生原因:由于用餐人数大于或小于预估人数,物资的实际消耗量与预估量、领用量与计划量产生偏差,导致实际库存量和计划量发生严重偏离。

(3) 避免措施。

①同总经理助理核对确认,准确把握抵离人员信息。

②同厨政部及时对接每日每餐订单内容,核对库存数量,联系各相关部门负责人,加强勤俭节约教育,避免浪费。

(4) 风险应对处置的主要措施及流程。

①物资偏离的应对措施:a.供应链部总监联系厨政部,告知物资偏离种类和数量。对于不足部分,供应链部组织补货;对于超量的食材,厨政部调整菜单进行利用。b.供应链部总监准确把握抵离人员信息,实时掌握库存情况,做好随时调整准备。

②风险应对处置流程:各部门总监上报项目总经理、组委会接待部主任,组委会接待部主任召集餐饮服务商分析原因,制订预防措施。

(5) 相关说明:该风险属于重大风险。

3. 采购渠道单一风险

(1) 风险描述。

①发生意外导致不能供货,食材将断供。

②食材费用大幅度超出预算。

(2) 产生原因。

①甲方指定单一供应商供货。

②没有备选供应商,缺少竞价机制。

(3) 避免措施:在遴选食材供应商时,选定2~3家备用食材供应商。

(4) 风险应对处置的主要措施及流程。

①应对措施:发生风险及时上报供应链部总监及项目总经理,经过项目总经理批准启用备用食材供应商。

②风险应对处置流程:各部门总监将事故上报项目总经理和现场仓,现场仓召集服务商分析事故原因,制订预防措施。当发生供应商不能提供所需全部食材的事故时上报现场仓,在等待进一步指示的同时做好协助工作。

(5) 相关说明:该风险属于重大风险。

4. 中央厨房无法按时供货风险

(1) 风险描述:食材断供,餐厅不能正常运行。

(2) 产生原因：受不可抗力因素影响无法按时供货。

(3) 避免措施：制订完备的预警方案和应急预案。

(4) 风险应对处置的主要措施及流程。

①应对措施：a. 供应链部总监向上级报告无法供货的种类、数量及现有食材可满足使用时间。b. 启用备用食材供应商，通过食品公司进行供货，或经过现场仓批准后，从大型综合超市进行现场采购。c. 行政总厨做好启动应急菜单准备。

②风险应对处置流程：各部门总监将事故上报项目总经理和现场仓，现场仓召集服务商分析事故原因，制订预防措施。当发生中央厨房无法按时供货的事故时要上报现场仓，在等待进一步指示的同时做好协助工作。

(5) 相关说明：该风险属于重大风险。

5. 恶劣天气时装卸货风险

(1) 风险描述。

①食材不能及时供应。

②食材被污染。

(2) 产生原因：天气恶劣，作业困难。

(3) 避免措施。

①关注天气预报，尽可能地错开恶劣天气装卸货。

②当不可避免恶劣天气装卸货时，采取防护措施。

(4) 风险应对处置的主要措施及流程。

①应对措施：在恶劣天气条件下作业时，作业人员做好安全防范措施，保证人身安全。认真做好恶劣天气条件下食材运输的防护工作（准备好防雨毡布、防雨帐等防护工具）。

a. 食材不能及时供应的应对措施：由供应链部总监联系行政总厨，告知不能供货的品种和数量，由厨政部实时调整菜单。

b. 对被污染的食材采取的应对措施：同品控总监判断是否需要将被污染的食材进行废弃。当需要废弃时，供应链部要及时补货。

②风险应对处置流程：各部门总监将事故上报项目总经理和现场仓，现场仓召集服务商分析事故原因，制订预防措施。

(5) 相关说明：该风险属于一般风险。

附件10 / 现场仓的管理规范

1. 现场仓岗位衔接

(1) 收货：需与供应商送货人员对接，严格收货、抽检或逐一检验物品是否合格，是否可以签收，如数量及品质出现问题，上报仓储主管处理，签收后将签收单交单证员制成入库单并登账，安排装卸工把货品卸至指定位置。

(2) 盘点：仓库内进行实账对账及盘点工作，将库存表报于仓储主管及各使用部门，将前一日的消耗表及所有品项的进出库数量汇总表审核后报于相关部门。

(3) 出货：理货员在进行出货工作时，严格按出货流程操作，确认符合领用手续后签字，交单证员制成出货单再给装卸工拣货、备货,通知领用部门领货。

各部门根据库存表报采购计划以补货,根据现场仓汇总的采购计划确认收货时间及数量。

退货时由退货部门提前报产品名称、数量给现场仓,由现场仓安排配送人员前往退货点拉回退货。

2. 库存控制

(1) 按照食材的保质期和种类,将其划分为直接使用产品(易腐败变质、短保质期)和储存产品(易保存、长保质期)两个大类。确定库存管理办法,并采取相应的库存控制措施。

(2) 经验收或检验合格的食材方可入库,对入库食材分类建立台账,登记每批食材的收货日期、品名、数量、规格。发货按"先进先出"的原则发放;及时登记台账,确保账物一致。

(3) 各类食材根据储存条件的要求,分库、分区存放,必要时隔离存放,按每批入库食材设立标识;对各类食材储存的温度进行监控,按规定定时检测。

(4) 理货员对所管辖范围的常用货物定时进行清点,同时检查食材的保质期、质量状况。每3日进行一次全面盘点。

(5) 成品、半成品的储存按菜点生产过程控制的有关规定执行。

(6) 交付过程按物流运输的有关规定实施。

3. 库存余量

(1) 启动综合查询系统和科学的库存管理系统,有效降低库存成本,以最低的库存量保证供餐的需求。根据决策需要,在最短时间内,使用综合查询子系统查询即时数据和任何时期的历史数据,提高工作效率和反馈速度。

(2) 严格控制采购物品的库存量。每日对库存物品进行检查(特别是冷冻库和冷藏库内的库存物品),对于库存不够的物品及时补货。及时根据当前的使用进度合理设置库存量的上下限,每天由理货员进行盘点控制,并遵循原料先进先出的原则,保证原料的质量。

(3) 完善定期盘点制度。做好仓库的定期盘点,正式开餐前每周1次,正式开餐后每日1次。准确地统计在库物品数量,明确重点控制哪些品种,采用何种控制方法,如暂停进货、调拨使用、尽快出库使用等。即时输入信息管理系统。

(4) 做好发货管理工作。发放控制的目的是按需发放,从源头上控制成本支出。建立严格的出入库及领用制度。理货员做好原料出入库的台账登记工作。

(5) 保质期的管理。严格按照食材的保质期规定,随时补充餐厅食材,根据食材类型确定使用时间。

4. 现场仓规范运行

(1) 入库管理规范。

①总仓或中央厨房确认订单、送货时间、送货数量、收货地点等,并确认回传。

②将确认后的送货时间告知现场仓仓储主管,仓储主管通知仓库管理员,提前准备收货,安排货品储位。

③到货后,仓库管理员在开始卸货前,必须检查货品保质期和接收温度,如货品是冷冻冷藏类,还要进行温度等品控方面的检查。检查结果合格,则开始卸货;若不合格或有偏差,

应立即通知仓储主管,由仓储主管联系品控部决定接收与否。

④搬运工负责将货品从车厢卸到货台,堆叠到栈板上,卸货时需小心爱护货品。

⑤仓库管理员负责核对货品数量是否与订单相同,将有关资料填在收货记录表上,如有差异,应立即通知仓储主管,由仓储主管通知采购经理做出决定。

⑥收货完毕后,由仓库管理员安排搬运工将货品存至指定库位。

(2)出库管理规范。

①由厨政部领料人员提前1日向现场仓管理员下达领料计划单。

②现场仓管理员根据领料计划单,将需要发的货品运输到待发货区。

③厨政部领料人员根据领料计划单领取货物。

④现场仓管理员填写库存管理卡。

(3)存放管理规范。

①食品必须码放在垫板或者货架上,不允许直接接触地面,食品摆放要做到"三齐"(堆码整齐、码垛整齐、排列整齐),不得出现混放或错放现象。产品必须集中码放,一种产品宜码放在一排或并排两排,不要间隔其他产品或码放在过道上。

②现场仓每种货品要有物料卡,每类每批货品的物料卡上清晰标明采购日期、产品名称、生产日期及保质期,做到账、卡、物相符,挂卡存放。

③现场仓码放产品时必须留出进出货通道,码放货物离顶部不得小于 30 cm,离墙壁不得小于 10 cm,仓内不得存放个人物品。

④每日检查所存放食品,发现有变质或包装破损、生锈、鼓袋等异常情况时,做到及时清出,清出后放在待处理区,报损登记后处理掉。

⑤现场仓内保持清洁、卫生,要每日进行卫生清扫。

⑥干调库要有防潮、防火设施,要有防鼠板。做到无鼠、无蝇、无灰尘。

⑦现场仓的分区需明确,应设置清晰的收货平台、食品检验区域、产品储存区、产品出货区、产品退货待处理区、不良产品存放区,以及清真区和非清真区。每个区域都需用标签明确标志,并通过划线的方式清晰区分各个位置,确保不同产品被放置在相应的指定区域内。

(4)每日巡查规范:现场仓人员应每日对现场仓设备进行检查,确保设备运行正常。现场仓管理员应每日两次检查冷库温度是否正常,并填写制冷设备温度记录表。

附件11 供应链部员工培训计划

参考第一章附件3 培训方案。

附件12 现场仓食材到货计划表

以成都第31届世界大学生夏季运动会接待酒店餐厅的到货计划为例。

通常长保质期类食材(冷冻、常温)2日配送一次,干调等3日配送一次,其他短保质期(3日以内(含))类食材每日配送,可按需调整。成都第31届世界大学生夏季运动会接待酒店餐厅现场仓每日到货计划表如下。

序号	货品种类	7月份														8月份										
		18	19	20	21	22	23	24	25	26	27	28	29	30	31	1	2	3	4	5	6	7	8	9	10	11
1	冷冻鸡肉	●		●		●		●		●		●		●		●		●		●		●		●		
2	熟食、冷切	●		●		●		●		●		●		●		●		●		●		●		●		
3	冷冻牛羊肉	●		●		●		●		●		●		●		●		●		●		●		●		
4	非清真生肉	●		●		●		●		●		●		●		●		●		●		●		●		
5	冷冻面点	●		●		●		●		●		●		●		●		●		●		●		●		
6	热饮饮品	●				●				●				●				●				●				
7	纯牛奶、饮料	●				●				●				●				●				●				
8	酸奶	●				●				●				●				●				●				
9	冰淇淋	●				●				●				●				●				●				
10	面包、点心			●	●	●	●	●	●	●	●	●	●	●	●	●	●	●	●	●	●	●	●	●	●	●
11	净蔬菜、瓜果			●	●	●	●	●	●	●	●	●	●	●	●	●	●	●	●	●	●	●	●	●	●	●
12	封装食品	●				●				●				●				●				●				
13	米、面、粮油	●				●				●				●				●				●				
14	干调	●			●			●			●			●			●			●			●			●
15	鸡蛋		●	●	●	●	●	●	●	●	●	●	●	●	●	●	●	●	●	●	●	●	●	●	●	
16	一次性餐饮具	●			●			●			●			●			●			●			●			●

Chapter Three
第三章　体育赛事接待酒店餐饮服务厨政管理技术规范

厨政管理是对体育赛事接待餐饮服务中厨房的整体营运和管理的统称。厨政管理是体育赛事接待酒店餐饮服务管理的重要分支，它具有自身的复杂性和专业性。在餐饮服务中，厨政管理旨在通过科学的管理方法和策略，提升餐饮服务的整体运营水平和服务质量。

体育赛事接待酒店餐饮服务管理技术规范中的厨政管理包括签订餐饮服务合同阶段（或者中标后）、开餐前六个月阶段、开餐前三个月阶段、演练（开餐前一个月）阶段、整改阶段、开餐前一周阶段、正式开餐运行阶段、闭幕阶段和收尾阶段，共9个阶段。每一个阶段均有明确的时间节点、工作地点、主要工作内容与要求、责任人、协助人，各阶段工作的先后顺序和逻辑排序如下表。

序号	时间	工作地点	主要工作内容与要求	责任人	协助部门或人员	备注
1	签订餐饮服务合同阶段（或者中标后）	餐饮服务商办公室	抽调管理人员（包括行政总厨、行政副总厨、计划经理）组建餐饮服务商厨政部	行政总厨	人事总监	厨政部管理人员需要根据餐饮接待服务的规模确定，通常为3～5人。 附件1　厨政部管理人员组织架构图 附件2　厨政部管理人员岗位职责
2	开餐前六个月阶段	餐饮服务商办公室	（1）餐饮服务商厨政部核心管理人员到岗，由行政总厨组织培训。 （2）在明确食谱编制原则的基础上开始研制食谱。 （3）与接待酒店工程部对接厨房、餐厅维修改造方案。 （4）准备食谱评审会并进行评审。 （5）针对食谱评审中专家提出的意见调整食谱。	行政总厨	行政副总厨、厨师长、计划经理、供应链部总监、工程部总监	附件3　食谱评审会前的准备工作流程 附件4　食谱评审会流程 附件5　食谱分解前工作布置要求 附件6　食谱分解的规范流程 附件7　食谱分解表格

续表

序号	时间	工作地点	主要工作内容与要求	责任人	协助部门或人员	备注
			（6）确定最终版的食谱，进行食谱分解。 （7）通过食谱分解确定食材种类，根据体育赛事组委会接待部明确的用餐人数和时间，估算各类食材的用量。 （8）餐饮服务商厨政部厨师长到岗。 （9）编制菜品烹饪手册、厨政运行方案、食谱卡、培训资料。 （10）确定各类食材的加工规格和标准。 （11）确定厨政部需要使用的办公物资、小型餐厨具、工器具、低值易耗品、劳保用品规格及数量，向供应链部提交采购清单。 （12）确定厨政部标识、标牌以及各类打印文件的需求数量，向供应链部提交采购清单。			根据本次体育赛事提供的菜系和供餐时间决定厨政部厨师长的人数，通常为16~20人。 附件8 菜品烹饪手册（供参考） 附件9 厨政部小型餐厨具、工器具清单（供参考） 附件10 厨政部低值易耗品、劳保用品清单（供参考） 附件11 厨政部标识标牌
3	开餐前三个月阶段	餐饮服务商办公室、体育赛事接待酒店	（1）餐饮服务商厨政部厨师、厨工到岗。 （2）厨师长组织对厨师、厨工进行培训。 （3）厨政部接收办公物资、小型餐厨具、工器具、低值易耗品、劳保用品。 （4）厨政部接收并布置各类标识、标牌。 （5）完成餐厅、厨房改造工程的验收。	行政总厨	行政副总厨、厨师长、供应链部总监、工程部总监、品控总监	附件12 厨政部风险防控及应急预案 附件13 厨政部保洁要求

续表

序号	时间	工作地点	主要工作内容与要求	责任人	协助部门或人员	备注
			(6) 行政副总厨组织厨政部厨师、厨工对厨房进行开荒和大扫除。 (7) 厨房设备调试及压力测试,保证24小时满负荷运转测试达标。 (8) 厨房灶具调试,达到正常供餐条件。 (9) 组织厨政部厨师对部分菜品进行试制。 (10) 编制厨政部撤场方案			
4	演练(开餐前一个月)阶段	体育赛事接待酒店	(1) 组织厨政部厨师长级以上人员进行第一次桌面推演(本部门)。 (2) 组织厨政部厨师长级以上人员进行第二次桌面推演(跨部门)。 (3) 组织厨政部厨师长级以上人员进行全流程、全要素桌面推演。 (4) 组织厨政部全员带人实战演练	行政总厨	行政副总厨、厨师长	附件14 第一次桌面推演内容 附件15 第二次桌面推演内容 附件16 带人实战演练流程规范
5	整改阶段	体育赛事接待酒店	(1) 组织厨政部厨师长级以上人员针对第一次桌面推演中出现的问题进行整改,为第二次桌面推演做准备。 (2) 组织厨政部厨师长级以上人员针对第二次桌面推演中出现的问题进行整改,为全流程、全要素桌面推演做准备。	行政总厨	行政副总厨、厨师长	

续表

序号	时间	工作地点	主要工作内容与要求	责任人	协助部门或人员	备注
			(3) 组织厨师长级以上人员针对全流程、全要素桌面推演中出现的问题进行整改,为带人实战演练做准备。 (4) 组织全员针对带人实战演练中出现的问题进行整改,为正式开餐做好准备			
6	开餐前一周阶段	体育赛事接待酒店	组织厨政部全员针对全流程、全要素实战演练中出现的问题进行整改,为正式开餐做准备	行政总厨	行政副总厨、厨师长	
7	正式开餐运行阶段	体育赛事接待酒店	按照每日的食谱和开餐时间正式供餐	行政总厨	行政副总厨、营运总监、品控总监、工程部总监、人事总监	附件17 厨政部日常运行管理流程规范
8	闭幕阶段	体育赛事接待酒店	正式供餐结束,参加组委会接待部组织的欢送仪式	行政总厨	行政副总厨、厨师长	
9	收尾阶段	体育赛事接待酒店	(1) 组织人员对厨房各类食材、设备、办公物资、小型餐厨具、工器具、低值易耗品、劳保用品等进行盘点,将各类物资移交给指定的部门。 (2) 按照组委会接待部的统一部署参加收尾工作。 (3) 组织餐饮管理人员和服务人员撤离	行政总厨	行政副总厨、厨师长、人事经理	

附件1　厨政部管理人员组织架构图

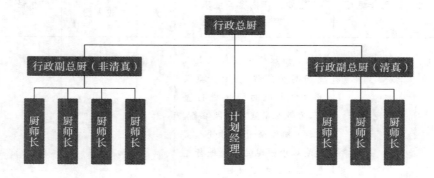

附件2　厨政部管理人员岗位职责

1. 行政总厨岗位职责

负责厨政部的全面管理工作,并向项目总经理汇报工作,主要职责如下。

(1) 负责组织制订各菜品规格标准和用量标准,计算食材预估量,报组委会接待部审批后实施。

(2) 负责制订采购清单,协助供应链部甄选食材供应商,监督来货质量。

(3) 制订厨政部的各项规章制度,并加以贯彻执行。

(4) 负责审核各厨师长的考核指标,不断完善厨房管理。

(5) 负责指导并监督本部门员工按照岗位职责和操作标准开展工作。

(6) 负责厨师长的技能和素质培训,不断提高厨师队伍整体素质。

(7) 负责将本部门工作与组委会接待部接待酒店联系人、餐厅所在地政府相关职能部门及其他相关单位具体对接与协调。

(8) 负责本部门风险防控及突发事件应急处置等应急管理工作。

(9) 完成项目总经理交办的其他工作。

2. 行政副总厨(非清真)岗位职责

在行政总厨领导下,负责非清真餐厅的生产、运作及日常管理工作,主要职责如下。

(1) 负责协助行政总厨制订非清真菜品规格标准和用量标准,计算食材预估量。

(2) 负责协助行政总厨制订非清真菜品采购清单,甄选食材供应商,配合采购验货,监督来货质量。

(3) 负责制订厨政部的各项规章制度、各岗位职责和操作标准及工作目标分解,报行政总厨审批后实施。

(4) 负责非清真厨师长的厨艺和素质培训,不断提高厨师长的专业技能。

(5) 总体负责非清真餐厅的采购计划的拟订、上报和协调工作。

(6) 全面保障非清真餐厅的食品安全和操作规范,协助检查食材采购质量。

(7) 监督后厨人员保证工作区域卫生。

（8）完成行政总厨交办的其他工作。

3. 行政副总厨（清真）岗位职责

在行政总厨领导下，负责清真餐厅生产、运作及日常管理工作，主要职责如下。

（1）负责协助行政总厨制订清真菜品规格标准和用量标准，计算食材预估量。

（2）负责协助行政总厨制订清真菜品采购清单，甄选食材供应商，配合采购验货，监督来货质量。

（3）负责制订厨政部的各项规章制度、各岗位职责和操作标准及工作目标分解，报行政总厨审批后实施。

（4）负责清真厨师长的厨艺和素质培训，不断提高厨师长的专业技能。

（5）总体负责清真餐厅的采购计划的拟订、上报和协调工作。

（6）全面保障清真餐厅的食品安全和操作规范，协助检查食材采购质量。

（7）监督后厨人员保证工作区域卫生。

（8）完成行政总厨交办的其他工作。

4. 厨师长岗位职责

在行政副总厨领导下，负责餐厅所管辖菜系的生产、运作及日常管理工作，主要职责如下。

（1）负责厨房管理，监督执行厨房管理制度、服务标准、操作标准，确保厨房的良好运作。

（2）负责菜品出品管理，指导、监督厨房各类菜品制作，控制出品质量，严格按照菜品烹饪技艺操作。

（3）负责本菜系档口员工的管理，稳定员工队伍，营造团队氛围，明确各岗位工作具体分工，制订各岗位培训计划，报行政副总厨审批后实施。

（4）负责后厨安全管理，监督执行厨房设备设施操作规范，确保人员安全和消防安全。

（5）完成行政副总厨交办的其他工作。

5. 计划经理岗位职责

在行政总厨领导下，负责本部门信息采集、数据分析及计划制订工作，主要职责如下。

（1）负责根据供餐计划、物料清单、库存情况制订采购清单、到货计划、出库计划及费用预算，报行政总厨审批后实施。

（2）在行政总厨的领导下，全面负责厨政部的物资申购工作。

（3）根据食谱对食材进行详细分解。

（4）负责与供应链部进行食材对接工作，若有异常，及时向行政总厨汇报。

（5）按照要求把每日的采购清单单据留存好。

（6）负责对数据进行分析，汇总有需要的信息资源，报至行政总厨。

附件3 / 食谱评审会前的准备工作流程

（1）确定食谱评审日期后，组委会接待部主任召集体育赛事接待酒店相关人员准备食谱评审会的筹备工作。

（2）组委会接待部拟订《×××体育赛事接待酒店非清真食谱专家评审组的决定》《×××体育赛事接待酒店清真食谱专家评审组的决定》。

（3）撰写媒体采访稿，由组委会接待部主任和接待酒店行政总厨负责。

（4）制作食谱评审汇报材料：由行政总厨准备，汇报材料需包含以下几个方面。

①食谱研制的原则与依据。

②食谱研制的过程。

③食谱的组成。

（5）邀请评审专家：评审专家包括国家体育总局专家、运动营养学专家、市场监督管理部门专家、当地餐饮协会专家、运动员代表、教练代表，清真食谱评审还应邀请当地民族宗教事务委员会代表、清真运动员代表（回族）、清真教练代表（回族）。以上评审专家由组委会接待部以函件、电话的形式负责协助邀请。

（6）邀请媒体记者：由组委会宣传部负责邀请。

（7）摄像、录音设备的准备由组委会宣传部负责。

（8）相关费用及表格准备：相关费用包括评审专家的评审费、交通费、住宿费、餐饮费及媒体车马费等；表格包括评审专家评审费签收表、媒体车马费签收表等，由财务总监负责。

（9）评审专家的接送、食宿安排由行政总监负责。

（10）评审会会场的布置，包括会议桌、音响、话筒、投屏设备、台签、签到表、铅笔、中性笔、记录本的准备及茶歇等，由行政总监负责。

附件4　食谱评审会流程

（1）参会人员签到。

（2）由评审组组长主持评审会议，由组委会接待部部长宣读组委会接待部拟订的《×××体育赛事接待酒店非清真食谱专家评审组的决定》和《×××体育赛事接待酒店清真食谱专家评审组的决定》。

（3）行政总厨向评审专家组简要汇报食谱研制的原则与依据、过程，并对食谱组成进行说明。

（4）评审专家进行提问，行政总厨逐一进行回答，评审专家给出指导意见。

（5）评审专家组召开闭门会议，进行评审和表决，通过后评审专家在评审专家意见表上分别签字。

（6）评审组组长宣布评审结果并讲话。

（7）评审组组长宣布会议结束。

附件5　食谱分解前工作布置要求

（1）行政总厨组织各厨师长对食谱分解前工作做分配部署会议，根据菜品的属性明确各个菜品的归属（例如，宫保鸡丁属于川菜，归川菜档口厨师长进行分解）。

（2）根据以往经验和当地市场监督管理部门下发的文件，明确可用食材、禁用食材，在分解时避免禁用食材的出现。

（3）计划经理在食谱分解工作开始前2日内制作出食谱分解的表格模板，设置好各项公式，确保各项公式准确无误。

附件6 食谱分解的规范流程

食谱分解是一项复杂且系统的工作，各个表格之间环环相扣，任何一处出错都会影响最终的结果，所以对待食谱分解工作必须认真仔细。

（1）明确好各菜品的归属后，建立食谱菜品分解库。食谱菜品分解库包含菜品名称、主辅料名称及占比、出成率。

（2）食谱菜品分解库建立后，创建食材价格表，所有食材的价格单位均为元/千克。食材价格表是确定餐标的标准。

（3）根据用餐天数和住宿人数，测算出每日早、中、晚、夜各餐次的用餐人数。

（4）根据餐厅的布置，并结合体育赛事地区的特点，就各餐线各菜品占比和菜品类别占比做预估，合理分配各菜系占比。

（5）对每一套食谱进行食材分解，将食谱菜品分解库、食材价格表、各餐用餐人数预估表、菜系占比等各项数据导入食材分解表中，通过设置好的公式，得出每一种食材的用量。

（6）对每一套食谱分解表中的食材数量进行透视，汇总得出各套食谱食材的需求数量。

（7）食谱分解中还需要将应急食谱、常温餐包、调料、饮品的需求数量进行测算。应急食谱的食材是根据驻店高峰期人数，按照每人1.2 kg成品进行预估测算；常温餐包食材分解按开、闭幕式的人数和日常需求量来测算；调料需求通常根据总餐次的20%，按照每人2 g来测算；饮品的需求根据各餐次的用餐系数来测算。

（8）综上，将常规食谱和应急食谱、常温餐包分解的食材及调料、饮品的需求进行汇总，得出食材及调料、饮品的总需求数量。食材及调料、饮品的总需求数量不仅要满足运动员日常需求，还要符合餐标的标准。

（9）将各类食材的需求数量提交给供应链部，以便开展下一步的食材遴选和采购工作。

附件7 食谱分解表格

以中华人民共和国第一届学生（青年）运动会接待餐厅食谱分解为例，食谱分解表格可分为以下11个表。

表1　食材及单餐成品系列表格，可分为食材重量汇总、百人单餐成品重量汇总、单人单餐成本预估、其他品类单人单餐成本合计、单人单餐总成本合计。

表2　食谱菜品分解库。

表3　食材价格表。

表4　用餐人数预估表，包括每日用餐人数预估表、餐厅用餐人数预估表。

表5　各档口菜品占比，包括早、中、晚、夜餐各档口菜品占比。

食谱分解表格

表6 各餐次菜品分解明细表。
表7 食材透视表。
表8 应急食谱分解表。
表9 常温餐包分解表。
表10 调料预估表。
表11 饮品需求预估表。
其他体育赛事接待酒店的食谱分解可以参照此表格进行。

附件8 菜品烹饪手册（供参考）

附件9 厨政部小型餐厨具、工器具清单（供参考）

附件10 厨政部低值易耗品、劳保用品清单（供参考）

附件11 厨政部标识、标牌

厨政部标识、标牌需根据体育赛事组委会下发文件的要求进行设计，需求和数量根据厨房的实际布局情况确定。

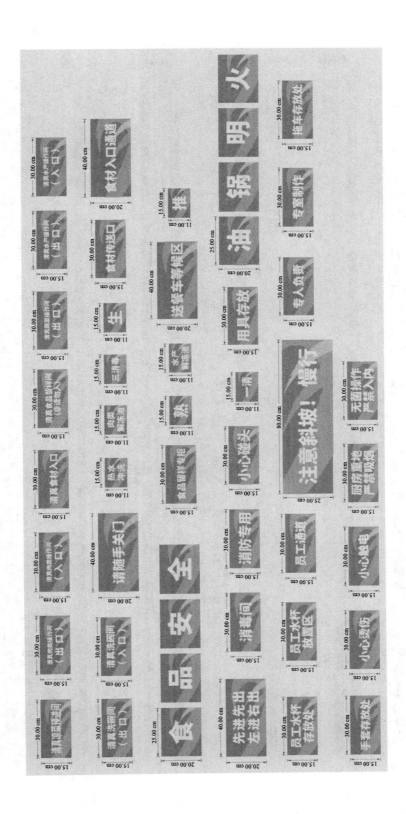

服务学青 我们幸运		多点沟通 少点抱怨	快乐工作 心系学青
热情周到 全力以赴		多点理解 少点争辩	齐心协力 逐梦南宁

原料物尽其用		快乐工作 心系学青	服务学青
确保出品质量		齐心协力 逐梦南宁	确保品质

必需品分区放置		众志成城 服务学青	魅力学青 绿色学青
明标签方便领取		全力以赴 确保品质	安全保障 尽心竭力

手牵手构建食品安全		魅力学青 绿色学青	加强消防安全培训
心连心共筑和谐学青		安全保障 尽心竭力	提升你我安全意识

严格遵守操作流程		加强消防安全培训	齐心协力抓食品安全
提高安全生产意识		提升你我安全意识	真心实意保绿色学青

			多点沟通 少点抱怨
			多点理解 少点争辩

附件 12　厨政部风险防控及应急预案

1. 厨政部风险防控应急小组

成立以项目总经理为组长，行政总厨为成员的风险防控应急处置领导小组，明确责任，严格落实岗位职责，力争将各类风险隐患发生的概率降到最低，畅通内外沟通机制。一旦发生危险状况，第一时间启动应急响应机制。风险防控应急处置领导小组组织架构如下。

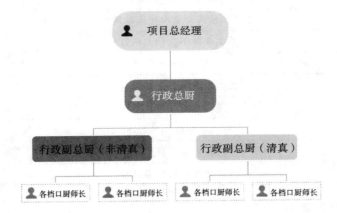

2. 厨政部风险汇总

序号	风险项	风险级别
1	火灾风险	特大
2	停水、停电、停气风险或漏电、漏水、漏气风险	重大
3	温度要求不达标风险	重大
4	专间卫生不达标风险	重大
5	食材收货、储存、运输、加工风险	重大
6	食材断供或不能正常使用风险	重大
7	热菜加工、备餐环节温度不达标风险	重大
8	菜品断供风险	重大
9	非工作人员进出厨房风险	重大
10	餐厅内打架斗殴风险	重大
11	用餐人员将外来食品带入餐厅食用风险	重大
12	中央厨房无法按时供货风险	重大
13	供餐台菜品超时存放风险	重大
14	清洁消毒类化学用品使用管理不当风险	重大
15	物资库存严重偏离风险	重大
16	生产加工过程不符合要求风险	重大
17	未严格执行清真习俗风险	重大
18	食品留样不达标、记录不准确风险	重大

续表

序　号	风　险　项	风险级别
19	员工体检不合格或未取得健康证上岗风险	重大
20	食物出品有异物风险	重大
21	食品中毒风险	重大
22	环境卫生及生物危害风险	重大
23	非正常原因大量人员离职风险	重大
24	员工散播不良信息风险	重大
25	班车延误风险	重大
26	员工群体发生异动风险	重大
27	员工食物中毒风险	重大
28	消毒不达标风险	一般
29	客户投诉风险	一般
30	垃圾储存运输不当风险	一般

3．厨政部应急预案

1）火灾风险

(1) 风险描述。

①电器短路着火。

②油温失控着火。

③吸烟引起着火。

(2) 产生原因。

①线路超负荷运转，电器线路接触不良。

②油温过高或操作不当。

③员工乱扔烟头。

(3) 避免措施。

①认真实施设施设备保养维修计划。

②严格按照厨政部操作流程作业。

③按照吸烟有关规定执行。

(4) 风险应对处置的主要措施及流程。

①应对措施。

a. 电器短路着火的应对措施：一旦发现火情，立即疏散人员，关闭电源、气源，火灾应对人员在距离着火处1.5 m处用灭火器灭火。

b. 食用油温度失控起火的应对措施：一旦发现火情，立即疏散人员，关闭气源、电源，火灾应对人员用灭火毯遮盖油锅，并根据火情判断是否启动炉灶灭火系统。

c. 吸烟引起着火的应对措施：一旦发现火情，立即疏散人群，火灾应对人员在距离着火处1.5 m处使用灭火器灭火，同时对火灾事故人进行追责。当火灾不可控制时立即拨打119报警，联系安保部支援。遇有人员受伤时，联系医疗机构支援。

②风险应对处置流程：行政总厨将事故上报项目总经理，由项目总经理与行政总厨一起分析着火原因，制订预防措施。当发生人员伤亡或不可控的火灾时，立即上报组委会接待部主任并报火警，在等待进一步指示的同时做好协助救灾工作。

（5）相关说明：该风险属于特大风险。

2）停水、停电、停气风险或漏电、漏水、漏气风险

（1）风险描述：餐厅不能正常运转。

（2）产生原因：市政施工或意外导致水、电、气断供或泄漏。

（3）避免措施。

①关注市政施工公告，提前掌握信息。

②认真做好岗前检查工作。

（4）风险应对处置的主要措施及流程。

①应对措施。

a. 对市政施工导致水、电、气断供或泄漏采取的应对措施：体育赛事接待酒店向组委会接待部上报市政施工信息，由接待部协调市政，避免在体育赛事期间进行类似的施工。

b. 停水的应对措施：工程部查明停水原因。若是外网停水，及时与供水单位取得联系，确定恢复供水时间，以便行政总厨做出相应的决策；若是二次供水设备停水，工程部值班人员上报组委会接待部并协助设备维保部门进行抢修。

c. 停电的应对措施：首先工程部查明停电原因，若是外网停电，立即与供电部门取得联系，确认停电性质、来电时间，上报组委会接待部，由其协调启动备用电源恢复供电，并通知行政总厨做好启动应急食谱的准备；若是设备故障导致停电，工程部值班人员上报组委会接待部并协助设备维保部门进行抢修。

d. 停气的应对措施：工程部查明停气原因，若是外网停气，立即联系供气公司，确定恢复供气时间，上报组委会接待部协调启动备用气源，通知行政总厨做好启动应急食谱的准备；若是设备故障导致不能供气，工程部值班人员上报组委会接待部并协助设备维保部门进行抢修。

e. 漏电的应对措施：当发现漏电事故时，首先疏导人员撤离漏电发生区域，关闭电源、气源，工程部上报组委会接待部联系维保部门安排专业人员进行排查，对漏电设备或线路进行维修或更换，根据维修的难易程度及事故影响，由行政总厨判断对供餐的影响并采取相应的措施。

f. 漏水的应对措施：当发生漏水事故时，工程部人员检查判断漏水性质（上水或下水）后，报告组委会接待部联系设备维保部门进行抢修。

g. 漏气的应对措施：当发现有燃气泄漏时，发现人员应立即关闭气源、电源，同时疏散人员，工程部值班人员上报组委会接待部联系设备维保部门，在确保安全的情况下（开窗通风，禁止明火，必要时穿戴防护用具）进入现场检查，查明漏气原因后进行抢修。根据事故的影响，由行政总厨判断对供餐的影响并采取相应的措施。

②风险应对处置流程：各部门总监将事故上报项目总经理，项目总经理与各部门总监一起分析事故原因，制订预防措施。当发生人员伤亡或不可控的事故时，要上报组委会接待部并报警，在等待进一步指示的同时做好协助救灾工作。

(5) 相关说明：该风险属于重大风险。
3) **温度要求不达标风险**
(1) 风险描述。
①人员中暑。
②食材变质。
③专间温度失控致微生物超标。
(2) 产生原因：设备故障导致温度失控。
(3) 避免措施：认真实施设施设备保养维修计划。
(4) 风险应对处置的主要措施及流程。
①应对措施。
a. 人员中暑的应对措施：各部门立即对中暑人员进行救治，采取降温措施，并联系医疗机构支援。对高温区域采取临时降温措施（放置冰块或加强空气对流）。
b. 食材变质的应对措施：供应链部总监或行政总厨安排人员更换食材（将变质食材废弃），供应链部及时补充库存，厨政部调整加工方案，避免断供。
c. 专间温度失控致微生物超标的应对措施：采取临时降温措施，由工程部上报组委会接待部，联系设备维保部门进行维修或更换温控设备。
②风险应对处置流程：各部门总监将事故上报项目总经理，项目总经理与各部门总监一起分析事故原因，制订预防措施。
(5) 相关说明：该风险属于重大风险。
4) **专间卫生不达标风险**
(1) 风险描述：交叉污染。
(2) 产生原因：未能认真实施专间管理制度。
(3) 避免措施：彻底实施"六专"（专业工具、专业流程、专门时间、专人打扫、专人监督、专人管理）规定。
(4) 风险应对处置的主要措施及流程。
①交叉污染的应对措施：回收被污染的工器具，进行再清洁、消毒，对各专间进行再清洁，对相关人员进行再教育。加强监督检查并做好备案记录。
②风险应对处置流程：各部门总监将事故上报项目总经理、组委会接待部主任，组委会接待部召集餐饮服务商分析专间卫生不达标原因，制订预防措施。
(5) 相关说明：该风险属于重大风险。
5) **食材收货、储存、运输、加工风险**
(1) 风险描述。
①收货品质、数量不达标。
②储存不当导致食材变质。
③运输途中食材被污染。
④加工环节食材混放而导致交叉污染。
(2) 产生原因。
①供应商未能按照食材出库操作流程进行作业。
②储存设备故障导致食材变质。

③未能按照食材运输操作流程进行作业。
④厨政部疏于管理,造成食材混放而导致交叉污染。
(3)避免措施。
①监督供应商按照食材出库操作流程进行作业。
②认真实施设备保养维修计划,做好应急准备。
③认真按照食材运输操作流程进行作业。
④厨政部加强管理和检查,避免食材混放。
(4)风险应对处置的主要措施及流程。
①应对措施。

a.收货品质、数量不达标的应对措施:供应链部总监联系供应商将品质不达标的食材进行退货,并重新进行配送;对数量不达标的食材要求供应商及时补送。

b.储存不当导致食材变质的应对措施:供应链部总监将变质的食材进行废弃并及时进行补货,联系设备供应商将损坏设备进行维修或更换。

c.运输途中食材被污染的应对措施:行政总厨将被污染的食材进行废弃,联系供应链部总监进行补充,对事故责任人进行再教育,避免再次发生。

d.加工环节食材混放而导致交叉污染的应对措施:行政总厨将被污染的食材废弃,联系供应链部总监进行补充,对事故责任人进行再教育,避免再次发生。

②风险应对处置流程:各部门总监将事故上报项目总经理、组委会接待部主任,组委会接待部召集服务商分析事故原因,制订预防措施。

(5)相关说明:该风险属于重大风险。

6)食材断供或不能正常使用风险

(1)风险描述:餐厅供餐停止。
(2)产生原因。
①供应商未能履行合同约定。
②资金保障不足。
③供应的食材未达标而不能使用。
(3)避免措施。
①审慎签订合同,增设备选供应商,加强沟通和确认。
②做好资金安排,及时支付货款。
③做好食材的品质控制,认真实施食材供货协议。
(4)风险应对处置的主要措施及流程。
①应对措施。

a.供应商未能履行合同约定的应对措施:供应链部总监立即启动备选供应商进行供货,并上报组委会接待部,必要时联系行政总厨做好启动应急菜单的准备。

b.资金保障不足的应对措施:财务总监调拨应急资金用于支付。

c.供应的食材未达标而不能使用的应对措施:供应链部总监联系供应商退换货,联系行政总厨临时调整菜品品种,维持餐厅供餐;必要时启用备用供应商进行供货。仓库管理人员做好安全库存管理工作,保证库存充足。

d.风险应对处置流程:各部门总监将事故上报项目总经理、组委会接待部主任,组委会接待部召集服务商分析事故原因,制订预防措施。

(5)相关说明:该风险属于重大风险。

7) **热菜加工、备餐环节温度不达标风险**

(1)风险描述:食源性疾病。

(2)产生原因。

①未能按照菜品加工流程要求将食物蒸熟煮透。

②备餐设备故障使温度失控,导致食物变质。

(3)避免措施。

①严格按照菜品加工流程要求进行作业。

②认真实施设施设备维修保养计划。

(4)风险应对处置的主要措施及流程。

①应对措施。

a.未按照菜品加工流程要求将食物蒸熟煮透的应对措施:厨政部将未能蒸熟煮透的菜品进行再加热,品控部复检确认;对相关人员进行再培训和考核;营运部传菜区服务员认真按照岗位职责做好保温设备的检查确认。

b.备餐设备故障使温度失控,导致食物变质的应对措施:立即处理变质食物,设备问题报工程部进行维修或更换。

②风险应对处置流程:各部门总监将事故上报项目总经理、组委会接待部主任,组委会接待部召集服务商分析事故原因,制订预防措施。

(5)相关说明:该风险属于重大风险。

8) **菜品断供风险**

(1)风险描述:部分菜品不能持续供应。

(2)产生原因。

①对人员抵离信息掌握不准确。

②用餐人员对个别菜品需求较大,超出预估分量。

(3)避免措施。

①准确掌握人员抵离信息。

②及时补充供应或替换。

(4)风险应对处置的主要措施及流程。

①应对措施。

a.人员信息掌握不准确的应对措施:总经理助理与接待部人员加强信息的沟通和确认,当人数发生变化时,及时向厨政部转达。

b.部分菜品不能持续供应的应对措施:营运部及时进行疏导,维持就餐秩序并联系厨政部紧急烹制补充供应。营运部做好菜品的最低保有量控制,在接近最低保有量之前及时联系厨政部补充供货和备份。

②风险应对处置流程:各部门总监将事故上报项目总经理、组委会接待部主任,组委会接待部召集餐饮服务商分析不达标原因,制订预防措施。

(5)相关说明:该风险属于重大风险。

9) **非工作人员进出厨房风险**

(1)风险描述:对人员、食品带来不确定危害。

(2)产生原因:未能严格执行进出厨房的管理规定。
(3)避免措施。
①认真执行进出厨房的管理规定。
②工作场地入口张贴警示标识。
(4)风险应对处置的主要措施及流程。
①非工作人员进出厨房的应对措施:当发现该类人员时,要向其说明相关的规定并带离厨房区域,对形迹可疑人员应上报安保部并盘查该人的行迹和接触过的食品及设备,并对该类食品及设备进行确认。
②风险应对处置流程:各部门总监将情况上报项目总经理,项目总经理与各部门总监一起分析事故原因,制订预防措施。
(5)相关说明:该风险属于重大风险。

10)餐厅内打架斗殴风险
(1)风险描述。
①危及人身安全。
②扰乱供餐、就餐秩序。
(2)产生原因。
①工作人员职责原因或工作处理不当,与用餐人员产生冲突。
②运动员因赛事原因,产生矛盾。
③用餐人员因地域文化差异等其他原因,产生冲突。
(3)避免措施:认真落实餐厅营运方案,努力营造轻松、欢快的工作、就餐环境,尽可能在矛盾产生的前期化解矛盾,避免打架斗殴情况的出现。
(4)风险应对处置的主要措施及流程。
①餐厅内打架斗殴的应对措施:服务人员发现打架斗殴情况立即上报营运总监,营运总监进行现场协调化解。当出现不可控的冲突时,立即疏散周围人员并上报安保部,视情况通知医疗机构,待现场受控后组织人员快速恢复供餐秩序。
②风险应对处置流程:各部门总监上报项目总经理,项目总经理与各部门总监一起分析事故原因,制订预防措施。当发生人员伤亡或不可控的情况时要上报组委会接待部,在等待进一步指示的同时做好协助工作。
(5)相关说明:该风险属于重大风险。

11)用餐人员将外来食品带入餐厅食用风险
(1)风险描述:无法界定用餐人员带入的外来食品是否符合餐厅食品标准,容易诱发食源性疾病或食品中毒事件。
(2)产生原因:用餐人员不了解相关要求和规定。
(3)避免措施:在餐厅入口处设置提示牌,并加强宣讲和巡视。
(4)风险应对处置的主要措施及流程。
①外来食品带入的应对措施:发现有外来食品带入的服务人员报告营运总监,营运总监劝阻用餐人员停止食用外来食品,对不听劝阻者立即上报安保部进行处置。
②风险应对处置流程:各部门总监上报项目总经理,项目总经理与各部门总监一起分析事故原因,制订预防措施。

(5) 相关说明：该风险属于重大风险。

12) **中央厨房无法按时供货风险**　见第二章附件9中"中央厨房无法按时供货风险"相关内容。

13) **供餐台菜品超时存放风险**

(1) 风险描述：供餐台菜品超过食品出品有效时长，影响菜品质量。

(2) 产生原因：供餐台服务人员未按操作流程及时更换已出菜品。

(3) 避免措施：按照供菜操作流程进行作业。

(4) 风险应对处置流程：各部门总监将情况上报项目总经理、组委会接待部主任，组委会接待部召集餐饮服务商分析原因，制订预防措施。

(5) 相关说明：该风险属于重大风险。

14) **清洁消毒类化学用品使用管理不当风险**

(1) 风险描述：导致人员身体不适甚至中毒。

(2) 产生原因：化学用品储存或使用不当。

(3) 避免措施：认真执行化学用品储存使用管理规定。

(4) 风险应对处置的主要措施及流程。

① 人员身体不适的应对措施。

a. 营运总监立即按照化学品安全技术说明书（MSDS）中的救援措施，对人员进行救治并启动食物中毒风险控制预案，品控总监上报食品安全部门，情况危重时立即联系医疗机构救援。

b. 撤掉被污染的菜品并进行废弃处理。

c. 对造成此次事故的责任人进行再教育，避免事故再次发生。

d. 品控总监及营运总监做好化学品使用的监督管理。

② 风险应对处置流程：各部门总监上报项目总经理、组委会接待部主任，组委会接待部召集服务商分析原因，制订预防措施。

(5) 相关说明：该风险属于重大风险。

15) **物资库存严重偏离的风险**　见第二章附件9中"物资库存严重偏离的风险"相关内容。

16) **生产加工过程不符合要求风险**

(1) 风险描述：引发食源性疾病。

(2) 产生原因。

① 食品生熟不分。

② 工器具交叉污染。

③ 员工患病。

④ 工作人员串岗。

(3) 避免措施。

① 严格执行生产加工操作规范。

② 严格执行卫生标准操作程序（SSOP）。

③ 加强监管。

(4) 风险应对处置的主要措施及流程。

① 应对措施。

a. 品控总监通知厨政部将被污染的菜品进行报废处理。
b. 对食源性疾病人员进行救治并联系医疗机构支援。
②风险应对处置流程:各部门总监将事故上报项目总经理、组委会接待部主任,组委会接待部召集服务商分析事故原因,制订预防措施。当发生人员伤亡或不可控情况时,要上报组委会接待部并拨打救援电话,在等待进一步指示的同时做好协助救灾工作。
(5) 相关说明:该风险属于重大风险。
17) 未严格执行清真习俗风险
(1) 风险描述。
①发生罢餐事件。
②造成恶劣影响。
(2) 产生原因。
①食品摆放错误。
②清真食材没有清真标识。
③就餐人员携带非清真食品进入餐区。
(3) 避免措施。
①加强监督管理,划分独立的清真厨房和就餐区域,并张贴明显的清真标识。
②清真食材严格执行专人、专室、专工具、专消毒、专储藏的规定。
③严禁就餐人员携带非清真食品进入清真餐区。
④禁止其他餐区的服务人员进入清真餐区。
(4) 风险应对处置的主要措施及流程。
①应对措施。
a. 品控部及清真督导立即到达现场,了解事情的经过,做好记录,向就餐人员道歉,稳定就餐人员的情绪,防止事态扩大。
b. 对发生的事故及时整改,并追究责任人。
c. 如食材无清真标识,供应链部立即与组委会接待部、供应商进行协商,及时调货或立即通知厨政部调整菜品。
d. 清真督导、服务员加强巡视。
e. 营运部严禁就餐人员携带非清真食品进入就餐区。
②风险应对处置流程:各部门总监将情况上报项目总经理、组委会接待部主任,组委会接待部召集服务商分析原因,制订预防措施。
(5) 相关说明:该风险属于重大风险。
18) **食品留样不达标、记录不准确风险**
(1) 风险描述:食品留样不达标、记录不准确导致事故原因追溯困难。
(2) 产生原因。
①留样食品未达到实际重量,餐次、菜名与时间不符。
②各餐次留样食品摆放混乱,造成餐次、菜名与实际不符。
(3) 避免措施:严格按照食品留样工作流程开展工作。
(4) 风险应对处置的主要措施及流程。

①应对措施。

a. 品控部发现后,马上从同餐次保温箱或前厅供餐台未动过菜品中,提取留样食品。

b. 品控部人员在开餐前做好食品留样的准备工作。

c. 品控部人员与厨政部密切配合,按顺序依次做好每餐次的留样食品工作,并按规定留足留样食品,不少于 200 g。

d. 品控部人员开餐前认真核对当餐的食品名称,按照当餐食品名称填写留样食品的品名。

②风险应对处置流程:各部门总监将情况上报项目总经理、组委会接待部主任,组委会接待部召集餐饮服务商分析原因,制订预防措施。

(5) 相关说明:该风险属于重大风险。

19) 员工体检不合格或未取得健康证上岗风险

(1) 风险描述:造成岗位人员缺失。

(2) 产生原因。

①员工处于患病期间。

②员工未取得健康证。

(3) 避免措施。

①招聘员工时要检查员工的健康证,并做好备选人员的准备。

②对患病的员工,让其安心养病,待身体痊愈后再进行体检。

③合理安排员工工作、生活及饮食。

(4) 风险应对处置的主要措施及流程。

①应对措施。

a. 人事行政部待患病员工身体痊愈后,若再次体检不合格,立即安排后备人员进行体检,进行补充。

b. 在体检前各部门要合理安排工作,要求本部门员工进行合理的饮食及作息,严禁饮酒、熬夜,忌辛辣食物及大量运动。

②风险应对处置流程:各部门总监将情况上报项目总经理、组委会接待部主任,组委会接待部召集服务商分析原因,制订预防措施。

(5) 相关说明:该风险属于重大风险。

20) 食物出品有异物风险

(1) 风险描述。

①造成就餐人员投诉。

②易引发食源性疾病。

(2) 产生原因:作业不慎导致异物落入。

(3) 避免措施。

①加强员工日常培训,加强 HACCP 体系的防控。

②严格按照标准流进行作业。

(4) 风险应对处置的主要措施及流程。

①应对措施。

a. 品控部发现有不合格的食品时,立即通知营运部进行撤换,马上通知厨政部重新制作新的食品,并通知供应链部、厨政部动线厨师长检查同批次的食材。

b. 要对就餐人员真诚道歉,得到对方的谅解,送上重新加工的食品。

c. 厨政部、营运部员工工作前要进行手部消毒,更换工服,戴帽子(头发不能漏出)、手套及口罩,相互检查。

d. 工作当中验货、拆包、加工等程序要认真检查。

②风险应对处置流程:各部门总监将情况上报项目总经理、组委会接待部主任,组委会接待部召集餐饮服务商分析原因,制订预防措施。

(5) 相关说明:该风险属于重大风险。

21) 食品中毒风险

(1) 风险描述。

①造成就餐人员身体不适。

②造成就餐人员突发疾病。

(2) 产生原因。

①菜品未标明食品过敏原。

②食材过期、变质、污染。

③加工食品未达到要求的中心温度。

④食品销售超过规定时间。

(3) 避免措施。

①日常加强全体员工业务培训,增强安全防范意识。

②严格贯彻 HACCP 体系的关键点防控。

③对食谱上的每一道菜品标明菜名、主辅料、烹饪方法及过敏原等。

④在验收食材过程中,要做到认真仔细,一旦发现包装破损、食材散落、变质、过期等任何感官上的异常情况,应立即阻止其入库。

⑤厨政部厨师在领货时,要按当日领料单领取食材,认真检查食材的包装、质量、过期日期等,如发现食材感官异常、品名不符等情况,立即停止领取,不得带入厨房。

⑥厨师在加工食材过程当中,严格按照操作规程进行,食材要蒸熟煮透,食品的中心温度要达到70 ℃,未到规定温度的食品一律不得出品。

⑦营运部前厅服务员发现食品有异味、有异物和菜名与菜品卡不符等情况时,一律不得摆上供餐台,同时通知厨政部进行更改。

⑧食品在餐台摆放 2 小时后需送回厨房进行彻底加热,若放置时间超过 4 小时,要及时处理。

(4) 风险应对处置的主要措施及流程。

①应对措施。

a. 由品控部对所加工食品按规定进行留样,留样量不少于 200 g,放冰箱冷藏保存 48 小时。若发生食物中毒事故,要协调各方力量进行应急救援,控制事态发展,积极协助有关部门对中毒者进行救治,对造成中毒的原因进行调查,及时排查食物中毒原因,并立即向食品药品监督管理部门派驻餐厅人员报告,协调有关部门妥善处理事故。

b. 及时报告:发生食品安全事故后,有关人员立即向食品安全事故应急处置领导小组报告;立即停止生产经营活动,封存导致或者可能导致食品安全事故的食品及其原料、工具及用具、设备设施和现场。

c.立即拨打120急救电话,报告食品安全事故发生地点、人数,在第一时间组织人员,立即将中毒者送医院抢救。

d.保护现场:发生食物中毒后,在向有关部门报告的同时要保护好可疑食物和现场,不要急于倒掉中毒者吃剩的食物,中毒者的排泄物(呕吐物、大便)要保留,提供留样食物。

e.负责人及有关工作人员,要配合食品药品监督管理部门进行食品安全事故调查处理,如实反映食品安全事故情况。将中毒者所吃的食物、进餐总人数、进餐而未中毒者所吃的食物,中毒者中毒的主要特点,可疑食物的来源、质量、存放条件、加工烹调的方法和加热的温度、时间等情况,如实向有关部门反映。

f.各部门员工入职前进行体检,严禁有发热、腹泻、皮肤伤口或感染、咽部炎症等有碍食品安全病症的人员上岗。

g.供应链部食材到货验收若发现腐烂、变质、包装破损、食材遗撒、超过保质期等异常情况时,一律拒收,不得进入厨房。

h.厨政部动线厨师长领取、加工食品中发现变质、腐烂等异常现象时,应停止并立即通知行政总厨进行处理。

i.品控部监督加工食品蒸熟煮透,食品的中心温度达到70 ℃,未达到标准的一律不能出品。

j.营运部动线、前厅服务员领取和摆放食品时发现食品异常、异味时立即停止摆放,并通知营运总监。

②风险应对处置流程:各部门总监将情况上报项目总经理、组委会接待部主任,组委会接待部召集服务商分析原因,制订预防措施。

(5)相关说明:该风险属于重大风险。

22)环境卫生及生物危害风险

(1)风险描述。

①"四害"滋生。

②疾病暴发。

③易引起食源性疾病。

(2)产生原因。

①各岗位日常卫生工作未按工作标准执行。

②缺乏监督检查。

(3)避免措施。

①加强日常业务培训,规范行业标准。

②各岗位人员及时清扫责任区的卫生,区域负责人对本区域的日常卫生进行巡检。

③行政总厨、行政副总厨每日派专人对工作区、就餐区、库房、垃圾房等公共场所进行卫生检查。

(4)风险应对处置的主要措施及流程。

①应对措施。

a.品控部发现蚊虫等害虫增多问题时,立即通知组委会接待部进行消杀。

b.人事部、品控部将有发热、腹泻症状的员工及时送往医院进行治疗观察,并对周边员工进行检查,做好记录。

c.厨政部、营运部、供应链部立即组织员工进行全面彻底卫生清扫,消灭卫生死角。

d.各岗位严格按照日常卫生规定进行清洁,确保工具、容器、操作台面、墙面、冰箱、库房、就餐区、门窗、卫生间、垃圾桶等得到及时清洁。

e.做到地面无积水、地面无污渍、垃圾桶无异味、餐桌、座椅干净、整洁,各岗位、区域无卫生死角。

f.洗消间严格按照清洗消毒操作规程进行作业,所有公共区域要有专人进行检查督导,杜绝食品安全事故的发生。

②风险应对处置流程:各部门总监将情况上报项目总经理、组委会接待部主任,组委会接待部召集服务商分析原因,制订预防措施。

(5)相关说明:该风险属于重大风险。

23)非正常原因大量人员离职风险

(1)风险描述:部门工作直接受到影响,严重时会引起断供或延误供餐。

(2)产生原因。

①对薪资不满。

②劳动强度大。

③工作环境恶劣,员工难以忍受。

④遭其他公司恶意"挖墙脚"。

⑤管理制度缺少人性化,太过苛刻,员工不适应。

(3)避免措施。

①充分调研当地同行业劳动力市场薪酬水平,针对短期项目工作这一特性,给予员工的薪酬要适当上浮20%左右,增加薪酬吸引力。

②在正常编制的基础上,要适当留出富余空间。

③为员工提供舒适、融洽、和谐的工作环境。

④要适时了解员工的思想动态,定期与员工谈心,关注外部劳动力市场变化。

⑤草拟制度过程中,对涉及员工切身利益的制度内容应经过充分的民主集中讨论、广泛征求意见,制度正式实施前,应设立缓冲期,先在小范围内试行一段时间后,再全面推广。

⑥规范离职流程及工作交接管理制度,即规定需要向公司提前多少天提出离职申请,办理完工作交接手续后方可离职,否则承担扣薪后果。

(4)风险应对处置的主要措施及流程。

①一般情况。

a.用人部门第一时间了解员工的真实想法,安抚员工情绪,与员工代表座谈,汇集员工意见。

b.针对员工大量离职的具体原因,由人事行政部总监牵头,组织用人部门拟订补救方案,报项目总经理批准。

c.人事行政部召开离职人员座谈会,会上详细阐释已获批准的补救方案并与离职人员充分沟通。

d.人事行政部安排愿意返岗人员恢复上岗。

e.对于拒绝返岗人员,向员工强调,需交出工作证件,正常办理离职及交接工作,方可结算工资,力争将不良影响降到最低。

②特别严重。

a.启动应急预案,将事态严重性告知各部门负责人,由人事行政部牵头召开应急会议,抽调各部门相对空闲人员临时性顶岗,成立临时应急支援组。

b.人事行政部将事件经过上报组委会接待部及安保部,并启动临时证件增办的应急预案。

c.人事行政部将事态严重性上报公司总部,由总部协调、抽调人员前来支援。

d.人事行政部展开临时性的劳务用工方案谈判,高薪聘请劳务人员顶岗。

e.必要时请求上级政府出面,协调社会义工组织参与。

(5)相关说明:该风险属于重大风险。

24)员工散播不良信息风险

(1)风险描述。

①受负面信息干扰,影响餐厅的正常营运。

②引发连锁效应,影响员工队伍稳定。

③引发供应商担忧,从而影响供货。

(2)产生原因。

①受好奇心驱使,希望借散播不良信息博取大众关注。

②在利益驱使下,被人利用、受人指使而散布不良信息。

③员工的郁结情绪得不到疏导和排解,可能会导致其性格趋向孤僻,并在遭遇不顺时产生报复心理。

④沟通渠道缺失,员工正当诉求得不到正面回应,因此想借助网络信息平台散播消息,引起关注。

(3)避免措施。

①加强员工培训,引导员工正确利用网络信息平台,以负责的态度发布相关信息,不得传播企业涉密信息资料,不得恶意攻击企业,有建议和问题时应通过正当沟通渠道进行反映。

②提高员工法律意识,强调散播不良信息可能要承担的后果,如故意捏造或者歪曲事实,散播谣言,扰乱社会秩序的言论,即触犯了《中华人民共和国治安管理处罚法》及《互联网信息服务管理办法》,将被依法追责。

(4)风险应对处置的主要措施及流程。

①发现员工在网络信息平台散播不良信息时,人事行政部经理第一时间报告项目总经理,同时向组委会接待部、安保部报备。

②配合上级部门追查信息发布源头及发布者。

③积极寻求上级部门支持,对于影响力较小的网络不良信息,要求发布者对不良信息进行删除处理,对发布者进行批评教育,以防此类事件再次发生。

④对于影响力较大的网络事件,需要疏堵结合。一方面要封住消息传播口、删除消息源

及撤稿等,另一方面需要借助权威媒体发布大量正面信息,形成网络争议,以此来冲淡事件带来的负面影响。

⑤必要时召开媒体发布会或刊登正式的声明函澄清事件经过,还原事实真相。

(5) 相关说明:该风险属于重大风险。

25)班车延误风险

(1) 风险描述:班车迟到造成工作中断或供餐推迟等风险。

(2) 产生原因。

①交通拥堵。

②遇到恶劣天气。

(3) 避免措施。

①班车营运前做好相应的时间规划和路线规划。

②实时关注有关体育赛事临时交通管制信息,制订合理的路线。

③实时关注体育赛事地区天气预报,及时做好相应的措施。

(4) 风险应对处置的主要措施及流程。

①应对措施。

a. 如遇交通拥堵情况,后勤经理及时对交通情况做出判断,结合交通管制情况,寻找附近更优道路。

b. 若遇恶劣天气时虽然提前班车发车时间,但人员仍然不能按时到岗时,前班次人员继续坚守岗位。

②风险应对处置流程:各部门总监将情况上报项目总经理、组委会接待部主任,组委会接待部召集服务商分析原因,制订预防措施。

(5) 相关说明:该风险属于重大风险。

26)员工群体发生异动风险

(1) 风险描述。

①部门工作受到直接影响,特别严重的情况下可能会导致断供或延误供餐。

②扰乱就餐秩序。

③造成其他负面影响。

(2) 产生原因。

①违法分子潜入导致的破坏。

②有预谋性的组织及策划。

(3) 避免措施。

①定期组织员工座谈,倾听员工的心声及提出的各项建议或意见。

②设立民意收纳箱,搭建无障碍沟通桥梁,建立项目总经理接待日或热线。

③与实习生带队老师、劳务派遣公司带队管理人员定期召开协调会,加强员工日常情绪疏导。

(4) 风险应对处置的主要措施及流程。

①发现群体异动时,责任部门负责人第一时间把人员带离工作现场。

②人事行政部找出带头的员工了解异动原因,并对其他员工进行情绪上的安抚。

③人事行政部分批与员工沟通,对情绪稳定者可安排返回工作岗位,安排专人跟进和

辅导。

④对于情绪失控者,坚决隔离于工作环境外,人事行政部没收其工作证件。

⑤对有预谋的组织、策划带头人,人事行政部应上报安保部,果断采取强制控制措施。

⑥了解和分析事情起因,避免类似情况再次发生。

(5) 相关说明:该风险属于重大风险。

27) 员工食物中毒风险

(1) 风险描述:造成健康受损,影响餐厅正常工作。

(2) 产生原因。

①员工个人在餐厅外进食不当。

②员工因个人体质对某些食品过敏。

③员工工作餐存在食品安全隐患。

(3) 避免措施。

①做好供餐公司的资质审核。

②做好食品安全知识的培训,提高员工的食品安全意识。

③不定期地协调品控部对供餐公司食品进行抽样检测。

(4) 风险应对处置的主要措施及流程。

①应对措施。

a. 如发生食物中毒情况,由总经理助理第一时间将人员送往医疗机构进行救治,并向公司领导报告中毒人数及中毒程度,向当地的食品药品监督局进行报告。

b. 启用备选供餐公司进行供餐。

②风险应对处置流程:各部门总监将情况上报项目总经理、组委会接待部主任,组委会接待部召集服务商分析原因,制订预防措施。

(5) 相关说明:该风险属于重大风险。

28) 消毒不达标风险

(1) 风险描述:食品污染。

(2) 产生原因:未按工作流程及消毒程序进行操作。

(3) 避免措施:认真按工作流程及消毒程序进行操作。

(4) 风险应对处置的主要措施及流程。

①应对措施:撤换消毒不达标工器具,按照消杀管理制度重新操作,废弃被污染的食品,对责任人进行再教育。

②风险应对处置流程:各部门总监将情况上报项目总经理、组委会接待部主任,组委会接待部召集服务商分析原因,制订预防措施。

(5) 相关说明:该风险属于一般风险。

29) 客户投诉风险

(1) 风险描述。

①导致供餐、就餐秩序混乱。

②对组委会接待部和公司形象造成负面影响。

(2) 产生原因:食品品质不佳、服务态度不好、人员负面情绪等均可能导致客户投诉。

(3) 避免措施。

①加强各项管理工作,尽可能避免投诉事件的发生。

②餐中相关责任人加强巡视。

(4) 风险应对处置的主要措施及流程。

①应对措施。

a. 营运总监第一时间到达现场,安抚就餐人员情绪并带离现场,视情况上报组委会接待部。

b. 尽快恢复正常供餐工作。

②风险应对处置流程:各部门总监上报项目总经理、组委会接待部主任,组委会接待部召集服务商分析原因,制订预防措施。

(5) 相关说明:该风险属于一般风险。

30) **垃圾储存运输不当风险**

(1) 风险描述。

①污染就餐环境。

②滋生细菌、蚊虫。

③产生异味。

(2) 产生原因:未能及时进行垃圾清运、清洁和消毒。

(3) 避免措施:严格落实垃圾储存运输管理规定。

(4) 风险应对处置的主要措施及流程。

①未能及时进行垃圾清运、清洁和消毒的应对措施。

a. 营运部立刻安排人员将垃圾按照规定运送到指定存放点。

b. 按规定对垃圾存放点进行消毒灭菌清洗。

c. 对责任人进行再教育。

d. 管理人员加强巡视检查。

②风险应对处置流程:各部门总监上报项目总经理、组委会接待部主任,组委会接待部召集服务商分析原因,制订预防措施。

(5) 相关说明:该风险属于一般风险。

附件13 厨政部保洁要求

1. 地面、窗和墙、门、顶、工作间内管道

(1) 地面:每班生产制作期间,地面有污物、污水等要及时清理;生产结束后,人工收集各类地面杂物,用含洗涤剂或消毒剂的水进行洗刷处理,保证无毒无菌,并将水刮干。

(2) 窗和墙:先淋水,再用专用刮干器刮干(公共区域1次/日,生产区域1次/周)。

(3) 门:手工擦洗去除污垢。

(4) 顶:手工或工具除灰,1次/周;发现有虫、蜘蛛网等时,应在非生产时段第一时间清除。

(5) 工作间内管道:手工或工具除灰(1次/周)。

2. 其他辅助设施

根据受污染情况安排卫生清洁工作。

3. 库房

(1) 定期清理、清洁和消毒照明灯、紫外灯。
(2) 切断电源。
(3) 用布或刷子清洁,注意避免电器部分碰水。
(4) 照明灯须拆开灯罩,以进行内部清洁。
(5) 应定期更换紫外灯并做好记录。
(6) 注意登高安全。

4. 灭蝇灯

(1) 先关闭灭蝇灯的电源。
(2) 关闭10分钟后,用干布或刷子清理蜘蛛网和盘中昆虫尸身和灰尘。

5. 下水道

(1) 排污水系统必须保持完好无损,定期对下水道进行清理,以保持排污水系统的畅通。
(2) 翻开阴沟盖或阴井盖,用铁铲铲除黏附在阴沟内或漂浮在阴井内的污物,在沟内洒上水(冬季用热水),再用硬毛刷洗刷。
(3) 对于黏附在阴沟盖或阴井盖上面的污物应清除干净(用硬毛刷蘸水洗刷)。
(4) 用清水将阴沟盖或阴井盖一起冲洗干净(冬季用热水)。
(5) 盖上阴沟盖或阴井盖,将阴沟或阴井周围的地面清洗干净,并喷洒0.025%含氯消毒剂。
(6) 每班工作结束后,都应对阴沟盖或阴井盖进行彻底清理和消毒,防止污水逆流及滋生微生物、病菌及蚊蝇等。

6. 燃气灶

(1) 待炉灶凉透后,用毛刷对灶头进行洗刷除污,使其通气无阻,燃烧完全。
(2) 清除灶头周围的杂物。
(3) 把灶台上的用具清理干净,用浸泡过洗涤剂的抹布将灶台擦拭一遍,再用干净的湿抹布擦拭干净。
(4) 用抹布把炉灶四周的护板、支架(腿)等一一擦拭干净。

7. 油烟排风设备

(1) 油烟排风设备的擦拭频率。
①油烟排风管道内的排风扇及管道口处的引风机,每周彻底擦洗一次。
②油烟排风罩每日班后彻底擦拭一次,每周彻底清洗一次。
(2) 油烟排风设备的擦拭方法(即常规性擦拭与一次性擦拭)。
①常规性擦拭是指在工作中,确定固定人员,按时对油烟排风设备进行擦拭。擦拭时使用干净的抹布,由内而外、由上而下擦拭一遍。一般每隔30分钟擦拭一次即可。
②一次性擦拭是指每日工作结束后,对油烟排风设备进行一次全面、彻底地擦拭。方法是先用蘸有洗涤剂的抹布把油烟排风设备从内到外擦拭一遍,然后再用干净的抹布把油烟排风设备从内到外擦拭两遍,确保油烟排风设备干净卫生。

8. 蒸汽灶、蒸箱

用清水冲洗内外,如果有黏在上面的食品渣等,可用毛刷洗刷,再用清水冲洗干净;必要时可用洗涤剂清洗并用清水冲洗干净。

清洁蒸箱时,应先从蒸箱内部清洗,用毛刷将蒸箱内的隔层架、食品盒内杂物、食品渣洗刷干净,再用水冲洗干净,放尽箱内存水,用抹布擦拭干净,最后用抹布将蒸箱外表擦拭干净。

9. 电烤箱

(1) 断开电源,将凉透的烤盘取出,用铁铲铲除烤盘上的硬食品渣、焦块等。

(2) 洒上适量洗涤剂浸泡10~20分钟,用毛刷洗刷烤盘内外,用清水冲洗干净,再用干抹布擦拭干净。

(3) 将电烤箱内分层板上的杂物、食品渣等清扫干净。

(4) 将远红外管上的黏附物用干毛刷扫除干净。

(5) 将电烤箱外表擦拭干净。

10. 货架操作台

使用过程中随时将汤汁、污物擦去,并且在每班结束后彻底擦拭一次,并用0.01%含氯消毒剂消毒。

11. 刀具

(1) 切生熟制品时应使用不同的刀具。

①生制品:每次品种切换用抹布蘸0.015%含氯消毒剂溶液擦拭,或用75%酒精喷雾消毒。

②熟制品:每30分钟及每次品种更换用抹布蘸0.01%含氯消毒剂溶液擦拭,或用75%酒精喷雾消毒。

(2) 生产结束后用抹布蘸消毒剂溶液擦拭刀具、刀架。

(3) 刀具清洁后,定点放置于通风干燥处或指定的不锈钢柜内。

12. 抹布

(1) 洗涤剂洗涤:抹布蘸一定量的洗涤剂,经过浸泡与搓洗后,再用清水反复洗去洗涤剂,然后用100℃的沸水煮5分钟以上或用100℃的蒸汽蒸煮10分钟以上,取出后晾干。

(2) 水洗浸泡消毒法:用一般中性洗涤剂将抹布反复搓洗,除净油渍污秽,然后用清水冲洗两遍,拧干水分,放入0.015%含氯消毒溶液中浸泡30分钟,取出晾干。

13. 调理台用具

(1) 将所有用具放入按比例调制的洗涤剂中,对调理台用具进行彻底清洗,以除去用具上的污物、油渍等。如果调料盒等用具上有硬结物,则用热水浸泡变软后,再用硬毛刷蘸洗涤剂将其洗净。

(2) 冲洗清除洗涤剂:把用洗涤剂清洗过的用具,用流动的净水将用具上的洗涤剂冲洗干净。如果是在盆中冲洗,则至少换3次清水冲洗,以确保用具上的洗涤剂没有残留。

(3) 用具洗涤干净后一定要进行消毒灭菌处理。消毒一般采用煮沸或蒸汽消毒的方法,可将用具放入100℃的沸水中或100℃的蒸汽中加热5分钟以上,如果是塑料等不耐高温的用具,则应使用0.015%含氯消毒剂进行浸泡消毒处理。

(4) 将消毒过的调料盒、勺等用具晾干后,放入专用的橱柜内存放,并确保橱柜干净卫生,以免造成用具的再次污染。

14. 砧板

(1) 塑料砧板消毒：用消过毒的刀具刮去污物后，冲洗干净，用消过毒的抹布擦拭干净。

(2) 木砧板消毒：有以下3种消毒方法。

① 将75%酒精倒在砧板上后点燃，至酒精燃烧完毕；用消过毒的刀具刮去燃烧的污物后，再用消过毒的抹布擦拭干净。

② 用0.015%含氯消毒剂喷雾全面消毒。

③ 放入含氯消毒剂中浸泡30分钟，捞出晾干。

每周需把砧板放在紫外线灯下开灯照射20～30分钟。消毒后的砧板应在专门的地方（无污染可能的环境）存放，存放时要侧立起来，以避免底部受潮或切配台台面的污染，并在砧板上覆盖防蝇防尘罩等。

应在每班工作结束后对砧板进行一次彻底的消毒杀菌处理。

15. 机械加工设备

(1) 切断电源，设备的电器部分只能擦洗，严禁用水冲洗。

(2) 彻底清除残渣至完全清洁。清洗时将机器各个需拆洗部件拆卸，逐一清洗、擦干；涂油后统一放置，待下一次使用机器时再逐一安装（注意设备部件一定要轻拿轻放，以免损坏）。

(3) 用0.015%含氯消毒剂对设备内外进行喷雾消毒。（注：清洗、消毒时，请戴好防护手套）

16. 卫生工具

各种卫生工具必须由专人负责管理，每次用完一定要清洗干净、消毒后晾干，置于离加工现场一定距离的指定位置存放。

17. 自动洗碗机

应遵循洗碗机供应商的说明书进行操作。经消毒的餐饮具应符合《食品安全国家标准 消毒餐（饮）具》(GB 14934—2016)标准。

(1) 确保机器可以达到正确的清洗温度，清洗温度60 ℃及以上。

(2) 最后冲洗的温度保证82 ℃及以上（热消毒）或按照机器使用说明，使所有器具达到热消毒的预期温度。

(3) 使用温感测试纸，每周对洗碗机温度进行测试并记录在温度检查记录表上。

(4) 每两小时或者每个餐次更换水箱中的水。

(5) 分开处理干净的和脏的容器具。

(6) 拿取干净的碗盘之前要消毒双手。

(7) 仅在绝对必要的情况下，使用专用的干净的毛巾擦亮碗盘。

18. 高风险设备的清洁

1) 切片机

(1) 用于生食的切片机必须在切即食食物前彻底拆开清洗并消毒。

(2) 切片机必须在每次使用后清洗和消毒。

(3) 用于即食食物的切片机直接接触食物的表面，在每次使用后应使用经批准的洗涤剂和干净的一次性纸巾清洗，然后用批准的不需要冲洗的消毒喷剂消毒。

(4) 食品接触表面包括刀片、切臂和压片、产品收集区域和磨刀器。

(5) 切片机在每日结束使用时必须彻底拆开清洗和消毒。

(6) 切片机外部隔夜或每12个小时必须进行清洗。

2) 开罐器

(1) 开罐器使用注意事项。

① 开罐器仅用于打开罐头食品。

② 开罐器应始终保持清洁卫生。

③ 厨房员工必须在每次使用后,清洁开罐器的刀片和底座并消毒。

(2) 开罐器清洁程序。

① 从钢板上拔出开罐器。

② 使用洗涤剂清洗刀片和齿轮,用硬毛刷洗刷。

③ 使用温水冲洗干净洗涤剂。

④ 在刀片上喷洒消毒液。

⑤ 把开罐器重新装到钢板上,让刀片风干。

3) 制冰机/储冰槽

(1) 从制冰机/储冰槽里取冰前要洗手。

(2) 储冰槽仅用于储存消费或展示用冰,切勿用储冰槽冷冻瓶子或其他容器。

(3) 保持制冰机/储冰槽清洁卫生。

(4) 保持制冰机/储冰槽封闭或盖上盖子。

(5) 使用单独的、有消毒液的干净容器存放冰勺。

(6) 每4小时更换消毒液并记录。

(7) 制冰机/储冰槽盖的垫圈应保持清洁和良好的工作状态,没有长霉。

(8) 使用经消毒的可饮用水制冰。

(9) 制冰机/储冰槽每个星期清洁消毒一次,至少每月对制冰机的制冰系统进行彻底清洁和消毒。

(10) 将清洁记录和消毒液更换记录原件或复印件保存在每台制冰机旁的塑料文件夹中。

4) 塑料砧板和刀具 不可以使用用于生食的砧板和刀具来制备即食食品。

(1) 颜色标识要求。

① 绿色:蔬菜、水果。

② 蓝色:生海鲜。

③ 红色:生肉。

④ 黄色:生家禽和鸟类。

⑤ 白色:其他即食食品。

(2) 对于生食海产品(生鱼片)的特殊要求。

① 使用其他蓝色或有标记的白色砧板和专用刀具加工生鱼片。

② 每30分钟清洗和消毒生食海产品专用砧板和刀具一次。

③ 每次任务结束后必须清洗和消毒砧板和刀具。

④ 砧板和刀具保存在消毒液中或开放的搁架上。

⑤ 所有的厨房都必须有明显的证据表明对砧板进行了管理,不存在交叉污染的可能。

⑥工程部定期保养砧板,去除砧板表面的刀痕,以确保表面平整。

(3) 刀具状况。

①刀柄状况良好,无裂缝和发霉。

②刀锋状况良好,无缺损、变形、弯曲和生锈。

附件 14　第一次桌面推演内容

演练时间	
参加演练人员	行政总厨、行政副总厨、计划经理、厨师长(非清真)、厨师长(清真)
演练内容	(1) 从食材进入厨房各操作间开始,对从拆包、各操作间制作、出餐所需花费的时间和需要的人力进行测算,合理安排人员的工作。 (2) 厨房从早餐开始供应至夜餐收档结束,厨房各岗位人员的衔接、分工等工作,包括每餐次结束后的收市、清洁卫生、垃圾运输和下一餐次的食材领取、准备等工作的梳理安排
问题点	对演练出现的问题进行记录,于下次演练前提出解决方案
解决方案	

附件 15　第二次桌面推演内容

演练时间	第一次桌面推演结束、整改完成后
参加演练人员	行政总厨、行政副总厨、计划经理、厨师长(非清真)、厨师长(清真)、营运总监、营运副总监、营运经理、供应链部总监、仓储物流经理(现场仓)、品控总监、品控经理
演练内容	对接供应链部、品控部人员,对从食材领取、运输到厨房、拆包、各操作间制作、出餐、送至前厅指定位置所需花费的时间和需要的人力进行测算,对操作过程中出现的食品安全风险点进行规避;对接营运总监、营运副总监、营运经理,对菜品的供应、补充、撤换进行桌面模拟,测算各环节所需的时间、人力等,合理安排人员
问题点	对演练出现的问题进行记录,于下次演练前提出解决方案
解决方案	

附件16 带人实战演练流程规范

（1）带人实战演练是正式开餐前对人员磨合、设备压力测试、流程、各部门对接、突发事件处理等进行的一次检验，是保障开餐的必要前提。

（2）在演练前2日由计划经理根据演练人数，按照食谱所需的食材进行下单。

（3）演练前1日，厨政部按照日常运行流程对接现场仓领取食材，对部分预加工食材进行预加工。

（4）演练当日，厨政部按照每日工作流程进行操作。

（5）带人实战演练结束后，针对演练中出现的问题进行记录及整改，整改完毕后开始正常供餐。

附件17 厨政部日常运行管理流程规范

1. 每餐次的食材数量测算

（1）每餐次的食材数量测算是做好供餐的前提，由计划经理负责完成。

（2）计划经理在开餐前7日对接行政部收集开餐当日的用餐人数，按照食谱分解的模板将用餐人数带入表格中，形成1.0版食材需求数量；将各类食材进行分类、转化，将需求数量报送至现场仓票据主管，由票据主管再分别下单给总仓、净菜加工厨房、烘焙等供应商，提前备货。

（3）计划经理在开餐前3日再次和行政部确认用餐人数，如人数发生很大变化（100人以上的变化），则需要对食材需求量进行调整，确认人数后再将用餐人数带入食谱分解的模板中，修改食材需求数量，报送至现场仓票据主管。

（4）计划经理在开餐前1日最终和行政部确认用餐人数，形成最终的食材需求订单，并将其报送至现场仓票据主管，再由票据主管对接总仓、净菜加工厨房、烘焙等供应商进行备货。

2. 领货时间管理

（1）规定厨房领货时间旨在优化厨政部和供应链部的衔接工作，以便于两个部门更好地开展工作。

（2）厨政部干调、粮油每3日领取一次；果蔬、烘焙食材每日分两次领取，第一次领取时间为早餐供应结束后，通常从09:00开始，领取当天晚餐和夜餐使用的食材；第二次领取时间为晚餐供应结束后，通常从22:00开始，领取第二日早餐和中餐使用的食材。

（3）厨政部在领货前，现场仓分拣人员应已将各档口的食材按照档口的分拣单分拣好，放在指定位置。

（4）领货流程：①计划经理根据各档口的食谱，结合用餐人数，将当餐所需要使用的食材进行分解，每日将领货单据放在办公室指定位置。②各厨师长带领厨师、厨工在办公室指定位置拿取领货单，对照领货单到现场仓领货。

3. 各操作间备餐时间及备餐管理

（1）备餐时间：备餐时间是由供餐时间决定的，以热菜为例，通常情况下热菜备餐时间需在开餐前3小时，并与排班息息相关。厨师长需要根据当餐的菜品加工时间，合理地进行部分菜品的预制，以确保开餐时能够迅速出餐。

(2) 备餐管理：①严格控制菜品的温度和时间,热菜的温度不低于60 ℃且存放时间应在2小时内。②防止食品受到污染。③注意操作人员卫生。

4. 菜品加工管理

(1) 菜品加工整体原则：①先加工制作时间长的菜品,再加工制作时间短的菜品,青菜在开餐前10分钟加工。②所有成品菜品保存时间不超过2小时。

(2) 菜品加工时间要求：菜品加工根据供餐时间分为四个时段,第一个时段是在供餐前1小时左右陆续加工、出品当餐总菜品数量的20%,在开餐前20分钟全部上齐；第二个时段是在开餐后厨师长根据用餐人数情况安排加工、出品当餐总菜品数量的30%,以备高峰期来临；第三个时段加工、出品当餐总菜品数量的30%,以备高峰期的菜品供应；第四个时段是厨师长根据对讲机中服务台提供的当前进餐人数和前期预估的人数做对比衡量,再决定剩余20%当餐总菜品数量的制作。

5. 菜品供应、补充、撤换管理

(1) 菜品供应：各餐次菜品在开餐前20分钟应全部上齐,各档口厨师长对照当餐菜单和菜品摆放示意图,一一核实自己所负责餐线上的菜品,确保每一道菜品和菜品卡一一对应；按照菜品加工的时间要求进行加工。

(2) 菜品补充：当供餐台上面的剩余菜品不到1/3时,需要对供餐台上的菜品进行补充,由动线服务员负责。当该菜品还剩2份备份时,由动线主管通知该档口的厨师长,厨师长通过巡台,结合当前进餐人数和预估人数,决定是否再次加工该菜品,在该菜品食用完后及时补充。

(3) 菜品撤换：菜品在餐次更替时需要替换,例如,早餐供应结束到中餐开始供应时,要替换掉早餐的全部菜品。在下一餐次开始供应前30分钟,开始对当前餐次的一半菜品进行撤换,仅保留一条取餐线,由前厅动线服务员对撤换下来的餐线进行卫生清洁。卫生清洁完成后,开始供应下一餐次的菜品。待该条餐线的菜品全部上齐后,再撤换之前保留餐线上的菜品,到下一餐次供餐开始前上齐当餐所有需要出品的菜品。重新撤换的菜品和菜品卡需一一对应。

6. 厨房库存管理

厨房库存管理分为剩余食材的消耗管理和剩余食材的储存管理。

(1) 剩余食材的消耗管理：根据大型体育赛事餐饮保障的特点及场地限制,每餐次结束后会有食材的剩余,需要对剩余食材进行消耗处理。各操作间厨师长需要对每餐剩余食材进行盘点,对下一餐次可以消耗完毕的食材,各档口自行消耗；对不能消耗的食材,由各厨师长将剩余食材库存数量报至行政副总厨,由行政副总厨协调处理。

(2) 剩余食材的储存管理：由于用餐人数的不固定和口味偏差不一,导致每餐次的食材消耗不一。对当餐未使用完的食材,尽量在下一餐次使用完毕；对下一餐次不能使用的食材,根据食材的储存要求放置在冷冻库、冷藏库或常温库储存。

7. 厨房垃圾清运管理

厨房垃圾清运管理是每个餐次结束后必做的一项工作,由垃圾清运员负责完成。垃圾清运结束后,清洗干净并消毒垃圾桶,再套垃圾袋,并按照规定的垃圾清运路线将垃圾桶送至各操作间。

8. 厨房保洁管理

厨房保洁管理是每个餐次结束后必做的一项工作,由厨师、厨工、厨房保洁员负责完成。

(1) 厨房保洁时间:在每个餐次供餐结束后,进行下一个餐次菜品加工前。夜餐结束后进行一次大扫除清理。

(2) 厨房保洁分工:厨房大型设备保洁(如炉灶、电烤箱等)由厨师负责清洁,厨房各类工器具、台面、地面、墙面卫生由厨工负责清洁,厨房过道及其他公共区域由厨房保洁员负责清洁。

(3) 厨房保洁流程:厨房保洁员先清洁台面,再清洁墙面,最后清洁地面,先从里再到外。

(4) 厨房保洁检查:厨房各操作间完成保洁工作后,由当班厨师长负责检查,行政副总厨进行抽查。

第四章 体育赛事接待酒店餐饮服务营运管理技术规范

餐饮服务的营运部主要负责餐厅的全面营运管理,其工作目标是确保餐厅的高效率运行,提供高质量的食品和服务,同时实现食品、菜品、饮品等的有效控制,为就餐人员提供不间断的供餐服务。

体育赛事接待酒店餐饮服务管理技术规范中的营运管理覆盖签订餐饮服务合同阶段(或者中标后)、开餐前六个月阶段、开餐前三个月阶段、演练阶段、整改阶段、开餐前一周阶段、正式开餐运行阶段、闭幕(供餐结束)阶段、收尾阶段共九个阶段。每一个阶段均有明确的时间节点、工作地点、主要工作内容、责任人、协助人,按照工作的先后顺序和逻辑排序,见下表。

序号	时间节点	工作地点	主要工作内容	责任人	协助人	备注
1	签订餐饮服务合同阶段(或者中标后)	餐饮服务商办公室	(1)中标后,组建餐饮营运团队,抽调核心管理人员,包括营运总监1人、营运副总监1人、营运经理1人。 (2)团队成员到餐饮服务现场查看,了解现场布局和设备设施的相关情况。 (3)完成与组委会接待部的对接,与餐饮服务团队人事行政部、厨政部、供应链部、工程部对接,明确对营运部的工作要求。 (4)确定营运部组织架构图,明确各岗位人数	营运总监	组委会接待部、人事总监	附件1 营运部组织架构图
2	开餐前六个月阶段	餐饮服务商办公室	(1)编制营运部工作计划,征求厨政部、工程部、人事行政部、供应链部、品控部的意见,形成正式的《营运部工作计划》文件。 (2)编制营运部经费预算。 (3)营运部管理人员全部到岗,组织培训。	营运总监、营运经理	品控总监、厨政部总监、工程部总监、人事总监、供应链部总监	附件2 营运部工作计划 附件3 营运部培训计划

续表

序号	时间节点	工作地点	主要工作内容	责任人	协助人	备注
			（4）完成餐厅平面规划（就餐区分为非清真就餐区与清真就餐区，辅助区包括门厅、总服务台、存包处、非食品库房、卫生间、垃圾清运区等），确定各岗位点位图设计和流线，配合完成餐厅内部工程建设和改造、氛围布置。 （5）编制完成营运部开餐运行阶段工作流程。 （6）确定营运部使用的办公物资、小型餐厨具、工器具、低值易耗品、劳保用品数量，向供应链部提交采购清单。 （7）确定营运部标识标牌需求数量以及各类打印文件的需求数量，向供应链部提交采购清单			
3	开餐前三个月阶段	餐饮服务商办公室、组委会接待酒店	（1）营运部前厅主管、服务员到岗，组织培训。 （2）编制各岗位的工作职责、相关流程及各项管理制度。 （3）编制营运部从开餐前三个月到闭餐的排班表。 （4）编制营运部风险防控与突发事件应急流程规范。 （5）编制营运部桌面演练、实战演练的流程。 （6）完成营运部各岗位培训工作。 （7）接收办公物资、小型餐厨具、工器具、低值易耗品、劳保用品。 （8）完成特餐、生日餐、病号餐、开、闭幕式餐工作流程的制订及向组委会接待部获取就餐人数信息。	营运总监、营运经理	组委会接待部、品控总监、厨政部总监、工程部总监、人事总监、供应链部总监	附件4 营运部表单汇总 附件5 营运部岗位职责与操作流程 附件6 营运部风险防控与突发事件应急流程规范 附件7 营运部方案

续表

序号	时间节点	工作地点	主要工作内容	责任人	协助人	备注
			(9) 完成餐厅区域标识标牌和氛围布置。
(10) 营运经理组织部门人员对接待酒店餐厅进行卫生大扫除。
(11) 完成接待酒店餐厅改造工程验收。
(12) 完成营运部设备调试及压力测试,满足24小时满负荷运转测试。
(13) 对接待酒店餐厅的设备进行调试,并优化其动线设置,以确保达到正常供餐的标准;同时,制订和完善风险防控措施以及突发事件应急处理流程规范。
(14) 编制营运部撤场方案			
4	演练阶段	组委会接待酒店、餐饮服务商办公室	(1) 配合组委会接待部进行实战演练,落实完成营运方案、流程、计划,提供赛时各餐厅供餐服务。
(2) 组织营运部主管级以上人员进行第一次内部桌面推演。
(3) 组织营运部主管级以上人员进行第二次(跨部门)桌面推演。
(4) 组织营运部级以上人员进行全流程、全要素桌面推演。
(5) 组织全员带人实战演练	营运总监、营运经理	组委会接待部、品控总监、厨政部总监、工程部总监、人事总监、供应链部总监	
5	整改阶段	餐饮服务商办公室、组委会接待酒店	(1) 通过第一次内部桌面推演,查找演练中的问题,梳理出整改工作清单,并至少在正式开餐前一周整改完毕。	营运总监、营运经理	营运总监、营运经理	

续表

序号	时间节点	工作地点	主要工作内容	责任人	协助人	备注
			（2）通过第二次跨部门桌面推演，查找演练中的问题，梳理出整改工作清单，并至少在正式开餐前一周整改完毕，修订完善营运部专项工作赛时当日工作流程表。 （3）通过带人实战演练发现问题，梳理出整改工作清单，并至少在正式开餐前一周整改完毕。针对风险场景和突发事件场景进行专项演练，对演练中发现的问题，在开餐前整改完毕，如有必要，再次组织风险防控与突发事件专项演练（详见附件6营运部风险防控与突发事件应急流程规范）。 （4）组织全员针对带人实战演练中出现的问题进行整改，为正式开餐做好准备			
6	开餐前一周阶段	餐饮服务商办公室、组委会接待酒店	（1）检查人员思想状态、身体健康是否良好，再次做好上岗前的培训工作。 （2）对接待酒店餐厅设备设施逐一检查，确保达到正常使用状态。 （3）营运部再次与组委会接待部对接就餐人数。 （4）营运部与厨政部、品控部、供应链部、工程部对接每日工作流程，确认各环节工作正常并实现闭环。 （5）组织营运部人员针对全流程、全要素实战演练中出现的问题进行整改，为正式开餐做好准备	营运总监、营运经理	营运总监、营运经理	

续表

序号	时间节点	工作地点	主要工作内容	责任人	协助人	备注
7	正式开餐运行阶段	组委会接待酒店	（1）餐前准备规范：①班前会。②就餐区准备。a.食品供应区准备：餐具准备，菜品准备。b.座位区准备。c.辅助区准备（迎宾、洗消、计数、总服务台）。 （2）餐中服务规范：①迎宾服务规范。②物品寄存服务规范。③失物招领服务规范。④就餐卡核验服务及计数规范。⑤引导服务规范。⑥供餐服务规范。⑦总服务台咨询服务规范。⑧总服务台嘉宾留言墙服务规范。⑨总服务台意见及建议反馈服务规范。⑩总服务台应急救护用品服务规范。⑪清洁服务规范。⑫垃圾清运规范。 （3）餐后整理规范：①用餐人数统计规范。②保洁规范。③补料规范。④交接班登记规范。⑤工作总结例会规范。⑥关门关灯规范。⑦员工返回规范。 （4）按照每日的工作流程和开餐时间正式供餐	营运总监、营运经理、营运主管	组委会接待部、品控总监、厨政部总监、工程部总监、人事总监、供应链部总监	附件8 营运部正式开餐规范流程
8	闭幕（供餐结束）阶段	组委会接待酒店	供餐结束后，盘点清点物资、小型工器具、低值易耗品，做好与组委会接待部的交接工作	营运总监、营运经理	财务总监	
9	收尾阶段	组委会接待酒店、员工宿舍	（1）按照组委会接待部的统一部署参加收尾工作。 （2）完成营运部基层员工撤离（闭餐第1日）。	营运总监、营运经理	人事总监	

续表

序号	时间节点	工作地点	主要工作内容	责任人	协助人	备注
			（3）完成员工宿舍及其内部资产的盘点和交接工作。 （4）将员工考勤交接至人事部。 （5）完成营运部管理层撤离（闭餐第3日）			

附件1　营运部组织架构图

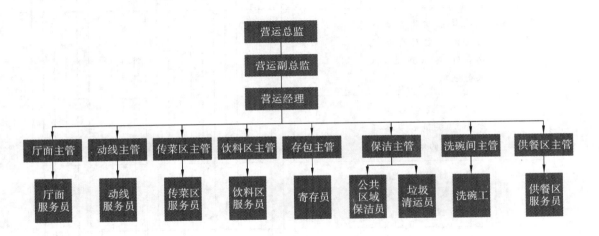

附件2　营运部工作计划

营运部责任人：

序号	工作类别	工作内容	责任人	完成时间
		重要时间节点		
1		根据餐厅现场设计各岗位点位，完善员工岗位职责		

续表

序号	工作类别	工作内容	责任人	完成时间												
2		根据餐厅现场取餐区域,反复推演服务动线、饮料拆包及运输路线、餐盘回收与补充路线、垃圾清运路线,并制订初步方案														
3		启动供餐服务期间营运方案编制工作														
4		反复推演体育赛事接待酒店餐厅营运现场点位(图),再次确认人员分配														
5		完成营运部各岗位职责、相关流程及各项管理制度的编写														
6		完成特餐(生日餐、病号餐及常温外带餐包等)方案														
7		完成营运部培训课件1.0版,并报人事部														
8		编制完成供餐期间营运方案,并报审														
9		进行餐厅各动线的设计,并带营运管理人员现场确认。①就餐人员取餐路线。②餐盘回收和补充路线。③员工上下班路线。④垃圾清运路线等。⑤配合工程部验收餐厅														

续表

序号	工作类别	工作内容	责任人	完成时间
10		①选购餐厅所需要的小型工器具和低值易耗品及其他配套物品。②预制饮品和一次性用品的用量。③各类标识、标牌的统计工作。		
11		针对就餐人数变化,做各项方案的调整		
12		编写第一次演练方案		
13		在工程完工的基础上接收先到的部分物资		
14		与供应链部一起对小型工器具、低值易耗品及其他配套物品进行现场质量把关		
15		完成营运部标识、标牌的最终确定		
16		跟进菜品卡的制作		
17		组织营运部管理人员进行第一次桌面推演,编制实战带人演练计划,演练过程中做好和厨政部、供应链部、工程部、人事部、行政部等部门的沟通协调		

续表

序号	工作类别	工作内容	责任人	完成时间
18		培训部门需对各岗位主管就协调配合要求进行培训,并明确后期服务员到岗后的工作要求		
19		餐厅桌椅及各类设备安装到位,满足正常供餐要求		
20		协助工程部完成餐厅氛围布置		
21		组织和实施整个部门的综合培训,并且参加实战演练(专业知识、安全卫生、班次协调对接要点、跨部门协调对接)		
22		针对演练中出现的问题进行整改和优化		
23		正式供餐期间做好现场管理和督导,发现问题后及时分析和解决		
24		编制撤场计划		
25		提交营运部餐饮服务工作总结报告		
26		按要求对物资进行盘点和交接,组织人员撤离		

附件3　营运部培训计划

序号	业务口	培训内容	培训类型 (通用知识/ 专业技能/ 岗位实操)	计划培训 完成时间	培训方式 (跟班学习/ 专家辅导/ 实地演练等)	培训对象	计划 培训 人数
1	营运部	消防与消防演习	专业技能、岗位实操	开餐前1个月	专家辅导、实地演练	全体人员	
2		灾害与灾害演习	专业技能、岗位实操	开餐前1个月	专家辅导、实地演练	全体人员	
3		突发事件与应急处理	专业技能、岗位实操	开餐前1个月	专家辅导、实地演练	全体人员	
4		开、闭幕式常温包服务流程	专业技能、岗位实操	开餐前1个月	跟班学习、实地演练	厅面服务员、主管及以上人员	
5		迎宾岗位职责及服务规范	专业技能、岗位实操	开餐前一个半月	跟班学习、实地演练	迎宾员	
6		餐厅实时就餐人数统计及上报	专业技能、岗位实操		跟班学习、实地演练	迎宾员	
7		存包服务流程	专业技能、岗位实操		跟班学习、实地演练	寄存员	
8		寄存员岗位职责及服务规范	专业技能、岗位实操		跟班学习、实地演练	寄存员	
9		用餐人员疏导	岗位实操		跟班学习、实地演练	厅面主管及以上	
10		厅面营运主管工作内容与职责	专业技能		跟班学习	厅面主管	
11		厅面服务员工作内容与职责	专业技能、岗位实操		跟班学习	厅面工作人员	
12		餐厅标识系统、导视系统学习	专业技能、岗位实操		跟班学习	厅面工作人员	
13		营运部各类表单填写	专业技能		跟班学习、实地演练	迎宾员、主管及以上人员	

续表

序号	业务口	培训内容	培训类型 (通用知识/专业技能/岗位实操)	计划培训完成时间	培训方式 (跟班学习/专家辅导/实地演练等)	培训对象	计划培训人数
14	营运部	总服务台服务规范	专业技能、岗位实操	开餐前一个半月	跟班学习、专家辅导	总服务台服务员	
15		供餐服务	专业技能、岗位实操		跟班学习、实地演练	全体人员	
16		餐台准备、餐台餐具认知、各档口菜品	专业技能、岗位实操		跟班学习、实地演练	动线、厅面工作人员	
17		饮品台准备、饮品认知	专业技能、岗位实操		跟班学习、实地演练	动线服务员	
18		收餐流程	专业技能、岗位实操		跟班学习、实地演练	厅面工作人员	
19		卫生清洁	专业技能和岗位实操		跟班学习、实地演练	保洁员	
20		库存盘点、仓库领货	专业技能和岗位实操		跟班学习、实地演练	厅面工作人员	
21		餐厅内饮品服务方案	专业技能和岗位实操		跟班学习、实地演练	饮料区服务员	
22		餐厅垃圾清运	专业技能和岗位实操		跟班学习、实地演练	垃圾清运员	
23		食物过敏知识	通用知识		跟班学习、专家辅导	全体人员	
24		食品卫生	通用知识		跟班学习、专家辅导	全体人员	
25		验收流程	专业技能		专家辅导、实地演练	全体人员	
26		岗位工作交接班流程培训	专业技能、岗位实操		跟班学习、实地演练	全体人员	
27		设备设施维修保养培训	专业技能、岗位实操		跟班学习、实地演练	全体人员	

附件4　营运部表单汇总（供参考）

营运部表单汇总（供参考）

附件5　营运部岗位职责及其他操作规范

第一节　营运部岗位职责与工作流程

一、营运部各岗位职责

1. 营运总监

（1）全面负责餐厅各项工作事宜，是整个餐厅区域的责任人。
（2）制订餐厅各岗位职责及工作流程。
（3）准确熟知用餐人员的入住和预定情况。
（4）监督检查餐厅的营运质量。
（5）充分掌握本部门管理人员的工作能力和心理状态。
（6）传达项目总经理对本部门的工作要求和岗位要求。
（7）详细布置项目各阶段本部门的工作任务。
（8）掌握餐厅每日营运情况并分析反馈意见。
（9）巡视和检查本部门安全工作的落实情况。
（10）与组委会接待部及时沟通，掌握组委会接待部各项要求。
（11）全面负责部门员工的业务培训及各部门的协调及工作指导。

2. 营运副总监

（1）在营运总监的领导下，全面协助营运总监管理餐厅各项工作事宜，是餐厅运营的第二责任人。
（2）检查餐厅各岗位职责及工作流程的落实。
（3）准确熟知当餐用餐情况。
（4）监督各区域主管，检查餐厅的营运质量。
（5）传达营运总监对本区域的工作要求和岗位要求。
（6）详细布置项目各阶段本区域的工作任务。
（7）每日协助营运总监掌握餐厅营运情况并分析反馈意见。
（8）巡视和检查餐厅内安全工作的落实情况。
（9）掌握组委会接待部的各项要求。
（10）在营运总监的领导下，负责部门员工的业务培训及各部门的协调及工作指导。

3. 营运经理

（1）做好每一班次员工的晨检工作。
（2）全面负责本班次餐前、餐后的各项准备工作的检查和落实。

(3) 全面负责本班次下属人员的岗位分配和管理。
(4) 提前了解用餐人员的数量变化和特殊要求。
(5) 及时传达营运总监下达的各项工作任务和工作指标。
(6) 熟知每日餐厅所上菜品和开餐所需备品。
(7) 熟知本部门各岗位人员的工作性质和工作流程。
(8) 巡视和督查营运区域内的安全生产和安全操作情况。
(9) 记录和交接好营运信息，及时呈报上级领导。
(10) 全力保障餐厅用餐器皿和用餐环境的及时清洁。
(11) 负责协调与其他部门的工作对接。
(12) 熟知本部门各项岗位的工作性质和工作流程。
(13) 负责和检查本部门安全，做到无隐患、无事故。
(14) 负责培训和指导本部门各岗位的工作流程。
(15) 负责当班期间整个餐厅区域的各项事宜。

4. 厅面主管
(1) 听从本班次营运经理的工作安排。
(2) 亲自带领本班次员工做好各岗位餐前的准备工作。
(3) 当班期间巡视和检查餐厅就餐区域的相关工作。
(4) 负责指导员工的具体岗位服务规范和操作流程。
(5) 随时针对问题对当班员工进行现场操作和服务的培训。
(6) 餐前、餐后带领员工检查餐厅设备设施，清点和准备开餐用品。
(7) 负责检查和纠正员工仪容仪表和工作规范。
(8) 负责本班员工的考勤、例会和工作安排。
(9) 及时上报用餐人员的意见咨询和问题投诉。
(10) 管理和培训本部门员工的业务知识和安全知识。
(11) 做好交接班用餐数据统计，及时呈报上级领导。

5. 供餐区主管
(1) 掌握相应的业务管理知识和技能，并能熟练运用到实际供餐管理工作中。
(2) 编制供餐培训资料，对供餐区服务员进行业务培训。
(3) 餐中巡视并监督供餐区服务员调整并整理用餐提示牌和软隔离位置。
(4) 完成当班供餐区服务员的考勤记录工作。
(5) 完成当班营运经理交代的其他工作。

6. 动线主管
(1) 听从本班次营运经理的工作安排。
(2) 亲自带领本班次员工做好各岗位餐前的准备工作。
(3) 当班期间巡视和检查餐厅供餐区域的相关工作。
(4) 负责指导员工的具体岗位服务规范和操作流程。
(5) 随时针对问题对当班员工进行现场操作和服务的培训。
(6) 餐前、餐后带领员工检查供餐区设备设施，清点和准备开餐用品。
(7) 负责检查和纠正员工仪容仪表和工作规范。

(8) 负责本班员工的考勤、例会和工作安排。
(9) 根据当餐用餐情况,及时与后厨沟通补充菜品等相关事宜。
(10) 管理和培训本部门员工的业务知识和安全知识。
(11) 做好交接班用餐数据统计,及时呈报上级领导。

7. 传菜区主管

(1) 听从本班次营运经理的工作安排。
(2) 亲自带领本班次员工做好各岗位餐前的准备工作。
(3) 当班期间检查传菜区域及备餐间的相关工作。
(4) 负责指导员工的具体岗位服务规范和操作流程。
(5) 随时针对问题对当班员工进行现场菜品传递的培训。
(6) 随时做好餐厅与后厨的菜品衔接工作。
(7) 负责检查和纠正员工仪容仪表和工作规范。
(8) 负责本班员工的考勤、例会和工作安排。
(9) 管理和培训本部门员工的业务知识和安全知识。
(10) 做好交接班用餐数据统计,及时呈报上级领导。

8. 饮料区主管

(1) 听从本班次营运经理的工作安排。
(2) 亲自带领本班次员工做好各岗位餐前的准备工作。
(3) 当班期间巡视和检查所负责饮料区域的各项工作。
(4) 负责指导员工的具体岗位服务规范和操作流程。
(5) 随时针对问题对当班员工进行现场操作和服务的培训。
(6) 餐前、餐后带领员工检查所使用的设备设施,清点和准备开餐饮品。
(7) 负责检查和纠正员工仪容仪表和工作规范。
(8) 负责本班员工的考勤、例会和工作安排。
(9) 及时上报饮品消耗情况。
(10) 管理和培训本部门员工的业务知识和安全知识。
(11) 做好交接班饮品数据统计,及时呈报上级领导。

9. 存包主管

(1) 带领寄存员进行存包服务。
(2) 提供引导、对客咨询,做出合理解释。
(3) 检查存包柜和存包牌是否正常使用。
(4) 检查存包柜区域卫生,确保整洁干净。
(5) 协助评估服务人员工作表现。
(6) 完成营运经理交代的其他工作。

10. 保洁主管

(1) 检查各工作区保洁员的工作,确保达到工作标准的清洁要求。
(2) 巡查各区域卫生间、环境卫生状况和绿植情况,负责日常养护工作。
(3) 制订各项清洁设备的管理使用和保养计划,定时检查客用品的使用控制情况。
(4) 制订公共区域大清洁工作计划和人力安排计划。

（5）负责员工的业务培训和纪律教育，确保员工的言谈举止、服务质量符合餐厅的标准。

（6）负责保洁员的排班、考勤和休假审核，根据客情需要及员工特点安排日常工作，调查日常工作发生的问题，做好岗前的布置检查工作，做好与各有关部门的沟通和协调工作。

（7）检查所负责范围的卫生清洁情况。

（8）随时检查员工的工作情况，检查清洁用品及器具等的使用情况，并及时进行调整，发现异常情况及时汇报。

（9）指导及评估下属的工作质量。

（10）负责员工的业务培训，提高清洁保养技术。

（11）完成上级布置的其他工作。

11. 洗碗间主管

（1）负责洗碗间员工的业务培训，确保他们科学、正确使用洗碗机、消毒柜等清洁设备，按规定调配洗涤剂等用品，保证食品安全，避免浪费。

（2）做好洗碗机日常维护及保养工作，发现问题后及时报修。

（3）严格执行餐用具的洗消工作流程。

（4）检查洗碗工的个人卫生和出勤情况。

（5）检查洗碗间环境卫生，做到地面无水渍、无污渍、无垃圾，消毒柜、储存间干净整洁。

（6）完成上级布置的其他工作。

12. 厅面服务员

（1）认真、全面、细致地做好餐厅的用餐区环境卫生。

（2）及时清理餐桌、餐椅及地面的卫生和餐余物品。

（3）做好责任区域的卫生，保持干净整洁。

（4）服从领导的工作安排，努力认真完成本职工作。

（5）注意个人的仪容仪表，礼貌待人，虚心请教，微笑迎送。

（6）遇到与客人有关的问题要及时向当班主管或经理汇报。

（7）工作区域定位在餐厅就餐区。

13. 供餐区服务员

（1）掌握相应的业务知识和技能，并能熟练运用到实际供餐工作中。

（2）礼貌有序服务就餐人员。

（3）及时引导就餐人员有序取餐。

（4）餐中巡视，调整并整理用餐提示牌和软隔离位置。

（5）根据当班供餐区主管要求迅速完成的供餐服务工作。

（6）完成当班供餐区主管交代的其他工作。

14. 动线服务员

（1）做好餐前的准备工作，严格执行卫生工作要求。

（2）熟悉和掌握本餐区菜品名称和菜品口味。

（3）微笑服务，耐心解答，热情周到。

（4）严格执行安全操作规程，站好位，分好餐。

（5）虚心接受领导的工作安排和岗位培训。

(6) 文明用语,礼貌待客,微笑服务,耐心周到。
(7) 注重自己的仪容仪表,保持个人卫生,保持工作环境卫生。
(8) 工作区域定位在供餐台区域。

15. 传菜区服务员
(1) 做好餐前的准备工作,严格执行卫生工作要求。
(2) 熟悉和掌握本餐区菜品名称和菜品口味。
(3) 及时将菜品传送至指定供餐台。
(4) 严格执行安全操作规程。
(5) 虚心接受领导的工作安排和岗位培训。
(6) 注重自己的仪容仪表,保持个人卫生,保持工作环境卫生。
(7) 工作区域定位在传菜区域及备餐间。

16. 饮料区服务员
(1) 做好餐前的准备工作,严格执行卫生工作要求。
(2) 检查本岗所负责区域饮品名称和饮品摆放位置是否对应。
(3) 及时将饮品补充至指定位置。
(4) 严格执行食品安全操作规程。
(5) 虚心接受领导的工作安排和岗位培训。
(6) 注重自己的仪容仪表,保持个人卫生,保持工作环境卫生。
(7) 工作区域定位在饮品服务区。

17. 公共区域保洁员
(1) 吃苦耐劳,勤勤恳恳,完成自己的本职工作。
(2) 虚心学习,服从指挥,熟练掌握业务知识。
(3) 爱护公物,保护和保管好自己的工作用具。
(4) 注重自己的仪容仪表,保持好自己的个人卫生,礼貌待客。
(5) 做好餐厅内所负责区域的清洁工作。
(6) 服从领导的工作安排,努力认真完成本职工作。
(7) 工作区域定位在洗手间保洁区。

18. 洗碗工
(1) 根据公司服务标准收集、清洗、摆放厨具和餐具。
(2) 维护和保管餐厅及后厨各种厨具和餐具,降低餐具损耗。
(3) 服从后厨管理人员的监督检查。
(4) 随时做好洗碗间清洁卫生工作。
(5) 节约用水,安全用电,合理使用各种劳动工具和洗涤剂,杜绝浪费现象。
(6) 在保洁过程中,如发现设备设施有安全隐患或损坏和工具、餐具、厨具的丢失情况,以及其他非正常现象,须及时上报。

19. 垃圾清运员
(1) 负责开餐前后区域卫生。
(2) 配备当餐使用垃圾桶并套袋,摆放至指定位置。

(3)餐具回收处垃圾桶装至八成满后,取出并及时加盖密封,立即更换干净的垃圾桶放置于原位。

(4)用专用扎带将垃圾桶内垃圾袋做封口处理。

(5)密封后的垃圾桶,按照指定路线送至垃圾暂存间。

(6)做好垃圾桶的卫生清洁工作。

20. 寄存员

(1)负责用餐人员物品的暂存和保管。

(2)检查存包柜和存包牌是否正常使用。

(3)做好用餐人员过夜物品登记。

(4)负责存包柜区域卫生。

二、营运部工作流程

(一)厅面工作人员工作流程

1. 厅面主管

(1)提前10分钟到岗召开本班组班前会,检查员工的健康状况、仪容仪表,总结上一餐工作情况,避免问题重复出现,安排当餐注意事项,通知当餐用餐预计情况,做好上传下达工作。

(2)查看餐厅设备设施(电梯、灯具、空调、水、电、计数器等)是否正常运转。

(3)根据用餐情况合理调配员工,按区域划分责任到人(就餐人数统计员、就餐区服务员)。

(4)督促所负责区域员工做好餐前各项准备工作。

①检查餐具摆放是否符合要求,保证清洁、整齐、无破损。

②检查餐桌椅摆放是否整齐成行成列、干净、无污迹。

③检查餐巾纸、牙签及服务用品的准备是否充足、摆放规范。

(5)检查区域卫生清洁情况,一旦发现不合格区域,立即安排服务员整改。

(6)做好餐中巡视,检查服务员的服务质量,若有不足,及时纠正。

(7)餐中引导用餐人员倾倒垃圾和回收餐盘。

(8)处理日常工作中用餐人员投诉事件,做好登记,并及时上报当班营运经理。

(9)检查收餐工作,确保达到下一餐开餐标准。

(10)统计当餐用餐人数,上报当班营运经理。

(11)检查水、电等关闭情况。

(12)填写交班记录表,做好交接班工作。

(13)带领所负责区域员工到指定地点集合,通过安检,统一乘车离开。

2. 厅面服务员

(1)提前10分钟准时到岗,参加班前会,接受主管对当餐的工作安排和布置。

(2)员工上岗后,及时清理所负责区域卫生,保持就餐区桌椅干净整洁,摆放成行成列,桌面无油渍、无水迹、无杂物。

(3)员工清理地面卫生和区域所属物品表面及死角卫生,做到地面无垃圾、无油垢、无水迹、无杂物。清理过程中须在相应位置放置"小心地滑"提示牌,避免客人或员工滑倒受伤,清理工作结束后,要及时回收提示牌,放回指定位置。

(4)清理区域内所有水牌、指示牌,做到表面无污迹、无油渍、字迹清晰;当班工作人员负责指示牌内容的更换及回收。

(5)听从厅面主管指挥,到仓库领用就餐所需客用一次性物品(餐巾纸、牙签等),在后台指定位置拆掉外包装后,分别摆放于餐桌的固定位置。

(6)接受厅面主管的餐前准备工作检查,并及时整改。

(7)就餐区服务人员在开餐前10分钟须站立于指定位置,做好迎接就餐人员的准备。

(8)就餐人数统计员须在开餐前10分钟站在餐厅门口指定位置,做好迎宾准备:由区域主管带领站位,面带微笑,按标准站姿站立,同时做好用餐人数的统计。

(9)就餐人数统计员在开餐前检查计数器是否正常使用,并注意将数据清零,便于当餐就餐人数的统计。

(10)就餐人数统计员在餐厅入口处查验就餐人员的就餐凭证,并注意检查就餐人员的证件是否符合本餐厅用餐条件,没有证件者不允许进入餐厅用餐(遇特殊情况,请示当班营运经理),不得擅自离岗。

(11)餐中巡视自己所负责区域就餐人员的用餐情况,及时补充客用一次性物品;整理桌面卫生,引导就餐人员将用过的餐盘置于餐具回收处(收餐台上餐盘叠放不得超过20个),随时撤下餐桌上的空餐具和厨余垃圾等。

(12)工作时间内,服务员有事需暂时离开工作区域时,须先向本区域主管汇报,经批准后方可离开。工作期间不得长时间离岗,办完事情后应迅速返回工作岗位。

(13)随时巡查地面和台面卫生,及时清理以保持清洁。

(14)就餐人员用餐结束离座时,应礼貌提示其带好随身携带的物品。

(15)收餐时,餐具应按档码放,不得大餐具叠小餐具,使用规定的收餐工具将餐具按照指定路线分别送到洗碗间。

(16)收餐后,服务员要清理台面垃圾,擦净桌椅,清扫地面,以便下一餐正常接待。

(17)关闭区域内水、电、空调,注意节约,减少浪费。

(18)接受区域主管的收餐工作检查,不合格的须及时整改。

(19)听从区域主管指挥,到指定地点集合,通过安检,统一乘车离开。

(二)供餐区工作人员工作流程

1. 供餐区主管

(1)提前10分钟到岗,召开本班组班前会,检查员工的健康状况、仪容仪表,总结上一餐工作情况,避免问题重复出现,安排当餐注意事项,通知当餐用餐预计情况,做好上传下达工作。

(2)了解当餐用餐预计情况,熟知当餐菜品数量、菜系、口味等。妥善处理与厨房上菜的衔接,保证按时出菜。

(3)餐前检查。

①检查设备设施及餐用具(加热炉、供餐台、汤锅、菜夹等)运转是否正常及检查客用一

次性物品是否准备充足。

②检查区域卫生：供餐台面、加热炉、汤锅、冷餐台、地面均做到无油迹、无污渍、无杂物和按规范摆放整齐。

③检查调料台：调味品应齐全，调料盒应干净可用，并合理摆放。

（4）督促上菜：开餐前10分钟当餐所有菜须上齐到位。检查菜品品种是否与菜单相符；盛装器皿是否合理；保证菜品保温保鲜，温度合适。

（5）开餐前10分钟，带领员工站在指定位置，做好开餐准备。

（6）餐中巡视菜品供应，发现菜品量降至1/3时，及时通知传菜区主管协调加菜。

（7）及时协调相关人员，了解用餐人数并与后厨沟通，避免造成菜品浪费。

（8）检查供餐员菜品整理工作，保持菜品外观。

（9）巡视供餐台卫生，保证供餐台及区域地面干净整洁。

（10）用餐高峰期安排人员，及时进行引导、分流，使就餐人员有序排队取餐。

（11）认真、耐心、礼貌地解答就餐人员对菜品提出的各种问题。

（12）检查区域收餐工作：供餐台、加热炉清洁；菜夹、汤锅等餐用具回收与送洗；区域内电器设备电源关闭。

（13）准备下一餐所用菜品卡，与后厨提供的菜单进行核对。

（14）填写交班记录表，做好交接班工作。

（15）带领所负责区域员工到指定地点集合，通过安检，统一乘车离开。

2. 供餐区服务员

（1）提前10分钟准时到岗，接受主管对当餐的工作安排和布置。

（2）检查、整理供餐区域卫生，做到台面、地面无水渍、无油渍、无杂物，器具光亮和按规定摆放。

（3）检查操作用具：大汤勺、菜夹、打菜勺、开瓶器、餐盘、客用一次性物品等准备充足。

（4）检查加热炉是否已加水，调整加热炉温度（80 ℃以上）。

（5）检查调料台卫生情况以及物品摆放是否齐全。

（6）按顺序出菜，菜品按颜色、荤素、形状搭配，合理摆放。

（7）检查菜品与菜品卡名称是否一致。

（8）防止菜品粘锅，适当搅动菜品。

（9）开餐前10分钟，站立于指定供餐台，标准站姿，做好开餐准备。

（10）开餐打菜：用餐高峰期避免用餐人员等待取菜时间过长，提前将菜品打好摆放整齐。

（11）根据用餐人员用餐情况，及时通知传菜区服务员补充菜品（菜品量不得少于1/3）。

（12）餐中随时整理所负责供餐台中菜品，保持菜品形状。

（13）随时保持区域内餐台卫生。

（14）收餐后将大汤勺、菜夹、打菜勺放置专用工具箱内，运送至洗碗间进行清洗消毒。

（15）切断加热炉电源，清洁加热炉和餐台卫生，做到下一餐开餐可用标准。

（16）回收当餐菜品卡，交给区域主管，并更换下一餐菜品卡。

（17）关闭区域内水、电、空调等设备电源，防止浪费。

（18）接受区域主管检查收餐工作，不合格的要及时整改。

(19) 听从区域主管指挥,到指定地点集合,通过安检,统一乘车离开。

(三) 传菜区工作人员工作流程

1. 传菜区主管

(1) 提前10分钟到岗召开本班组班前会,检查员工的健康状况、仪容仪表,总结上一餐工作情况,避免问题重复出现,安排当餐注意事项,通知当餐用餐预计情况,做好上传下达工作。

(2) 做好当餐卫生工作安排,具体分配按区域划分,责任到人(餐前上菜、餐中加菜),强调卫生标准。

(3) 检查所负责区域所用工具(餐具车、托盘、平板车等)是否正常使用。

(4) 坚持传菜原则:餐具破损不传;菜品有异物不传;配菜不对不传(根据菜品名称,传菜人员应该熟知每道菜的主料、辅料);菜品有异味不传;菜品色泽不好不传;装盘不符合规定不传。

(5) 保证餐厅与后厨之间信息传递顺畅。

(6) 了解上菜时间及开餐时间,督促传菜区服务员在规定时间内将菜品安全卫生传送至指定区域。

(7) 餐中配合供餐区主管及时与后厨协调,添加菜品。

(8) 收餐后跟进供餐台加热炉和冷餐台的物品回收,并送至洗碗间清洗消毒。

(9) 检查区域内设备设施是否正常,并关闭区域内水、电、空调等,避免浪费资源。

(10) 检查区域内各项收餐工作是否达标。

(11) 填写交班记录表,做好交接班工作。

(12) 带领所负责区域员工到指定地点集合,通过安检,统一乘车离开。

2. 传菜区服务员

(1) 提前10分钟准时到岗,参加班前会,接受主管对当餐的工作安排和布置。

(2) 检查、整理区域内卫生,做到无水迹、无油迹、无污迹、无杂物,保持区域卫生干净整齐。

(3) 检查用具是否整洁、齐全,是否正常使用餐车、托盘、平板车,保证开餐时使用方便。

(4) 按照上菜程序及规定上菜时间出菜,出菜时注意器皿卫生、器皿无破损。

(5) 传菜过程中要注意力集中,两眼平视,绕开障碍,杜绝丢菜、上错菜、打翻菜等现象。

(6) 出菜时应知菜名、了解菜系,将菜品传至供餐区服务员时要报清菜名。

(7) 注意礼节礼貌:路遇就餐人员、领导、同事主动礼让,打招呼问好。

(8) 餐中积极配合供餐台和就餐区服务员的工作,接到供餐区服务员通知及时添加菜品,做到传递迅速,走菜准确、快捷。

(9) 收餐后将加热炉、冷餐台餐盘、餐具回收并送至洗碗间清洗消毒。收餐时注意餐具应分类摆放,不得大餐具叠小餐具,餐厅、后厨分别使用的餐具要分开,用专用收餐工具将餐具送至洗碗间进行清洗消毒。

(10) 做好区域内卫生清理,将传送菜品工具、用具清洗干净、分类摆放,并置于指定位置,为下一餐开餐做好准备。

(11) 检查设备及用具是否齐全,使用正常。
(12) 关闭区域内水、电、空调等设备电源,防止浪费。
(13) 接受区域主管检查收餐工作,不合格的要及时整改。
(14) 听从区域主管指挥,到指定地点集合,通过安检,统一乘车离开。

(四)饮料区工作人员工作流程

1. 饮料区主管

(1) 提前10分钟到岗召开本班组班前会,检查员工的健康状况、仪容仪表,总结上一餐工作情况,避免问题重复出现,安排当餐注意事项,通知当餐用餐预计情况,做好上传下达工作。

(2) 做好饮料的领发、保管和核账工作。

(3) 安排区域卫生清理,检查冷藏柜、饮料机、台面、地面,确保无污迹、无油迹、无杂物。

(4) 做好开餐前检查工作:展示柜、饮料机运转正常,杯具、搅拌棒等准备充足。

(5) 及时了解餐厅的用餐人数情况,带领员工备足所需的各类酒水、饮料,保证供应不断档。

(6) 检查饮料是否在保质期内,是否在指定位置摆放整齐。对周转快、领量大的饮料放在出入方便、易拿易存的地方。

(7) 开餐期间带领区域员工做好饮料的供应工作,保证饮料供应遵循"先进先出"的原则。

(8) 礼貌解答就餐人员提出的问题。

(9) 餐中巡视区域卫生,保持整洁干净。

(10) 团结协作,配合就餐区和供餐区主管工作。

(11) 与供应链部沟通联系,及时提出申购计划,控制好饮料的领取量和仓储量,确保不过多积压。

(12) 遵守员工守则和各项规章制度,不利用职务之便私吃私拿或馈赠他人饮料。

(13) 检查区域内设备设施是否正常,检查区域内水、电、空调等设备电源是否关闭,注意节约,减少浪费。

(14) 检查区域内各项收餐工作是否达标。

(15) 填写交班记录表,做好交接班工作。

(16) 带领所负责区域员工到指定地点集合,通过安检,统一乘车离开。

2. 饮料区服务员

(1) 提前10分钟准时到岗,参加班前会,接受主管对当餐的工作安排和布置。

(2) 检查设备设施是否正常,如展示柜是否制冷、饮料机供应是否正常。

(3) 做好区域卫生,保持地面、台面、展示柜及饮料机的干净、整洁。

(4) 准备杯具、搅拌棒等放于指定位置,保持供应充足。

(5) 做好当餐饮料出库的登记工作,检查饮料包装是否完好、是否过期。

(6) 保证展示柜的饮料干净、无污渍,按规定摆放,商标朝外。

(7) 餐中及时整理和补充饮料,遵循"先进先出"的原则。

(8) 熟悉供应饮料的相关知识,热情解答就餐人员疑问。

(9) 熟练掌握饮料机操作程序,适时提示就餐人员热饮小心烫伤。

(10) 及时补充杯具、搅拌棒等物品。

(11) 餐毕后盘点当餐饮料使用情况,并做好饮料使用登记,提交区域主管。

(12) 将饮料机内剩余的饮品送至指定地点进行处理。

(13) 整理区域卫生,确保达到开餐前标准。

(14) 关闭区域电源,展示柜电源除外。

(15) 接受区域主管检查收餐工作,不合格的要及时整改。

(16) 听从区域主管指挥,到指定地点集合,通过安检,统一乘车离开。

(五) 存包区域工作人员工作流程

1. 存包主管

(1) 提前10分钟到岗召开本班组班前会,检查员工的健康状况、仪容仪表,总结上一班工作情况,避免问题重复出现,安排当班注意事项,通知当餐用餐预计情况,做好上传下达工作。

(2) 检查存包区域卫生,保证存包处干净整洁。

(3) 存包高峰期带领寄存员对就餐人员进行有序疏导。

(4) 对就餐人员未取的过夜物品做好登记。

(5) 检查区域内各项收餐工作是否达标。

(6) 检查区域内设备设施是否正常,检查区域内水、电、空调等设备电源是否关闭,防止浪费。

(7) 填写交班记录表,做好交接班工作。

2. 寄存员

(1) 提前10分钟准时到岗,参加班前会,接受主管对当餐的工作安排和布置。

(2) 检查设备设施是否正常。

(3) 整理存包牌,做到号码一致。

(4) 做好区域卫生,保持地面、台面、桌子、存包柜及存包牌的干净、整洁。

(5) 听从区域主管指挥,到指定地点集合,通过安检,统一乘车离开。

(六) 公共区域保洁员工作流程

1. 保洁主管

(1) 提前10分钟到岗召开班前会,检查区域内洗涤用品及消毒液等物品的准备情况。

(2) 检查清洗好的物品是否按照规定摆放,清洁卫生是否达标。

(3) 督导与垃圾清运服务商的对接工作,检查回收的垃圾桶是否清洗干净、达标可用。

(4) 检查区域内卫生清理工作,客用物品(擦手纸、卫生纸、洗手液等)是否补齐充足。

(5) 填写交班记录表,做好交接班工作。

(6) 带领所负责区域员工到指定地点集合,通过安检,统一乘车离开。

2. 公共区域保洁员

(1) 提前10分钟到岗参加班前会,接受主管的工作安排和布置。

(2) 按照程序擦拭餐厅洗手间镜面、墙面、地面及走廊墙壁、壁画、楼梯、扶手门窗、门帘等,做到无油污、无水渍、无浮沉、无乱画乱抹现象。

(3) 地面湿滑和清扫洗手间时,要摆放"小心地滑"的提示牌,提醒就餐人员及员工避免受伤。

(4) 补充洗手间客用物品(洗手液、卫生纸、擦手纸等)。

(5) 检查洗手间换气扇是否正常,做到无异味。

(6) 每日清扫死角卫生一次。

(7) 洗手间垃圾密封,按指定路线送到指定地点。

(8) 闭餐后,清扫完毕后整理清洁工具(拖把、扫帚、抹布等),摆放在指定位置。

(9) 接受区域主管检查清理工作,不合格的要及时整改。

(10) 听从区域主管指挥,到指定地点集合,通过安检,统一乘车离开。

3. 垃圾清运员

(1) 提前10分钟到岗参加班前会,接受主管的工作安排和布置。

(2) 按照卫生标准擦拭垃圾桶和清扫垃圾回收处卫生,做到清洁整齐,无油污、无水渍、无浮尘等。

(3) 向厅面主管领取所需物品(大垃圾袋、垃圾扎带等)。

(4) 检查区域内垃圾桶是否套袋。

(5) 开餐期间将垃圾扎口密封后,按指定路线运送到指定地点,将垃圾桶送回存放处套袋备用。

(6) 闭餐后清扫垃圾回收处区域卫生,完毕后整理清洁工具(拖把、扫帚、抹布等),摆放在指定位置。

(7) 接受区域主管检查清理工作,不合格的要及时整改。

(8) 听从区域主管指挥,到指定地点集合,通过安检,统一乘车离开。

(七)洗碗间工作流程

1. 洗碗间主管

(1) 提前10分钟到岗,阅读前一天交接班记录本并签字,参加营运经理召开的班前会,做好记录和传达。召开本班组班前会,对本班组员工进行晨检,检查员工的健康状况、仪容仪表,总结上一餐工作情况,避免问题重复出现。填写个人岗前检查表,对于体温测试不合格(体温超过37.3 ℃)的人员,交由人事部处理。做好考勤工作并填写签到表,安排当餐注意事项,通知当餐用餐人数预计情况,做好上传下达工作,检查洗碗机是否正常运行、区域内洗涤用品及消毒液等物品的准备情况,做好消毒记录表的登记工作。

(2) 检查洗碗间设备设施,并填写设备检查表。

(3) 检查洗涤用品(消毒液、洗涤剂等)是否准备齐全。

(4) 餐中督导洗碗工按流程操作。

(5) 闭餐后检查洗碗间区域卫生,整理清洁工具(拖把、扫帚、抹布等)并将其摆放在指定位置。

(6) 填写交班记录表,做好交接班工作。

(7) 带领所负责区域员工到指定地点集合,通过安检,统一乘车离开。

(8) 全天保持通信畅通。

2. 洗碗工

(1) 到岗召开班前会,检查洗涤用品及消毒液准备情况。督导清洗早餐用具、餐具,检查消毒情况,检查洗碗机是否正常运行。

(2) 检查清洗好的物品按照规定摆放,检查卫生。督导清洗中餐用具,检查消毒情况。检查清洗好的物品按照规定摆放。

(3) 做卫生,准备当前班次洗涤用品,参加班前会。清洗晚餐用具、餐具,消毒,按照主管规定摆放清洗好的物品,听从主管安排到指定地点用餐,听从主管安排清洗夜餐用具、餐具,消毒。

(4) 接受区域主管检查清理工作,不合格的要及时整改。

第二节　餐厅安全岗位职责及操作流程

一、营运经理安全职责

(1) 餐厅营运经理为部门责任区域的安全第一责任人,对当班餐厅所管辖的区域、人员、物品安全全面负责,应经常开展各项安全教育,确保部门各项工作的安全稳定。

(2) 认真执行上级领导下达的各项安全工作及指标,对餐厅的食品安全、消防安全、设备设施及人身安全等有重要的责任。

(3) 加强人员安全培训,杜绝餐厅内发生火灾、爆炸、食物中毒等治安灾害事故。

(4) 杜绝餐厅内部发生打架、闹事、停工怠工、扰乱治安等重大治安案件。

(5) 主持日常餐厅的安全会议,协调部门内部各班组的安全工作,使安全工作能协调一致地顺利进行。

(6) 参加上级部门召开的安全会议,并对部门的安全工作进行总结。

(7) 组织部门员工参加各项安全演练及培训活动。

(8) 掌握部门安全情况,对餐厅各项安全事项进行例行检查,对安全隐患提出整改意见及措施,并监督执行。

(9) 负责制订餐厅内各项安全制度及预案,并对制度执行情况进行检查。

(10) 负责与上级各安全主管部门的协调及配合检查工作。

二、营运经理安全操作流程

(1) 每日按时对部门各岗位进行安全检查。

(2) 每日召开交班会,传达上级领导下达的安全工作内容及精神,指出部门存在的安全隐患并责令责任人整改。

(3) 餐厅开餐时间内到餐厅检查各项安全制度的落实情况及安全操作规范,检查内容包括食品安全、设备操作安全等,对不符合安全操作规范的行为及时予以纠正。

(4) 在收餐后抽查各岗位的门窗关闭情况。

三、各区域主管安全职责

(1) 各区域主管主要协助餐厅营运经理做好餐厅的各项安全工作,对餐厅各自所负责区域的各项安全负有重要责任。

(2) 每日班前会对餐厅员工进行各项安全提示,树立安全第一的思想,确保餐厅的安全稳定。

(3) 参加餐厅的安全会议,及时传达会议精神。

(4) 每日对餐厅所负责区域的各项安全工作进行检查,对发现的安全隐患及时汇报和排除。

(5) 检查、督导区域内员工的安全操作规范和安全制度执行情况。

(6) 组织餐厅员工参加餐厅和组委会接待部组织的各项安全培训和安全活动。

四、各区域主管安全操作流程

(1) 每日参加营运部例会,听取营运经理传达的关于安全工作的会议内容。

(2) 每日餐前检查餐厅所负责区域的安全情况,对发现的安全隐患及时汇报和排除。

(3) 每日召开所负责班组的班前会,传达有关安全工作的相关内容。

(4) 餐厅开餐时,在餐厅所负责区域检查工作中的各项安全工作,包括员工的安全操作规范和食品卫生安全以及员工和就餐人员的人身安全、财物安全等,对不安全因素及时纠正。

(5) 闭餐结束后检查餐厅所负责区域的水、电关闭情况,餐具的卫生消毒情况和门窗关闭情况。

五、员工安全职责

(1) 贯彻执行餐厅的各项安全制度,保障所在岗位安全工作符合规定,掌握所在岗位安全情况。

(2) 严格执行餐厅各项安全计划,做好日常各项安全管理工作,包括消防安全、人身安全、食品安全及就餐人员财产安全和钥匙管理等内容。

(3) 严格落实岗位安全责任,按安全制度要求和操作规程进行工作。各种电器设备设有专人负责,专人使用。

(4) 做好日常安全检查,主动查找岗位安全隐患,对发现的安全隐患及时汇报,消除安全隐患。

(5) 积极参加餐厅及组委会接待部组织的各项安全培训及安全活动。

(6) 熟练掌握消防"四懂、四会"内容:

①懂本岗位火灾危险性,会报火警。

②懂得预防火灾措施,会使用灭火器。

③懂扑救火灾方法,会扑救初期火灾。

④懂疏散逃生方法,会组织疏散逃生。

六、员工安全操作流程

(1) 每日上班后,对本岗位安全进行检查,检查内容包括电器开关、桌椅、消防设备是否安全等,如有安全隐患,及时汇报。

(2) 每日例会时,听取主管传达有关安全工作的通报。

(3) 在开餐时,注意就餐人员财物安全、人身安全,如对食物有疑问,应及时反馈给区域主管。

(4) 各种设备设施的使用必须严格按照操作流程。

(5) 在开餐后,检查水、电等关闭情况,关闭门窗。

第三节 餐厅礼仪

一、餐厅服务员仪容仪表标准要求

(1) 工装清洁、整齐、无破损,领口、袖口清洁,纽扣齐全、扣好。

(2) 工牌佩戴于左胸前正中,肩线下约 15 cm 处,戴正不歪斜。

(3) 鞋袜:女员工穿黑布鞋,鞋面清洁、无破损,肉色袜子清洁、无破损;男员工穿黑色袜子,无破损,袜子无异味。

(4) 化妆:女员工化淡妆,口红颜色鲜艳,画眼影,涂睫毛膏,不留长指甲,不涂指甲油,不佩戴饰物,手表除外;男员工面部清洁,不留胡须。口腔无异味,齿缝无食物残渣。

(5) 发型:统一佩戴工作帽,保持帽子清洁平整,帽檐端正,不歪斜。男员工不留长发,鬓不过耳,前不过眉,发不遮领。女员工长发盘起,耳后无碎发,佩戴统一头饰,头饰戴正,短发前不遮眼,后不过领,侧不遮耳,头发梳理整齐,无异味,无头屑,不染其他明显发色,不留怪异发型。

二、班前会规范要求及站位迎宾标准

(1) 服务员从高到矮一字排开,向高处看齐,要求挺胸收腹,头正肩平,目视前方,面带微笑,下颌微收,两臂自然下垂。员工一律右手压左手交叉放于腹前,两腿站直,女员工脚后跟并拢呈"V"字形约 30°;男员工两脚分开站立,与肩同宽。

(2) 主管先向员工问好:"早上好/中午好/晚上好。"员工回:"早上好/中午好/晚上好。"

(3) 员工做好签到记录,主管如实填写考勤表及员工健康记录表,并检查员工仪容仪表。

(4) 讲评昨日检查内容:讲评昨日工作情况及注意事项。

(5) 根据出勤做好餐前准备的分工和要求;分工明确,责任到人。

三、迎宾送客服务

(1) 微笑服务,礼貌待人。开餐前 10 分钟站在餐厅门口两侧迎接客人进入餐厅,仪态端庄大方,面带微笑,客人进入时需向客人热情问候,并用计数器统计用餐人数。

(2) 熟悉餐厅环境,对餐厅设施具体位置非常熟悉。解答客人提出有关饮食、餐厅设施方面的问题,引导客人到宾客留言处留下用餐意见,及时向上级主管反映。

(3) 预先了解当日餐厅可能用餐的人数。

(4) 引导客人时需在客人的左前方两至三步的距离,帮客人指引位置时手臂伸直,手指自然并拢,掌心向上,声音要亲切、温和,音量适中。

(5) 标准手势,带客至拐弯处应左手前伸斜角 45°处指示,上下台阶时也应如此。

(6) 做好迎宾区域的清洁卫生工作。

(7) 做好与厅面各点位的衔接工作。

(8) 送客服务:标准站姿,面带微笑。如客人对菜品和服务有意见或建议,做好记录,上报上级主管。

(9) 用餐结束后,将当餐用餐统计记录上交财务部。

四、清真餐服务规范

(一)清真餐相关知识

(1) 体育赛事餐饮需求的多样性,主要体现在多国家、多民族、多宗教等特征,其中清真餐作为一种特殊的餐饮服务必须得到足够的重视。在制作清真菜品过程中,严格按伊斯兰教教规宰杀、烹制,并严格把好食材的进货渠道关,确保所有食材具有清真食品资质,并保证食品卫生安全。

(2) 清真餐是指信奉伊斯兰教的民族饮食。清真食品是严格按照伊斯兰教的饮食习惯制作的食品,最重要的依据是《古兰经》,其次是穆罕默德的教诲。

(3) 在采购清真食材的前期都要对有清真资质的企业进行考察、调研,所有食材要有清真标识,在操作过程中应设有专门的清真加工间、清真工作人员(包括清真服务员),所有清真食品及非清真食品将严格分离,独立存放。特别在就餐区域内,划分出清真就餐区,并做明显标识。餐椅、餐具采用绿色,与其他就餐区分开,就餐区周围采用绿植进行软隔离,并有专人进行接待、服务,其他餐区的就餐人员禁止外带食物到清真餐区就餐。清真厨政部内使用的所有工器具为清真厨政部专用,严禁带出工作区域。

(二)清真餐的服务流程

1. 开餐前准备

(1) 餐具准备。

序号	工作步骤	工作内容描述	备注	工作岗位
1	班前会	员工按时到岗后,由主管召开班前会		主管
2	备餐具	专用的餐具分别放在指定区域餐台上	餐具数量要与就餐人数相符,后台有一定数量的餐具储备(通常按用餐人数的120%的数量准备)	服务员
3	摆公共取菜工具	每道菜品右侧放一个盛菜勺或菜夹	公共取菜用具通常摆放在斜向右下方45°左右的位置	
4	摆菜品卡	将菜品卡摆放在每道菜品之前	菜品上齐后检查菜品卡与菜品是否一致	

（2）食品准备。

序号	工作步骤	工作内容描述	备注	工作岗位
1	布置冷菜	将冷菜按顺序摆放		动线、饮料区服务员
2	布置主食台	各式主食、点心按顺序摆放		
3	热菜准备	热菜放在加热炉炉内，按顺序摆放		
4	热饮准备	牛奶、咖啡等分别摆在相应位置		

2. 开餐服务

序号	工作步骤	工作内容描述	备注	工作岗位
1	清洁供餐台	及时清理供餐台的台面卫生		动线服务员
2	检查温度	保证热菜温度	加热炉温度一般为65°	
3	介绍菜品	主动介绍菜品，热情迅速为客人夹取菜品		
4	现场制作	现场制作菜品等		动线服务员、传菜区服务员
5	添加菜品、餐具	及时补充不足的菜品，适时通知添加菜品；及时补充餐具	一般少于1/3时通知厨房	

3. 开餐中服务

序号	工作步骤	工作内容描述	备注	工作岗位
1	随时服务	及时清理客人桌面卫生		厅面服务员
2	清理餐桌台面	客人离座时，礼貌提醒客人带好随身物品		

4. 收餐后服务

序号	工作步骤	工作内容描述	备注	工作岗位
1	菜品收档	将菜品撤出供餐台，送至菜品回收处，进行相应处理		当班服务人员
2	饮料收档	将饮料机内饮品撤出，并及时处理		
3	餐具收档	将使用餐具撤出餐厅，送入洗碗间；将未使用过的餐具放入专用餐具柜		
4	卫生清扫	清扫台面、地面，将垃圾倒入指定垃圾桶		
5	电器安全检查	检查所有电器设备、电源开关、电话等，确保无安全问题		

续表

序号	工作步骤	工作内容描述	备注	工作岗位
6	物品检查	确保餐台、餐桌、供餐台内无脏餐具等		
7	客人遗留物检查	检查所有桌子、椅子,确保无客人遗留物品,如有,上交总服务台做好登记		当班服务人员
8	关闭电器,锁好门、窗	关闭除冰箱外所有电器设备、电灯,锁好门窗		

第四节 营运部服务标准

一、餐具的运送与摆放

(1) 服务员运送及摆放餐具前需洗手、消毒,保持个人卫生清洁。

(2) 将运送餐具的工具车及摆放用具进行清洁、消毒。

(3) 清洁、消毒过的餐具、用具要分类摆放,放置于已消毒工具车内,按照规定线路运送到餐厅指定地点。

(4) 运送易碎物品时要轻拿轻放,用工具车运送至指定地点。

(5) 根据就餐人数领取一次性餐具,分类摆放于已消毒工具车内,按规定路线运送到餐厅餐具台,并分类摆放。一次性餐具的外包装必须在储存间进行拆包,拆包工作不得在餐厅内进行。

(6) 餐具分类摆放在指定位置。

(7) 收餐时将供餐台上的加热炉,按照菜品顺序依次摆放在工具车上,运送至后厨洗碗间。

(8) 收餐后将供餐用具如餐夹、汤勺等分类装至收餐盒中,并用工具车送至洗碗间。

(9) 餐巾纸盒与牙签盅摆放在餐桌和调料台上的指定位置。

(10) 收餐完毕后,工具车及收餐盒要及时清理干净,摆放在指定位置。

二、饮料摆放区操作标准

(1) 按品种分别摆放整齐,并及时添加,方便客人取用。

(2) 及时整理饮料台面的卫生,保持整洁干净。

(3) 及时补充一次性纸杯、搅拌棒等物品。

(4) 客人取用热饮时,礼貌提醒客人小心烫伤。

(5) 随时检查冰箱的温度显示,并及时补充饮品。

(6) 收餐后对冰箱内饮料进行整理,并补齐足量饮品,为下餐开餐工作做好准备。

(7) 将已使用过或开封的饮品进行回收处理。

三、热饮服务流程及标准

(1) 按热饮饮料机上的饮品标识,将咖啡、果汁、豆浆按合理配比分别在饮料机中冲调好,并将饮料机的温度调至 65 ℃进行加热保温。

(2) 服务员将一次性杯具、搅拌棒分类摆放整齐,方便客人取用,保持台面整洁干净。

(3) 在热饮区醒目位置摆放"小心烫伤"的提示牌,客人取用热饮时,服务员需再次礼貌提醒客人"小心烫伤"。

(4) 供餐期间,服务员随时检查饮料机的显示温度,并及时补充饮品、一次性纸杯、搅拌棒等物品。

(5) 供餐期间服务员要及时清理溅在饮料台面上及地面上的饮料渍迹。

(6) 收餐后对饮料机内剩余饮品进行回收处理,并对饮料机进行清洁、消毒,为下餐供餐工作做好准备。

(7) 热饮的储存、管理及服务由当班饮料区主管负责。

四、餐厅服务标准

(一) 餐厅餐中客人取菜服务标准

客人上前取菜时,供餐区服务员应微笑问候,并向客人介绍菜品,询问客人的口味及喜好,向客人做合理推荐。根据客人需求为客人盛取适量菜品。若客人盛取馄饨、面条、小水饺、汤等食物,员工应主动给客人提供小勺。

(二) 餐厅客人用餐过程中服务标准

(1) 客人就餐过程中,餐厅服务员应左手托托盘来回巡视,发现餐桌上有未及时回收的餐具应及时回收。桌面上有客人餐余物品时应随时清理,将回收的餐具及时送到洗碗间清洗,不锈钢餐具应分类清洗。如餐具掉到地上,应及时更换,不可堆放在工作台上。除此之外,还应注意餐巾纸、牙签等物品的及时添加。

(2) 供餐台人员在客人就餐过程中,应随时注意菜品的数量,如菜量少于1/3时,及时通知厨政部添加;及时添加餐具及整理取菜夹及菜品,及时为客人介绍餐具摆放位置。随时观察菜品的温度、质量。除此之外,应随时清理客人在取菜过程中掉在供餐台上或地上的菜渣,勤更换菜夹盒,保持台面卫生。

(三) 餐厅整理台面服务标准

(1) 清理台面时应注意轻拿轻放,不要影响客人就餐。客人起身后,餐厅服务员礼貌提醒客人:"先生/女士,请不要忘记您的随身物品"。如有客人遗留物品但已离开,应及时交给餐厅经理处理,并进行物品交接登记。

(2) 饮品区清理工作,待客人离开餐厅后再进行。

(四) 餐具回收服务标准

(1) 餐厅服务员及时引导餐后客人将餐具送至收餐台处,并将各类垃圾按指示牌(厨余垃圾、回收垃圾、其他垃圾)分类倒入相应的垃圾桶内,将使用过的餐盘放至餐具回收处指定位置。

(2) 餐厅服务员及时更换垃圾桶,并将撤换掉的垃圾桶用专用推车按指定路线送至指定垃圾回收点,由公共区域保洁员统一处理。

（3）餐厅服务员及时将收餐台区域清理干净。

五、餐厅清洁卫生标准

（1）通风：保持餐厅内空气清新，每日按时开窗通风，进行消杀，餐厅卫生清洁、无异味。

（2）绿色植物：检查是否需要浇水，浇水时不能溢出垫盆，花盆内外要求干净无杂物，无枯叶，定期进行修剪。

（3）台面及卫生。

①检查餐具是否按规范尺寸摆放，餐具干净，无破损。

②餐椅与餐桌整齐对位，要求前后左右对齐。

（4）供餐台卫生。

①台面无油渍、无污渍。

②摆放菜夹、菜勺、粥勺，要求干净无污迹。

③摆放核对菜品卡与菜品一致，要求菜品卡干净、无破损。

（5）备餐间。

①托盘无油渍、无污渍、无水迹。

②抹布及时清洁消毒，并分类摆放整齐。

③清洁劳动工具保持干净，无杂物，分类摆放整齐。

（6）饮料区：保持吧台、展示柜整洁干净。

六、餐厅菜品卡配备标准及流程

（1）根据厨政部制作的菜单制作统一标准的菜品卡，包括菜品名称、营养成分及菜品主辅料等相关内容。

（2）每餐开餐前，由供餐区主管安排专人将当餐所用菜品卡进行清洁消毒，并按照菜品区域划分，遵循颜色、荤素搭配合理的要求，放置在相应供餐台上指定位置。

（3）供餐区服务员在开餐前菜品全部传送到位后，要根据当餐菜单，仔细核对所负责区域内菜品卡菜品名称与相应位置摆放的菜品是否一致，并需掌握当餐提供菜品的数量、菜系、口味等知识。

（4）如出现个别菜品的断供情况，供餐区主管及时通知厨政部相关厨师长及时更换菜品，并将断供菜品的菜品卡从供餐台上回收，换上新更换菜品的菜品卡。

（5）收餐后，由供餐区服务员将全部菜品卡回收，清洁消毒后交由当班供餐区主管放回指定位置，以备再次使用。

（6）供餐区主管清点当餐回收菜品卡，如发现破损，需及时通知当班营运经理，并做好交接班记录。

七、食品饮料的补充操作流程和标准

（一）食品的补充操作流程和标准

（1）开餐期间供餐区服务员发现加热炉中食品剩余1/3时，所负责区域服务员需及时通知供餐区主管，由供餐区主管通知厨政部动线厨师长及时添加。

（2）厨政部动线厨师长接到补充食品的通知后，立即制作补充食品，并装入指定器皿中,并交由传菜区主管指派的传菜区服务员进行食品传送。

(3) 传菜区主管需配合供餐区主管做好相应区域内补充食品的传送工作,按照指定路线传送至指定位置,以便供餐区服务员更好地为客人供餐。

(4) 餐中供餐区服务员需随时整理所负责供餐台中菜品,保持菜品形状。

(5) 供餐区服务员随时保持区域内餐台的卫生。

(二)饮料的补充操作流程和标准

(1) 开餐期间饮料区服务员需注意区域内饮料展示柜、冰箱、饮料机等区域内的饮品剩余1/3时,及时通知饮料区主管进行相应补充。

(2) 饮料区服务员听从主管的指挥,将餐前准备时领取并拆掉外包装的饮品用专用周转箱,按指定路线运送至饮料区进行补充,分类摆放。

(3) 补充饮料时仍需遵循"先进先出"的原则,分类分批,码放整齐。

(4) 做好当餐补充饮料的登记工作,检查饮料包装是否完好、是否过期。

(5) 保证补充的饮料干净、无污渍、无破损,按规定摆放,将商标朝向客人,方便客人取用。

八、垃圾处理的流程及标准

(1) 由供餐区服务员引导用餐完毕的客人,将使用后的餐具送至餐具回收处,按照标识(可回收、厨余垃圾)进行垃圾分类,将一次性餐具、餐巾纸、饮料瓶等投放至相应的垃圾桶内,并将餐盘放置于指定位置。

(2) 餐具回收处垃圾桶装满后,由垃圾清运员按要求将其从收餐台下取出并及时加盖密封,并立即更换干净的垃圾桶放回原位。

(3) 垃圾清运员需及时将使用过的垃圾桶进行卫生清洁,并套好干净的垃圾袋,按指定路线送至餐厅收餐台指定位置备用。

(4) 垃圾清运服务商不得进入餐厅区域内除垃圾暂存间以外的工作区域及客用就餐区域等,清运垃圾时需戴胶皮手套、口罩、帽子,以免直接接触到有害微生物。

(5) 垃圾清运服务商在清运垃圾时,需使用两种不同的清运车做好垃圾分类,即厨余垃圾清运车、可回收垃圾清运车。垃圾清运期间,可由区域保洁员协助,将垃圾分别运送至相应类别的垃圾车中。

(6) 垃圾清运服务商在清运过程中,要保持清运车辆外观的清洁,做到无垃圾洒落在地面、路面,保证垃圾暂存间的清洁卫生。每次清运垃圾后,公共区域保洁员必须对垃圾暂存间及垃圾桶进行全面清洁消毒。

(7) 若组委会接待酒店内没有设置垃圾中转站,垃圾清运服务商需按时到接待酒店垃圾暂存间直接进行垃圾清运工作。

(8) 垃圾清运服务商每日清运垃圾3次。

九、餐厅营运部交接班制度

(1) 餐厅接班人员交接班工作由各班次主管负责。必须准点到岗,认真查看交接班日志,有不明白之处必须及时向上一班交班人员问清情况。

(2)交班人员对需交接的事宜应在交接记录本上有详细文字记录,所负责区域内各类物资的交接,向下一班人员口头交代清楚。

(3)交接班人员在认真核对交班记录后须双方签字确认,并立即着手处理相关事宜。

(4)交接班时应对下列事项特别注意。

①供餐台主管交接内容。

a. 加热炉使用是否正常。

b. 客人对菜品投诉记录及处理意见。

c. 本班次接班时的用餐人数。

d. 区域内操作工具数量及使用情况。

e. 一次性餐具的使用及领用情况。

f. 上一班所接收的相关文件(组委会与上级领导下发的需要传达的内容)。

g. 营运经理交代的其他未完成工作和临时工作状况。

②供餐区主管交接内容。

a. 上一班次用餐总人数。

b. 本班次截止接班时的用餐人数。

c. 区域设备设施状况是否良好。

d. 区域内操作工具数量及使用情况。

e. 低值易耗品的使用及领用情况。

f. 上一班所接收的相关文件(组委会与上级领导下发的需要传达的内容)。

g. 客人的投诉记录及处理结果。

h. 营运经理交代的其他未完成工作和临时工作状况。

③传菜区主管交接班内容。

a. 区域内操作工具数量及使用情况。

b. 区域设备设施状况是否良好。

c. 营运经理交代的其他未完成工作和临时工作状况。

d. 上一班所接收的相关文件(组委会与上级领导下发的需要传达的内容)。

e. 与厨房出品部和供餐区需要对接是否添加菜品的传达信息。

④饮料区主管交接班内容。

a. 冷热饮料库存和出售数量。

b. 上一餐冷热饮饮用数量。

c. 区域内操作工具数量及使用情况。

d. 区域设备设施状况是否良好。

e. 营运经理交代的其他未完成工作和临时工作状况。

f. 上一班所接收的相关文件(组委会与上级领导下发的需要传达的内容)。

⑤保洁主管交接班内容。

a. 区域内操作工具数量及使用情况。

b. 区域设备设施状况是否良好。

c. 消毒器具和消毒液的使用与存放是否在指定位置。

d. 消毒记录的交接。

⑥洗碗间主管交接班内容。

a. 区域内操作工具数量及使用情况。

b. 区域设备设施状况是否良好。

c. 消毒器具、消毒液、洗涤剂使用及是否存放在指定位置。

d. 消毒记录的交接。

e. 破损餐具记录。

⑦存包区主管交接班内容。

a. 存包牌数量及使用情况。

b. 区域设备设施状况是否良好。

c. 客人遗留物品登记和物品清点。

d. 存包牌报损登记。

第五节 餐厅常见咨询与投诉处理

一、餐厅即将闭餐，客人要到餐厅用餐怎么办？

餐厅即将关门，不能把客人拒之门外，在开餐时间内做好接待服务工作是餐厅服务人员的职责。对用餐来晚的客人依然要热情地接待，不能表现出任何不满情绪，并主动指引客人到取餐台，向客人介绍菜品种类，使客人尽快享受到美味的食品。客人用餐未结束前，绝不能有关灯、扫地等催促客人的行为。

二、发现客人损坏餐厅物品时怎么办？

客人在用餐过程中不小心损坏了餐厅物品，服务员应马上清理碎片，并询问客人有无受伤。如有受伤，应马上采取紧急处理措施，同时立即上报部门主管。

三、开餐时，遇到两位客人同时需要服务怎么办？

服务员在服务工作中，既要热情周到，又要忙而不乱，更要面面俱到。当遇到两位客人同时需要服务时，服务员应做到一招呼、二示意、三服务，给那些等待的客人以热情、愉快的微笑，在经过他们旁边时说一声："我马上就到这里"或"请稍等一会"等，这样会使客人觉得他们并没有被忽视和被怠慢。

四、开餐期间，与客人发生争执时怎么办？

"宾客至上"是我们的服务宗旨，要记住"客人永远是对的"，在任何情况下均不能与客人发生争执。一旦发生争执，餐厅服务主管要马上制止并向客人道歉，将与客人发生争执的服务员调离现场，不能当着客人面与服务员谈话，避免产生误会。

五、在服务过程中,服务员不小心弄脏客人衣服时怎么办?

在服务过程中,服务员运送菜品或垃圾经过客人身边时,要有礼貌地提醒客人,注意千万不能把菜汁、汤水洒在客人身上、台面上或地上。万一不小心弄脏客人衣服时,服务员要诚恳地向客人道歉,设法替客人清洁。

六、开餐中,饭菜供应不上时怎么办?

由于抵离信息有误或客人突然增多等原因,饭菜供应不上。遇到这种情况时,服务员应向客人道歉,说明原因,请客人稍等一会儿,立即通知厨政部迅速上菜。

七、餐厅突然停电怎么办?

保持镇定,不要慌张,坚守工作岗位,听从主管统一安排,安抚客人并及时打开应急指示灯。

八、客人发现菜品有异物怎么办?

应主动道歉,立即将该菜品及时撤回,并立即上报主管,与后厨进行沟通以了解情况。

九、客人反映在餐厅丢了物品怎么办?

应及时在餐厅里寻找,如果未找到,要对客人进行安抚,立即通知上级主管,协助安保部门做好调查。

十、客人物品丢在餐厅时怎么办?

发现用餐客人物品落在餐厅时,如是手机,应及时上缴部门主管或吧台,做好备案,以便客人回来寻找。若有客人的其他联系方式,及时与客人联系。

十一、客人在餐厅突然滑倒怎么办?

迅速帮忙把客人扶起并安慰客人,问其是否摔疼或受伤,是否要去医院或需要帮忙,及时上报上级主管。

十二、客人未带证件或餐卡想进餐厅用餐怎么办?

客人未带证件或就餐卡进餐厅用餐,应礼貌耐心解释:先生(或女士),为了大家的就餐安全,餐厅凭证件或就餐卡就餐,离餐厅的闭餐时间还早,麻烦您回房间取您的证件或就餐卡再过来用餐。如客人丢失证件或就餐卡,及时请示当班经理联系接待部工作人员确认是否允许其用餐。

十三、客人想打包食品带走怎么办?

礼貌告知:对不起,先生(或女士),我们的自助食品在餐厅内食用,不可以外带打包,如果您喜欢的话可以在餐厅里慢慢享用。如遇特殊身份客人,请示当班经理。

十四、客人无意将餐厅的物品带出餐厅怎么办?

您好,先生(或女士),我们的餐具物品都是有数量规定的,如果您喜欢,可以问采购在哪里买的,您到那里去买,好吗?

十五、当客人说不礼貌语言时怎么办?

严肃大方地对客人说,先生(或女士),是不是我哪方面做错了?如果是,请您提出来,我会接受并改正。

十六、由于说话用词不当得罪客人怎么办？

向客人诚恳地表示道歉：实在对不起，惹您生气了，请多多谅解，感谢您提的宝贵意见。

十七、发现客人在餐厅内吸烟怎么办？

礼貌告知：非常抱歉，餐厅是禁烟区，为了您和他人的健康，让我帮您将烟熄灭。

十八、客人进餐厅后，手机、手提包等物品随意乱放怎么办？

礼貌告知：打扰一下，为了您的物品安全，请您带好随身物品，以防遗落。

第六节 营运部与厨政部的配合

餐饮服务是由不同的岗位各司其职，分工合作。如果在服务流程中，各部门在服务的岗位上协调不好，就很容易产生矛盾，这有碍工作且影响企业形象，所以营运部与厨政部的配合是非常重要的。出现问题时不要相互推卸责任，指责对方不足，只有共同分析问题、解决问题，才能使工作做得更好。餐厅与后厨的配合中，餐厅厅面信息主要由供餐区主管传递，传菜区主管负责做好与后厨的衔接工作。

一、餐前准备

（1）营业前要与厨政部及时沟通信息，餐厅传菜区主管将当餐预计人数提前传达至后厨，以便后厨能准确地掌握餐料使用量。同时，餐厅要了解后厨当餐的菜品相关内容及知识（包括菜品名称、口味、营养成分，菜品主辅料、相关配料的组成，以及特殊菜品的服务方法）。

（2）供餐区服务人员根据后厨提供的菜单，准备相应的服务用具及菜品卡。

（3）与后厨确定开餐时间、上菜时间、上菜顺序和菜品保存的相关要求。

二、出品运送及控制

（1）根据出菜时间开始运送菜品，后厨将已制作完成的菜品按照先热菜，后主食、凉菜、水果的顺序传送到备餐间。

（2）由餐厅传菜区服务员按出品顺序将所有菜品运送至指定的餐台，进行相应的保温及保鲜措施。菜品与菜品卡必须一致。

（3）将备用菜品放在保温车内，由餐厅传菜区服务员运送到相应供餐台的后方指定位置，以便餐中及时补充菜品。

（4）及时将餐厅菜品供应的相关信息反馈至后厨相关人员。

（5）发生以下情况时，需及时通知后厨。

①菜品减少至1/3时，供餐区主管要及时通知后厨此菜品负责人，进行菜品补充。

②餐厅用餐人数已接近预计人数，如还需补充菜品，供餐区主管需提醒后厨减少菜品供应量。

③如客人对菜品口味及品质产生疑问，供餐区人员要及时了解客人的意见并同时迅速反馈至后厨。

④如发现食品出现异状（如有异物或对菜品的品质产生怀疑），供餐区主管迅速安排将

菜品返回至后厨,由后厨相关人员进行处理。

三、餐后沟通

(1)收餐后餐厅营运经理与行政总厨总结当餐营运情况,对菜品的出品、供应及品质等情况进行总结,对餐厅与后厨沟通中遇到的问题制订相应的改进措施,以避免类似情况的再次发生。

(2)对第2日用餐的相关信息进行交流,做好相应的供餐准备工作。

第七节 餐厅设备使用操作流程

一、洗碗机操作流程

1. 准备程序

(1)先将洗碗机的电源闸门合上,确保洗碗机电源已接通。

(2)将网板和垃圾篮放在清洗水箱上的适当位置,插好排水管。

(3)关上机门。

(4)按一下启动按钮,计算机控制器开启,并自动进行注水。(注意:请勿擅自调节洗碗机设置按钮)

(5)注水停止后打开机门,检查水箱是否已加满水。注水前先关闭洗涤剂自动分配器电源,当注水程序结束后,再将洗涤剂自动分配器电源打开。

(6)关上机门后,清洗和喷淋周期会自动开始。

(7)水箱升到适当的温度后开始洗涤工作。

2. 餐具清洗

(1)先清除碗盘上较大的食物残屑。

(2)根据碗盘的大小情况选择合适的洗碗机框。

(3)将盘插立在框架上。请注意不要将盘叠在一起,否则水无法冲洗到盘的正反两面。请将盘放在有立架的框架中,靠边立起。茶杯、玻璃杯和碗则倒放在开放式筐或格层式筐里。刀叉以及其他小餐具可以疏松地放在开放式筐的底部。

(4)筐装满后,将门打开,将筐推入洗碗机内,然后关上门。清洗周期和喷淋周期会自动开始。清洗周期在关门以后开始,喷淋周期在清洗周期结束以后开始。

(5)清洗周期和喷淋周期结束后,将门打开,拉出筐后,等待30秒(这样可以使刚洗好的碗盘等自动沥干水)后将筐中干净的碗盘取出并叠放整齐。然后继续装入下一批需要清洗的碗盘,将筐推入洗碗机内,然后关上门。

(6)如果想在清洗周期开始后加装碗盘,请先关掉电源开关,等10秒后再开门,让清洗臂慢慢停下,避免热水溅出,烫伤操作人员。(尽量不要使用此操作)

3. 清洗机器

每次操作完机器后都要彻底清洁一次(用餐使用后),或至少每日一次。

(1)清洁步骤如下。

① 按下洗碗机关闭按钮后切断电源。
② 打开门。
③ 清洗不锈钢工作台并让水流回洗碗机。
④ 拔出排水管排水。
⑤ 拆下网板、垃圾篮和泵吸入滤网,将里面的杂物倒出后彻底清洁干净。
⑥ 将洗碗机内部彻底清洁并冲洗干净。
⑦ 将泵吸入滤网和网板、垃圾篮装回。
⑧ 敞开门以使空气自然吹干机器内部。
⑨ 检查确定清洗臂和喷淋臂能自由转动,无任何阻碍。
⑩ 检查喷淋臂末端出水口,以确定无水垢和其他异物堵塞。

(2) 清洁清洗臂及喷淋臂步骤如下。

① 检查时请先切断电源,再转动清洗臂、喷淋臂,并将所有障碍物移除。上下清洗臂及喷淋臂应能自由旋转,再以手转动后,它们应能够自行继续转动几秒后再停止。
② 如果网板、垃圾篮或泵吸入滤网未装好,一些异物(如食物残渣或骨头等)可能会堵塞清洗臂出水管。清洗臂很容易拆下清洗。
③ 如欲拆卸清洗臂和喷淋臂,请旋松清洗臂和喷淋臂间的滚花螺母,即可将清洗臂和喷淋臂取下。
④ 注意:下清洗臂转轴上的垫套不必拆卸。在拆卸上清洗臂和喷淋臂时,请注意旋松滚花螺母时拿稳清洗臂和喷淋臂,勿使清洗臂和喷淋臂掉落,清洗臂和喷淋臂都是可上下互换的。

(3) 机器除垢:每 15 天一次,在洗碗间结束工作后进行。

① 先进行日常机器清洗流程。
② 将网板和垃圾篮放在清洗水箱上的适当位置,插好排水管。
③ 关上机门。
④ 按一下启动按钮,计算机控制器开启,并自动进行注水。
⑤ 注水停止后打开机门,检查水箱是否已加满水。注水前先关闭洗涤剂自动分配器电源。
⑥ 将适量除垢剂倒入机箱内,注意勿使其溅入眼睛,并关闭洗碗机电源,让其浸泡一晚,以使除垢剂与机箱内部污垢充分发生反应。
⑦ 次日上班后,接通电源,等水箱升到适当的温度后,放入一个空筐,关上机门后,让洗碗机清洗和喷淋空转 2~3 次。
⑧ 拔出排水管排水,检查除垢效果。
⑨ 重新开机,并进入正常洗碗机操作流程。
⑩ 对自己不能解决的故障问题及时上报部门主管。

二、饮料机操作流程

1. 安全须知

(1) 清洗、维修、移动饮料机时一定要切断电源。

(2) 不可用湿手接触电源插头、开关,防止触电。

(3) 饮料机需放在平稳的地方。

(4) 若使用过程中出现故障,应先切断电源,停止使用,再进行检查。

2. 操作使用流程

(1) 保证有水:无论是制冷,还是制热,均应保证桶内有水,并保证泵机正常工作。若泵机不能正常供水,不能打开制冷或制热开关,否则会损坏机器。

(2) 制热饮:制热饮时,应先加好饮料,盖好桶盖,保证开关处于"停"状态情况下,插上电源,打开泵机,拨动开关到"制热"位置。

(3) 调温:当制成饮品的温度达到要求时,可以关掉制热开关,只开泵运行。

3. 加料

(1) 无论制冷饮,还是制热饮,在任一个饮料桶中的饮料快用完时,均应向其中加料。加料时,应先关掉与加料桶相对应的所有开关,然后揭开桶盖,加入配制好的饮料,再盖上桶盖,打开相应的开关。注意:千万不要在运行时放完饮料,以免损坏机器。

(2) 双缸或三缸冷热饮机最好不要只使用一个桶,在迫不得已的情况下只使用一个桶,应倒 3 L 左右的水于不使用的饮料桶中,然后开机。

(3) 不可拔掉电源:在机器工作过程中,不论饮品的温度是否达到要求,都不允许随意拔掉电源插头。

(4) 停机:应先拨停制冷(或制热,或泵机)开关,然后待泵机停止工作后,再拔电源插头。注意:在停机过程中,如果制冷饮,则扬水管也同时自动停止喷水;如果制热饮,则扬水管要再过几秒钟才自动停止喷水。不要在制热时通过制冷的方法来调节温度。本机一定要安全接地。

(5) 清洗饮料桶:为确保所制的饮品清洁、卫生,保持果汁及饮料的原有风味,应经常进行清洗。清洗时应洗净饮料桶、密封圈、扬水管、出水嘴等部分的果汁、果肉等残存物;另外,清洗时还应顺便检查饮料桶密封圈和出水嘴密封圈是否出现裂纹或老化,如果出现裂纹或老化应立即更换。

(6) 对自己不能解决的故障问题及时上报部门主管。

三、冰箱、冰柜安全操作流程

(1) 冷冻保持 −15～−12 ℃,冷藏保持 0～5 ℃。

(2) 饮料按先进先出原则分类摆放。

(3) 冰箱、冰柜顶部禁止放置任何物品,以免影响正常使用。

(4) 冰箱、冰柜门使用时即开即关,操作轻便。

(5) 每日擦拭,保持外观清洁。

(6) 冰柜每隔一周除冰一次,保持正常工作温度。

(7) 在停电情况下,尽量减少冰箱、冰柜的开启次数。

(8) 对自己不能解决的故障问题及时上报部门主管。

附件6　营运部风险防控与突发事件应急流程规范

一、风险防控方案

基于以往体育赛事接待酒店餐饮服务运营管理经验，我们总结了一套餐厅营运部风险防控方案，具体如下。

1. 组建防控管理小组

由项目总经理任组长、各部门总监任组员，共同组建风险防控管理小组，贯彻"谁的区域谁负责，谁的责任谁负责"的执行理念。

2. 风险管理责任制

（1）项目总经理为接待酒店餐饮服务风险防控总责任人，负责餐饮服务范围内的所有风险管理。

（2）各部门总监责任制：总监按照职责划分，对各自部门管理范围内的风险进行管理。

（3）区域主管责任制：各部门区域主管为各自区域风险管理的责任人。

（4）工作人员岗位责任制：按照工作人员职责划分，该岗位的责任人就是风险防控的责任人。

3. 风险管理原则

餐饮风险管理应遵循主动防范、建立工作流程、分工负责、相互协作、控制"首发局面"等原则。

4. 主要风险防控方案

序号	风险点	风险点描述	主要原因分析	防控措施
1	菜品断供风险	部分菜品不能持续供应	（1）对人员信息掌握不准确。（2）就餐人员对个别菜品需求较大，超出预估分量	（1）与人事部保持沟通，准确掌握人员抵离信息。（2）营运部及时进行疏导，维持就餐秩序并联系厨政部紧急烹制，补充供应。营运部做好菜品的最低保有量控制，在接近最低保有量之前，及时联系厨政部补充菜品和备份
2	餐厅内打架斗殴风险	危及人身安全，扰乱供餐、就餐秩序	（1）工作人员职责原因或工作处理不当，与就餐人员产生冲突。（2）运动员因赛事原因，产生矛盾。（3）就餐人员因地域文化差异等其他原因，导致冲突	认真落实餐厅营运方案，努力营造轻松、愉快的工作、就餐环境，尽可能在矛盾产生的前期化解矛盾，避免打架斗殴的情况出现

续表

序号	风险点	风险点描述	主要原因分析	防控措施
3	就餐人员将外来食品带入餐厅食用风险	无法界定外来食品是否符合餐厅食品标准,容易诱发食源性疾病或食品中毒事件	就餐人员不了解相关要求和规定	在餐厅入口处设置提示牌,并加强宣讲和巡视
4	供餐台菜品超时存放风险	供餐台菜品超过食品出品有效时长,影响菜品质量	供餐区服务员未按操作流程及时更换已出成菜品	认真执行供菜操作流程,安排培训
5	存包管理风险	(1)就餐人员存包牌遗失。(2)寄存员未按包牌上编码拿取物品。(3)用餐高峰期已有存包柜不能满足存包需求	(1)就餐人员遗失存包牌。(2)寄存员工作疏忽导致发生错误。(3)存包数量超过存包柜容纳量	认真实施存包管理制度
6	就餐人数超过餐厅容量风险	餐厅不能正常运转	人员集中用餐,餐厅无法容纳	(1)分批与分流。(2)准确掌握人员抵离信息,提前做好应对措施
7	取餐出现拥挤风险	造成餐厅混乱	因就餐人员对食品的偏好,导致个别餐区拥挤	(1)做好引导与分流。(2)增派动线分餐人手,要求快速分餐,实现快速取餐
8	清洁消毒类化学用品使用管理不当风险	导致就餐人员身体不适甚至中毒	化学用品储存使用不当	认真执行化学用品储存、使用、管理规定

续表

序号	风险点	风险点描述	主要原因分析	防控措施
9	食品二次污染风险	引发食源性疾病	（1）食品生熟不分。 （2）工器具交叉污染。 （3）员工患病。 （4）员工串岗	（1）严格执行生产加工操作规范。 （2）严格执行SSOP。 （3）加强监管
10	未严格执行清真习俗风险	（1）造成恶劣影响。 （2）发生罢餐事件和纠纷	（1）食品摆放错误。 （2）清真食材没有清真标识，就餐人员携带非清真食品进入清真餐区	（1）划分独立的清真厨房和就餐区域，张贴明显的清真标识。 （2）加强监督管理。 （3）严格执行专人、专室、专工具、专消毒、专储藏的规定。 （4）清真餐区要悬挂清真标识、水牌及隔离带，清真标识要醒目。 （5）严禁就餐人员携带非清真食品进入清真餐区。 （6）禁止其他餐区的工作人员、服务员进入清真餐区
11	员工体检不合格或未取得健康证上岗风险	造成岗位人员缺失	（1）员工患病。 （2）员工身体未达到从事餐饮工作要求	（1）招聘员工时要检查员工的健康证，并做好备选人员的准备。 （2）对患病的员工，让其安心养病，待身体痊愈后再进行体检。 （3）合理安排员工的工作、生活及饮食
12	食物出品有异物风险	（1）造成就餐人员投诉。 （2）易引发食源性疾病	作业不慎导致异物落入	（1）加强员工日常培训，提高HACCP体系的防控。 （2）严格按照作业标准进行操作

续表

序号	风险点	风险点描述	主要原因分析	防控措施
13	食品中毒风险	(1)造成就餐人员身体不适。(2)造成就餐人员突发疾病	(1)每道菜品未标明过敏原。(2)加工食材过期、变质、污染。(3)加工食品中心温度未达到要求。(4)食品销售超过规定时间	(1)日常加强全体员工业务培训,增强安全防范意识。严格贯彻HACCP体系的关键点防控。对菜单上的每一道菜品标明菜名、主辅料、烹饪方法及过敏原等。(2)营运部前厅服务员发现食品有异味、有异物,当餐菜品与菜品卡不符的情况一律不得摆上供餐台,同时通知厨政部进行更换。(3)食品在供餐台摆放2小时,送回厨房进行彻底加热,超过4小时的食品要及时处理
14	环境卫生及生物危害风险	(1)"四害"滋生病菌。(2)易引起食源性疾病	(1)各岗位缺乏监督检查。(2)日常卫生工作未按工作标准执行	(1)加强日常业务培训,规范行业标准。(2)各岗位人员及时清扫责任区,区域负责人对本区域的日常卫生进行巡检。(3)营运总监每日派专人对工作岗位、就餐区、库房、垃圾房等公共场所进行卫生检查
15	员工违纪、违规、违法风险	员工出现违反规章制度及法律法规的行为	(1)供餐时间长,工作压力大,影响工作时的情绪。(2)个人原因导致不能全身心投入工作而引发的违纪、违规现象	(1)加强思想教育及日常督导,以案例的形式通过培训使员工明确了解违规、违纪事件的范畴,提高员工的防范意识。(2)加强操作培训,制订完善的操作规范流程并落实。(3)建立完善的管理制度,着重加强对违规、违纪行为的监督与考核。(4)一旦发现违规、违纪苗头,立即停止相关人员当前服务工作,调离岗位,事后进行教育、指导,杜绝带情绪工作

续表

序号	风险点	风险点描述	主要原因分析	防控措施
16	非正常原因大量员工离职风险	部门工作直接受到影响,严重时会引起断供或延误供餐	(1) 对薪资不满,劳动强度大。 (2) 工作环境恶劣,员工难以忍受。 (3) 遭其他公司恶意"挖墙脚"。 (4) 管理制度缺乏人性化,太过苛刻,员工不适应	(1) 充分调研当地同行业劳动力市场薪酬水平,针对短期项目工作这一特性,给予员工的薪酬要适当上浮20%,增加薪酬吸引力。 (2) 在正常人员编制的基础之上,要适当留出富余空间。 (3) 为员工提供舒适、融洽、和谐的工作环境。 (4) 要适时了解员工的思想动态,定期开展员工谈心,关注外部劳动力市场变化。 (5) 草拟制度过程中,对涉及员工切身利益的制度内容应经过充分的民主集中讨论,广泛征求意见。制度正式实施前,应设定缓冲期,先在小范围内试行一段时间,再全面实施。 (6) 规范离职流程及工作交接管理,即规定需要向公司提前多久提出离职申请,办理完工作交接手续后方可离职,否则承担扣薪后果
17	员工发布不良信息风险	(1) 受负面信息干扰,影响餐厅的正常营运。 (2) 引发连锁效应,影响员工队伍稳定性。 (3) 引发供应商担忧,从而影响供货。 (4) 员工的郁结情绪得不到疏导和排解,遇到不愉快的事情产生报复心态	(1) 受好奇心驱使,希望借不良信息传播博取大家关注。 (2) 在利益驱使下,被人利用、受人指使而散布不良信息。 (3) 沟通渠道缺失,员工正当诉求得不到正面回应,因此想借助互联网扩散消息,引起关注	(1) 加强员工培训,引导员工正确利用网络信息平台,以负责的态度发布相关信息,不得传播企业涉密资料,不得恶意攻击企业,有建议和意见应通过正当沟通渠道进行反映。 (2) 提高员工法律意识,强调散布不良信息可能要承担的后果,如故意捏造或者歪曲事实,散布谣言,扰乱社会秩序,须按《中华人民共和国治安管理处罚法》及《互联网信息服务管理办法》处理

续表

序号	风险点	风险点描述	主要原因分析	防控措施
18	员工食物中毒风险	造成健康受损,影响餐厅正常工作	(1)员工个人在餐厅外进食不当。(2)员工个人体质对某些食品过敏。(3)员工工作餐存在食品安全隐患	(1)做好食品安全知识的培训,提高员工的食品安全意识。(2)不定期地协调品控部对供餐公司食品进行抽样检测
19	客户投诉风险	导致供餐、就餐秩序混乱,造成负面影响	食品品质不佳、服务态度差、员工负面情绪等均可能导致客户投诉	加强各项管理工作,尽可能避免投诉事件的发生
20	餐厅内人员突发疾病、人员摔伤风险	(1)人员伤害。(2)供餐、就餐秩序混乱	(1)自身突发疾病。(2)地面湿滑	(1)相关责任人加强餐中对重点区域的安全巡查。(2)认真执行餐厅保洁工作流程
21	就餐人员将食品或饮料带出餐厅风险	无法保证食品是否在食品有效期中食用,容易诱发食源性疾病或食物中毒	就餐人员将餐厅食品或饮料带出餐厅食用	(1)做好宣讲和告知,尽可能地收回食品和饮料。(2)在餐厅入口处摆放提示牌,告知就餐人员勿将食品和饮料带出餐厅食用
22	未佩戴有效证件进入餐厅就餐风险	无法判断就餐人员是否符合就餐要求	就餐人员遗忘或丢失有效证件	提前告知相关规定并认真实施
23	餐厅内物品遗失或失窃风险	物品遗失、失窃	就餐人员物品保管不当	加强就餐人员进出餐厅管理规定的宣讲和提示
24	垃圾储存运输风险	环境污染	(1)污染会滋生细菌、蚊虫。(2)就餐环境产生异味	严格落实垃圾储存运输管理规定
25	菜品卡摆放错误或遗漏风险	就餐人员对菜品的错误识别	误导就餐人员选择菜品	工作失误导致菜品卡摆放错误,撤餐未及时更换菜品卡

续表

序号	风险点	风险点描述	主要原因分析	防控措施
26	餐桌椅使用不当导致意外风险	人身伤害	砸伤、刮伤就餐人员	(1) 桌椅安装不规范。 (2) 就餐人员使用不规范
27	餐厅玻璃门爆破风险	人身伤害	人员砸伤、割伤	(1) 玻璃门品质不良。 (2) 不可抗力原因导致。 (3) 操作不规范或发生意外。 (4) 避免措施:张贴标识,提示规范使用
28	餐厅内洗手间管理不当风险	(1) 人员摔倒受伤。 (2) 异味散出	(1) 清洁不当造成地面湿滑。 (2) 设备设施故障或损坏	(1) 保洁员认真实施工作流程。 (2) 认真实施设备设施保养维修计划

5. 主要方法

接待酒店餐饮服务风险管理主要有以下措施与方法。

(1) 识别风险:进驻体育赛事举办地后,立即着手对风险进行梳理,要沿着餐饮服务的设备设施、仓储加工运输及现场加工和现场服务,以及餐饮服务的工作区域进行全方位、全流程的排查;对任何一个工作环节及所有设备设施可能发生的风险进行分析,找出可能发生风险的具体"点位",分析可能发生风险的原因,在此基础上才能制订出风险防控的相关方案。

(2) 风险防控:对风险识别完成以后,随即分析该风险存在的主要原因,针对这些原因主动采取相关措施进行防范,对可能发生的风险进行有效管控。

①有停电风险时,可采用备用发电设备来应对。

②有"断供"风险时,采用"备供"食材作为替补。

③有大雨气象风险时,为防止就餐人员由于地滑而摔倒的风险事件发生,应提前铺设防滑垫,专人收集和发放雨伞,专人提示等。因此,在风险管理的全过程中,要认真地按照已经梳理出来的风险点,针对风险可能发生的原因主动采取相应的措施,这是风险防控的关键。

(3) 努力降低风险发生概率:在采取主动防范风险措施的同时,通常还应降低风险发生概率。

(4) 转移风险:在风险管理中,有一些风险是无法预料的,往往采用转移风险的方式来应对。

(5) 分担风险:指将风险分配给各方来共同承担。例如,对于厨房设备设施的采购和安装,可扣下一定的保证金,一方面督促设备供应商做好设备设施的维护工作;另一方面,一旦设备设施发生相关风险,则双方共同承担责任。

对风险进行管理的有效措施,主要是建立风险的管理机构,落实风险管理的责任人,识别风险并建立风险防控的流程，提前对可能发生的风险点进行排查，组织培训和演练，加强对各类风险点的检查，制订各类预案，所有员工均应树立风险防控意识。

接待酒店餐饮服务的风险一旦发生，就形成了突发事件，对接待酒店餐饮服务突发事件的应急处置是餐饮服务管理的重要内容，需要立即处置和控制。

二、应急预案

根据制订的应急预案规范操作流程，可在确保人身安全的前提下，尽量减少突发事件发生后所造成的损失和伤害。

1. 应急处置规范

接待酒店餐饮服务中的突发事件处置流程如下。

（1）项目总经理责任制：由项目总经理带领各部门总监制订突发事件应急预案，组织成立应急处置小组，本人任组长，各部门总监任组员。组长负责梳理各类风险，明确详细的管理责任制，组织风险的检查，同时对各类可能发生的或者没有预见而发生的突发事件建立处置流程，并组织突发事件应急演练，做好风险防控和突发事件应急处置工作。

（2）部门总监责任制：部门总监作为应急处置小组组员，要"狠抓苗头""小事不小看"，亲自管理，坚决落实"时时讲安全""处处讲风险"。坚决将风险防控在不发生的状态，一旦发生突发事件，有能力使各类损失最小化。

（3）区域主管责任制：区域主管为体育赛事接待酒店餐饮服务风险防控和突发事件应急处置工作组的工作人员，其主要职责是在部门总监的领导下，对本人所管区域所涉及的风险防控和应急突发事件进行处置并全面负责，协助部门总监做好相关工作，每日、每班均要对所管区域的各类风险点进行检查，确保本人所管区域内的工作人员履行风险防控和突发事件应急处置的岗位责任制。一旦发生突发事件应就在现场，按照流程组织本区域工作人员进行处置，协助部门总监做好相关工作。

（4）工作人员岗位责任制：各岗位的工作人员是本岗位接待酒店餐饮服务风险防控和突发事件应急处置工作组的具体落实人，应按照岗位分工和明确的岗位责任制，做好本岗位的风险防控和突发事件应急处置工作。工作人员必须了解本岗位所存在的风险点，按照风险防控的措施和方法对这些风险点进行有效的管控，以使这些风险不发生。同时要熟练掌握突发事件应急处置的流程与方法，一旦本岗位发生突发事件，能科学地处置。在主管和现场领导的统一领导下做好相关工作，防止麻痹思想和"脱岗"始终是基本的防控措施，只有做到"守土有责、守土尽责"，才能有效地防控风险及应对突发事件。

2. 应急处置原则

接待酒店餐饮服务过程中，所存在的风险一旦失去控制或者当某些外部条件发生变化时，本来不是风险点的事件也将成为风险点。在实际工作中，风险没有得到控制时，即演变成突发事件，在处置突发事件的过程中，应遵循的总原则：生命至上，财产第二，以防止次生事故和突发事件二次发生为目标，量力而行，保护自己。有效"施救"是遵循总原则的基础，在具体的工作中应遵守以下工作原则。

（1）快速反应原则：由于突发事件具有突发性、损失大、善后工作难度大的特点，所以在处置突发事件时要坚决贯彻"快速反应原则"：一是及时发现、及时报告；二是迅速到达现场，切断"事故链"，处置要快；三是调动救援资源要快，只有快速做出反应，才有可能减少突发事件带来的损失。

(2) 忠于事实原则：由于突发性餐饮服务事件影响大、关注度高、波及面广，因此会引起公众广泛关注，并产生种种猜疑，尤其是体育赛事开幕前后，将引起社会各方的广泛关注。当突发事件发生后，要坚持公开、坦诚的态度，不应表现出高调防卫的姿态。在发布信息时要忠于事实，坚持实事求是，不隐瞒、不扩大、不猜测，准确地向外界披露事实真相。

(3) 立场明确原则：突发事件发生后，需要保持一定的灵活性来应对事态的发展变化，但不能在公众和媒体前闪烁其词或者立场摇摆不定，这样会让公众和媒体认为处置事态不力，甚至以为是在刻意隐瞒真相。因此，对于处置突发事件，必须严格秉承"对就餐人员高度负责，生命财产高度负责，有能力处置所有突发事件"的基本态度，旗帜鲜明、立场坚定地处置突发事件。

(4) 依法执行、按程序处置原则：突发事件的处理需要快速反应、随机应变，根据不同情况采取必要措施，同时强调依法执行。在突发事件处置的全过程，坚决按法律法规处置，法律法规没有明确规定的，按程序和应急预案处置，以防出现更多的不可控因素，必须严格按照法定权限和相关程序采取应对措施。

(5) 防止次生事件发生原则：事件链中最早发生的、起主导作用的事件称为原生事件，而由原生事件所诱导出来的事件则称为次生事件。次生事件有时比原生事件的危害还大。因此，在处置突发事件的过程中，要努力防止次生事件的发生与蔓延，这也是处置突发事件的重要内容之一。

3. 应急处置前期

(1) 物资准备：在突发事件前期处置过程中，要努力做好应急物资准备工作，主要的应急物资如下。

应急物资准备表

类 别	物 资 品 名	应 急 作 用
卫生防疫	防护服（含面罩、口罩等）、测温设备、临时隔离间	传染性疾病防护
消防	灭火器、灭火毯、消防面罩、消防斧、消防球、防爆罐、云梯	火灾救助
防暴雨、洪涝	沙袋、防滑垫	防止暴雨、洪涝造成人员伤亡及财产损失
防爆	盾牌、盔甲、隔离带	防止餐厅内人员斗殴甚至暴动
医药箱	止血药、心血管病急救药、止血绷带、夹板担架	餐厅内人员受伤
用电设施	备用电源、备用发电机	停电或供电不足时启动保障用电正常
应急照明	手电筒	应急照明
广播	应急报警系统	广播通知

（2）统一指挥：突发事件发生以后，由应急处置小组统一指挥，但在突发事件刚发生时，工作人员可根据现场的实际情况及自身能力，处置"首发局面"。处置突发事件的过程中，需要多部门联动。参加突发事件处置的部门，均要服从现场应急处置小组的指挥。

（3）监测预警：接待酒店餐厅设立突发事件监测点，各部门指定专门人员为监测点的信息员，应急处置小组设立统一的"热线电话"，由专人时刻保持应急信息报送渠道通畅。成员单位和各监测点按照职责分工，依法对安全隐患问题开展排查，监测相关成员单位，对各类媒体有关舆情热点进行跟踪监测，采取有效控制措施。对可能导致安全突发事件的风险信息，各监测点的信息员有责任向应急处置小组办公室及时报告，办公室的值班人员则要及时向"接待部值班室"报告，还要按照值班室主任的指示落实相关措施。当发现"一类风险"预警信息时，要采取果断措施进行处置，还要在当日会议上进行通报。

（4）紧急措施：如接待酒店餐饮管理过程中发生突发事件，应急处置小组应按照既定程序，采取一切可以采取的紧急措施，调动一切可以调动的资源，积极应对，以防止事件进一步蔓延扩大。与此同时，还要积极应对媒体。所谓的紧急措施其关键在于要采取"快速、有力、针对性强"的相关措施，只有这样，才能把突发事件造成的损失降到最低。

（5）舆论引导：应急处置小组的相关人员，要对突发事件引起的舆情进行监测。应急处置小组办公室及时收集、汇总、上报相关信息，报请组委会当日总值班主任批准后，及时准确发布突发事件最新信息。如涉及专业技术领域的突发事件，则要组织相关领域的专家进行专业解读、解释和说明，主动回应公众，及时澄清谣言。在突发事件发生后，舆论引导的有效措施是本着实事求是的原则，对事件的真相"及时讲、准确讲、反复讲"，还要充分发挥媒体的传播作用，使事情的真相始终是主流舆论。

4．应急处置措施

餐饮服务过程中的突发事件通常有三个类别，由于突发事件的类别和具体项目不完全相同，因此处置的措施具有特殊性。为此，我们结合体育赛事经验，根据风险点制订了突发事件应急处置的主要措施及流程，经培训，让员工快速做出应急反应，努力降低或避免损失。

1）菜品断供风险

（1）风险应对处置的主要措施及流程。

①人员信息掌握不准确的应对措施：总经理助理与接待部加强人员信息的沟通和确认，当人员信息发生变化时，及时向厨政部转达。

②部分菜品不能持续供应的应对措施：营运部及时进行疏导，维持就餐秩序，并联系厨政部紧急烹制，补充供应。营运部做好菜品的最低保有量控制，在接近最低保有量之前，及时联系厨政部补充菜品和备份。

③风险应对处置流程：各部门总监将事故上报项目总经理、组委会接待部，接待部召集接待服务商分析不达标原因，制订预防措施。

（2）相关说明：风险等级为重大风险。

2）餐厅内打架斗殴风险

（1）风险应对处置的主要措施及流程。

①打架斗殴的应对措施：服务人员发现打架情况，立即上报营运总监，营运总监进行现

场协调化解。

②当出现不可控的冲突时,立即疏散周围人员,上报安保部,视情况通知医疗机构,待现场受控后,组织人员快速恢复供餐秩序。

③风险应对处置流程:各部门总监将情况上报项目总经理、组委会接待部,接待部召集接待服务商分析事件原因,制订预防措施。当发生人员伤亡或不可控的情况时,要向上一级上报,在等待进一步指示的同时,做好协助工作。

(2) 相关说明:风险等级为重大风险。

3) 就餐人员将外来食品带入餐厅食用风险

(1) 风险应对处置的主要措施及流程。

①外来食品带入餐厅的应对措施:发现外带食品的情况,服务人员报告营运总监,营运总监劝阻就餐人员停止食用外带食品;对不听劝阻者,立即上报组委会和安保部进行处置。

②风险应对处置流程:各部门总监将情况上报项目总经理、组委会接待部,接待部召集接待服务商分析原因,制订预防措施。

(2) 相关说明:风险等级为重大风险。

4) 供餐台菜品超时存放风险

(1) 风险应对处置的主要措施及流程。

①营运总监安排人员及时撤除超时存放菜品,并通知厨政部补充新鲜菜品,对责任人进行再教育,杜绝类似事故再发生。

②风险应对处置流程:各部门总监将情况上报项目总经理、组委会接待部,接待部召集接待服务商分析原因,制订预防措施。

(2) 相关说明:风险等级为重大风险。

5) 存包管理风险

(1) 风险应对处置的主要措施及流程。

①存包牌遗失的应对措施:营运总监核实人员信息和储存物品信息并进行记录,开包查看提供信息是否相符,将物品移交物主后,将该储物柜进行重新编号使用。

②物品拿取错误的应对措施:收回错误发放的物品并记录,记录物主的包裹信息,联系安保部调取监控,并协助查找错误发放的包裹。对错误操作的寄存员进行再教育,做好读牌、唱牌、取物、核实、发放的工作流程。

③超容量的应对措施:启动应急预案,划拨临时存包区域,调派人员补充存包处岗位空缺。恶劣天气时,允许带包进入餐厅就餐。根据掌握的抵离人员信息,联系客房部发布错峰就餐告知牌,避免人员过于集中。

④风险应对处置流程:各部门总监将情况上报项目总经理、组委会接待部,接待部召集接待服务商分析原因,制订预防措施。

(2) 相关说明:风险等级为重大风险。

6) 就餐人数超过餐厅容量风险

(1) 风险应对处置的主要措施及流程。

①根据座位设计人员流线,合理分批、分流人群,解决人群交叉环节,确保取餐线的良好秩序。

②加强动线分餐人手,要求快速分餐,实现快速取餐,快速用餐,快速离座。
③餐厅经理对就餐人员较多的餐区进行协调分流。
④优化出入口及取餐流线,保证在选餐的就餐人员能顺利通过。
⑤安排各分流线服务人员,拉好分流线,让就餐人员有序取餐,避免每条餐线人流过多;随时与门口客服人员保持联系,做出合理的人员分流指引,均衡各餐区的客流量,避免人员集中在同一条餐线上,减少人员聚集的风险。
⑥加派分餐线上的工作人手(备好随时轮换的人手),加快分餐速度,时刻保持与厨政部的沟通与协调,灵活掌握出餐、补餐、退餐的节奏。
⑦提前与住房部沟通协调张贴温馨提示,指导就餐人员避开高峰期。
⑧参照比赛日程,根据峰值测算结果,做好工作人员安排。
⑨风险应对处置流程:各部门总监将情况上报项目总经理、组委会接待部,接待部召集接待服务商分析原因,制订预防措施。
(2) 相关说明:风险等级为重大风险。

7) **取餐出现拥挤风险**
(1) 风险应对处置的主要措施及流程。
①营运总监增派动线分餐人手,要求快速分餐,实现快速取餐。
②联系厨政部提高某一菜品的供应量或在不同餐区供应同一菜品,引导人员进行分流。
③营运部临时限制就餐人数并温馨告知就餐人群。
④风险应对处置流程:各部门总监将情况上报项目总经理、组委会接待部,接待部召集接待服务商分析原因,制订预防措施。
(2) 相关说明:风险等级为重大风险。

8) **清洁消毒类化学用品使用管理不当风险**
(1) 风险应对处置的主要措施及流程。
①人员身体不适的应对措施:营运总监立即按照 MSDS 中的救援措施,对人员进行救治并启动食物中毒风险控制预案,危重情况立即联系医疗机构进行救援。
②撤掉被污染的菜品并进行废弃处理。
③对造成此次事故的责任人进行再教育,避免此类事故再次发生。
④品控总监及营运总监做好化学用品使用的监督管理。
⑤风险应对处置流程:各部门总监将情况上报项目总经理、组委会接待部,接待部召集接待服务商分析原因,制订预防措施。
(2) 相关说明:风险等级属于重大风险。

9) **食品二次污染风险**
(1) 风险应对处置的主要措施及流程。
①风险应对措施:品控总监通知厨政部,将受污染的菜品进行废弃处理。
②对食源性疾病人员进行救治,并联系医疗机构支援。
③风险应对处置流程:各部门总监将事故上报项目总经理、组委会接待部,接待部召集接待服务商分析事故原因,制订预防措施。当发生人员伤亡或事态不可控时,要报告上级并立即展开救援,在等待进一步指示的同时做好协助救护工作。
(2) 相关说明:风险等级为重大风险。

10) 员工体检不合格或未取得健康证上岗风险

(1) 风险应对处置的主要措施及流程。

①患病员工身体痊愈后,再次体检仍不合格时,人事部立即安排后备人员进行体检,进行补充。

②在体检前各部门要合理地安排工作,要求本部门员工进行合理的饮食及作息,其间严禁饮酒、熬夜、忌辛辣食物及大量运动。

③未取得健康证的员工重新办理健康证,取得健康证后方可上岗。

④风险应对处置流程:各部门总监将情况上报项目总经理、组委会接待部,接待部召集接待服务商分析原因,制订预防措施。

(2) 相关说明:风险等级为重大风险。

11) 食物出品有异物风险

(1) 风险应对处置的主要措施及流程。

①品控部发现有不合格的食品,立即通知营运部进行撤换,马上通知厨政部厨师长重新制作新的食品,并通知供应链部、厨政部动线厨师长检查同批次的食材。

②同时要对就餐人员道歉,以求得到其谅解,并送上新加工的食品。

③厨政部、营运部员工工作前要进行手部消毒,更换工作服,戴帽子(头发不能漏出)、手套、口罩,相互进行检查。

④工作当中验货、拆包、加工等程序要认真检查。

⑤风险应对处置流程:各部门总监将情况上报项目总经理、组委会接待部,接待部召集接待服务商分析原因,制订预防措施。

(2) 相关说明:风险等级为重大风险。

12) 食品中毒风险

(1) 风险应对处置的主要措施及流程。

①由品控部对所加工食品按规定进行留样,样品不少于 200 g,放冰箱冷藏保存 48 小时。发生食品中毒事故后,要协调各方力量进行应急救援,控制事态发展,积极协助有关部门对中毒者进行救治。对造成中毒的原因进行调查,并立即向食品药品监督管理部门派驻餐厅人员报告,协调有关部门妥善处理事故。

②及时报告,发生食品安全事故后,有关人员立即向食品安全事故应急处置小组报告;立即停止生产经营活动,封存导致或者可能导致食品安全事故的食品及其原料、工具、用具、设备设施等。

③立即拨打 120 急救电话,报告事故发生地点和人数,第一时间组织人员将中毒者送往医院抢救。

④保护现场,发生食品中毒后,在向有关部门报告的同时要保护好现场和可疑食品,中毒者吃剩的食品不要急于倒掉,食品用工具容器、餐具等不要急于冲洗,中毒者的排泄物(呕吐物、大便等)要保存好,提供留样食品。

⑤负责人及有关工作人员,要配合食品药品监督管理部门进行食品安全事故调查处理,如实反映食品安全事故情况。将中毒者所吃的食品、进餐总人数,同时进餐而未发病者所吃的食品,中毒者中毒的主要特点,可疑食品的来源、质量、存放条件、加工烹调的方法和加热的温度、时间等情况,如实向有关部门反映。

体育赛事接待酒店餐饮管理技术规范

⑥各部门员工工作前进行体检,患有发热、腹泻、咽部炎症,或有皮肤伤口或感染等有碍食品安全病症的人员严禁上岗。

⑦食材到货验收时,发现腐烂、变质、包装破损、食材遗撒、超过保质期等异常情况,一律拒收,不得进入厨房。

⑧厨政部动线厨师长领取、加工食品中发现变质、腐烂等异常情况,停止加工,立即通知总厨进行处理。

⑨品控部检查加工食品蒸熟煮透,食品的中心温度达到 70 ℃,未达到标准的一律不能出品。

⑩营运部动线、前厅服务员领取、摆放食品时发现食品异常(如有异味),应立即停止摆放,通知营运总监,立即进行处理。

⑪风险应对处置流程:各部门总监将情况上报项目总经理、组委会接待部,接待部召集接待服务商分析原因,制订预防措施。

(2) 相关说明:风险等级为重大风险。

13) 员工违纪、违规、违法风险

(1) 风险应对处置的主要措施及流程。

①第一时间由责任部门主管领导将该人员调离岗位,进行事件的调查并上报人事总监。

②人事经理及时向体育赛事举办地汇报该事件,帮助协调联系安保部。

③人事部配合安保部,尽快将员工信息按照安保政策进行背景审查。

④一旦发生违规、违纪事件,根据事件严重程度,进行批评教育,情节严重者停止录用。

⑤一旦员工涉嫌违法,人事总监负责协助公安司法机关进行调查。

⑥各部门总监将事故上报项目总经理、组委会接待部,接待部召集接待服务商分析事故原因,制订预防措施。当发生人员伤亡或不可控的情况时,要上报体育赛事举办地并拨打 120 急救电话或 110 报警电话,在等待进一步指示的同时做好协助工作。

(2) 相关说明:风险等级为重大风险。

14) 信息延误和没有按时传递的风险

(1) 风险应对处置的主要措施及流程。

①就餐人数信息延误的应对措施:总经理助理应立即将情况上报,催促相关信息下达,同时向餐厅各有关部门传达信息延误的情况,要求各相关部门做好应急处置,供应链部通知供应商提前备货,待订单确定后,立即送货,避免延误。

②总经理助理没有按时传递信息时的应对措施:各相关部门总监应立即询问总经理助理,催促相关信息的下达。

③就餐人数信息出现严重偏差时的应对措施:总经理助理立即进行汇报,通知厨政部、供应链部、营运部等有关部门做好风险应对准备。

④餐饮服务商没有及时统计实际就餐人数时的应对措施:餐饮服务商总经理助理向各部门下达上报信息指令,并立即汇总上报。

⑤风险应对处置流程:各部门总监将情况上报项目总经理、组委会接待部,接待部召集接待服务商分析原因,制订预防措施。

(2) 相关说明:风险等级为重大风险。

15) 员工发布不良信息风险

(1) 风险应对处置的主要措施。

①发现员工在互联网散布不良信息,人事经理应第一时间报告部门负责人,同时向组委会、安保部进行报备。

②配合上级部门追查信息发布源头及发布者。

③积极寻求上级部门支持,对于影响力较小的网络不良信息,要求发布者删除不良信息,对发布者进行批评教育,以防此类事件再次发生。

④对于影响力较大的网络事件,需要疏堵结合。一方面,要封住消息传播口,删除消息源及撤稿等;另一方面,需要借助权威媒体发布大量正面信息,形成网络争议,以此来冲淡事件带来的负面影响。

⑤必要时召开媒体发布会或刊登正式的声明函澄清事件经过,还原事实真相。

(2) 相关说明:风险等级为重大风险。

16) 班车延误风险

(1) 风险应对处置的主要措施及流程。

①如遇交通堵塞,后勤经理应及时对交通情况做出判断,结合交通管制情况,寻找附近更便捷的道路。

②遇恶劣天气时,若提前班车发车时间,但人员仍然不能按时上岗时,前班次人员继续坚守岗位。

③风险应对处置流程:各部门总监将情况上报公司总经理、组委会接待部,接待部召集接待服务商分析原因,制订预防措施。

(2) 相关说明:风险等级为重大风险。

17) 员工群体发生异动风险

(1) 风险应对处置的主要措施。

①发现群体异动时,责任部门负责人第一时间把人员带离工作现场。

②人事部找出带头员工了解异动原因,并对其他人员进行情绪上的安抚。

③人事部分批与员工沟通,对情绪稳定者可安排返回工作现场,安排专人跟进和辅导。

④对于情绪失控者,坚决隔离于工作环境外,若为实习生,则通知学校领回,人事部没收其工作人员注册卡。

⑤对有预谋的组织、策划带头人,人事部应报安保部,果断采取强制控制措施。

⑥分析和了解事情起因,避免类似情况再发生。

(2) 相关说明:风险等级为重大风险。

18) 员工食物中毒风险

(1) 风险应对处置的主要措施及流程。

①如发生食物中毒情况,由总经理助理第一时间将人员送往医疗机构进行救治,并向公司领导报告中毒人数及中毒程度,向当地的食品药品监督管理部门进行报告。

②启用备选供餐公司进行供餐。

③风险应对处置流程:各部门总监将情况上报项目总经理、组委会接待部,接待部召集接待服务商分析原因,制订预防措施。

(2) 相关说明:风险等级为重大风险。

19) 消毒不达标风险

(1) 风险应对处置的主要措施及流程。

①风险应对措施：对消毒不达标工器具进行撤换，按照消杀管理制度重新消杀，对被污染的食品进行废弃，对责任人进行再教育。

②风险应对处置流程：各部门总监将情况上报项目总经理、组委会接待部，接待部召集接待服务商分析原因，制订预防措施。

(2) 相关说明：风险等级为一般风险。

20) 客户投诉风险

(1) 风险应对处置的主要措施及流程。

①营运总监第一时间到达现场安抚就餐人员情绪并带离现场，视情况通知当地食品药品监督管理部门。

②尽快恢复正常供餐工作。

③风险应对处置流程：各部门总监将情况上报项目总经理、组委会接待部，接待部召集接待服务商分析原因，制订预防措施。

(2) 相关说明：风险等级为一般风险。

21) 餐厅内人员突发疾病、人员摔伤风险

(1) 风险应对处置的主要措施及流程。

①人员伤害应对措施：营运总监第一时间到达现场，指挥工作人员救治伤者，立即联系医疗机构进行支援。

②地面湿滑的应对措施：在湿滑区域设置警示牌并派人员看守。

③风险应对处置流程：各部门总监将事故上报项目总经理、组委会接待部，接待部召集接待服务商分析原因，制订预防措施。当发生人员伤亡时，要上报体育赛事举办地并拨打110报警电话，在等待进一步指示的同时做好协助工作。

(2) 相关说明：风险等级为一般风险。

22) 就餐人员将食品或饮料带出餐厅风险

(1) 风险应对处置的主要措施及流程。

①营运总监第一时间到达现场，劝阻就餐人员并做好解释工作。

②如遇不听劝阻者，立即上报组委会安保部。

③在酒店房间中设用餐提示卡，提醒就餐人员勿将食品或饮料带出餐厅。

④风险应对处置流程：各部门总监将情况上报项目总经理、组委会接待部，接待部召集接待服务商分析原因，制订预防措施。

(2) 相关说明：风险等级为一般风险。

23) 未佩戴有效证件进入餐厅就餐风险

(1) 风险应对处置的主要措施及流程。

①遗忘或丢失有效证件的应对措施：营运总监第一时间到场告知相关规定，并要求相关人员补办手续后进入餐厅。

②事前联系酒店客房部，在房间中设置用餐提示卡，提醒就餐人员携带有效证件就餐。

③于餐厅入口处摆放凭证就餐牌、提示牌，并派人员值守。

④风险应对处置流程:各部门总监将情况上报项目总经理、组委会接待部,接待部召集接待服务商分析原因,制订预防措施。当控制不了当事人时,接待酒店营运部负责人要上报安保部,在等待进一步指示的同时做好协助工作。

(2)相关说明:风险等级为一般风险。

24)餐厅内物品遗失或失窃风险

(1)风险应对处置的主要措施及流程。

①遗失物品的应对措施:营运总监将遗失的物品进行登记并交给安保部处理。

②失窃的应对措施:营运总监安抚失窃人员并上报安保部协助处理。

③对遗失和失窃问题均实行"首问负责制",以提高就餐人员的满意度。

④风险应对处置流程:各部门总监将情况上报项目总经理、组委会接待部,接待部召集接待服务商分析原因,制订预防措施。

(2)相关说明:风险等级为一般风险。

25)垃圾储存运输风险

(1)风险应对处置的主要措施及流程。

①未能及时进行清运、清洁和消毒的应对措施。

a. 营运部立刻安排人员,将垃圾按照规定运送到指定垃圾点存放。

b. 按规定对垃圾存放处进行消毒、灭菌、清洗。

c. 对责任人进行再教育。

d. 管理人员加强巡视和检查。

②风险应对处置流程:各部门总监将情况上报项目总经理、组委会接待部,接待部召集接待服务商分析原因,制订预防措施。

(2)相关说明:风险等级为一般风险。

26)菜品卡摆放错误或遗漏风险

(1)风险应对处置的主要措施及流程。

①营运副总监及时纠正错误,将正确的菜品卡摆放就位。

②落实好人员基本菜品认识与培训工作。

③认真实施动线工作人员岗位工作流程。

④专人专管,加强巡视和查看。

⑤风险应对处置流程:各部门总监将情况上报公司总经理、组委会接待部,接待部召集接待服务商分析原因,制订预防措施。

(2)相关说明:风险等级为一般风险。

27)餐盘不能及时供应风险

(1)风险应对处置的主要措施及流程。

①餐盘不能及时供应的应对措施。

a. 营运总监组织人员及时回收清洗,对清洗完毕的餐盘进行检查,不符合卫生标准的餐盘不能使用。

b. 当设备能力不足时调派人手进行手工清洗。

c. 加强带班人员培训与责任心,及时与餐厅人员保持沟通,随时掌握餐具使用情况。

②设备故障的应对措施:工程部总监联系体育赛事举办地设备负责人,协调做好设备维修和保养工作。

③风险应对处置流程:各部门总监将情况上报项目总经理、组委会接待部,接待部召集接待服务商分析原因,制订预防措施。

(2) 相关说明:风险等级为一般风险。

28) 餐桌椅使用不当导致意外风险

(1) 风险应对处置的主要措施及流程。

①使用部门负责人到达现场,对受伤人员进行救治,必要时联系医疗机构进行救治。

②做好验收桌椅安装工作,拒绝使用未达标桌椅。

③风险应对处置流程:各部门总监将情况上报项目总经理、组委会接待部,接待部召集接待服务商分析原因,制订预防措施。

(2) 相关说明:风险等级为一般风险。

29) 餐厅玻璃门爆破风险

(1) 风险应对处置的主要措施及流程。

①使用部门负责人到达现场,对受伤人员进行救治,必要时联系医疗机构进行救治。

②工程部人员联系组委会协助进行修复。

③做好验收交接工作,保证安全使用。

④风险应对处置流程:各部门总监将情况上报项目总经理、组委会接待部,接待部召集接待服务商分析原因,制订预防措施。

(2) 相关说明:风险等级为一般风险。

30) 餐厅内洗手间管理不当风险

(1) 风险应对处置的主要措施及流程。

①人员摔倒应对措施。

a. 卫生间管理人员及时报告后勤经理出现人员摔倒事故,后勤经理到达现场进行处理,必要时联系医疗机构支援。

b. 加强检查监督,专人负责卫生间的管理,保持地面、台面的清洁干燥。

c. 在湿滑区域设置警示牌并指派专人值守。

②异味溢出的应对措施。

a. 卫生间管理人员用空气清新剂喷洒洗手间,短期消除异味。

b. 由后勤经理报告工程部总监,对现场的设施进行检查,对有故障的设备联系设备厂商负责人,协调相关人员进行维修。

③风险应对处置流程:各部门总监将情况上报项目总经理、组委会接待部,接待部召集接待服务商分析原因,制订预防措施。

(2) 相关说明:风险等级为一般风险。

31) 关键人员突然离职风险

(1) 风险应对处置的主要措施及流程。

①发生人员离职,人事总监向项目总经理汇报关键人员离职情况。

②人事总监向总经理提出人员备选方案,总经理批准后执行。

③风险应对处置流程:各部门总监将情况上报项目总经理、组委会接待部,接待部召集

接待服务商分析原因,制订预防措施。

(2) 相关说明:风险等级为一般风险。

32) 员工工服洗涤风险

(1) 风险应对处置的主要措施及流程。

①人事经理调取备货进行补发,或上报组委会调拨部分体育赛事志愿者服装。

②人事部工装管理员将剩余服装进行统计,在员工间做好工服的合理周转。

③风险应对处置流程:各部门总监将情况上报项目总经理、组委会接待部,接待部召集接待服务商分析原因,制订预防措施。

(2) 相关说明:风险等级为一般风险。

5. 事件终结评估和报告

突发事件处置工作完成后,应急处置小组应及时上报事件处置工作报告,内容包括事件过程及原因分析、事件规模及采取的控制措施、效果评估和善后处置。

6. 应急处置工作保障

(1) 人员及技术保障。

①接待酒店餐饮管理团队应当进行严格的培训、演练考核,并接受体育赛事举办地应急管理。

②团队建立良好的沟通机制。

(2) 物资经费保障。

①在体育赛事举办前,应急处置小组各成员应将突发事件应急处置经费列入预算。

②做好突发事件应急处置所需设备、文书、车辆等物资储备。

③应及时补充,物品要保证在有效期内,由专人负责管理,确保随时可投入使用。

(3) 应急培训与演练:餐饮服务商应在开餐前组织系统的培训和演练,只有进行系统的培训,才能使每个人清楚地知道怎样处理各种突发事件。只有进行足够多的演练,当发生各种突发事件时,才能使每个人清楚地知道怎样冷静地正确处理各种突发事件。

因此,突发事件的应急培训和演练是应急处置工作非常基本的保障。

(4) 联系沟通机制。

①应急处置小组应当制订突发事件应急处置信息报告预案,通畅信息报告渠道。

②确保安全突发事件的及时报告与相关信息的及时收集,应急处置小组各成员应当收集、汇总突发事件处置相关信息,并及时更新信息。

③应急处置小组各成员分管领导及具体工作人员,应当保持通信畅通。

7. 案卷归档

突发事件处置完毕后,应急处置小组将处置突发事件相关的详细记录等文书资料整理、存档。

附件7 / 营运部方案

一、特餐服务方案

(一) 病号餐服务方案

1. 服务目的

体育赛事服务阶段,运动员伤病在所难免。由于突发性强,且存在不确定性,按照惯例病号餐不设置专门的菜单。为促进伤病运动员的康复,其队友可凭组委会医疗部门出具的诊断证明到餐厅总服务台办理餐食外带手续,为无法到餐厅就餐的伤病运动员提供安全、便捷的外带服务。

2. 服务流程

(1) 伤病运动员的队友凭组委会医疗部门出具的诊断证明,可到餐厅总服务台办理餐食外带手续。

(2) 前往餐厅总服务台打包,由服务员在温馨提示卡上填写外带时间,让外带人员签字,再次提醒,务必督促伤病运动员在1小时内食用,并将温馨提示卡粘贴在外包装袋上。

(3) 出口处工作人员查看外带温馨提示卡后,予以放行,并送上"早日康复"的祝福语。

(二) 生日餐服务方案

1. 服务目的

为让代表团成员及运动员在组委会接待酒店度过一个难忘的生日,提升运动会的关注度和美誉度,特为体育赛事期间过生日的运动员提供生日餐。

2. 服务内容

(1) 生日会背景墙的装饰:结合体育赛事元素,体现浓浓的运动会期间的生日氛围感。在酒店餐厅布置装饰一个生日会活动角,专门为体育赛事期间预订生日餐的运动员举办小型生日会,生日背景墙可找广告公司设计。整个装饰应在开幕前完成,直到闭幕后再拆卸。

(2) 生日餐标配:生日蛋糕、长寿面、水果拼盘。当餐餐厅除了正常供餐品(自助餐)外,还应为过生日的运动员专门准备一个无奶油生日蛋糕、一碗长寿面、一盘水果拼盘,生日活动结束后,过生日的运动员及其伙伴也可以在生日会活动角用餐。

(3) 生日祝福仪式感:唱生日祝福歌、跳手势舞、提供鲜花与掌声、生日祝福氛围指示牌等。生日会歌曲,应选歌曲节奏比较欢快且与手势舞背景音乐一致,可选《生日祝福歌》;还可为过生日的运动员准备一束鲜花。

3. 服务流程

生日餐服务大致流程:生日餐预订→活动前筹备→活动中→活动结束。

(1) 生日餐预订。

①生日餐预订需提前24小时在餐厅总服务台进行预约,服务员确认并登记预约到餐厅的时间、参加人数、是否预留座位等。

②餐厅总服务台工作人员在每日12:00和18:00分别将生日预订信息发送给酒店餐厅负责人。

(2) 活动前筹备。

①餐厅收到生日餐预订信息后,根据需求信息将订单发送给供应商,提前准备无奶油生日蛋糕和鲜花,随当日送货车送至现场仓;安排当班厨师长,提前申请准备制作长寿面食材及水果拼盘所用的水果。

②营运部工作人员在生日会活动前30分钟,布置好生日会活动角,提供专门的生日就餐区域,营造温馨氛围。

(3) 活动中。活动是从寿星进场正式开始,正式开始到合影留念,总时长控制在30分钟内。

①活动开始时,工作人员提前2分钟将寿星邀请到生日会活动角,待寿星抵达活动角时,开启喷花筒,现场同时响起音乐《生日祝福歌》,围观工作人员伴随着音乐唱《生日祝福歌》,同时伴着手势舞缓缓地围向活动角(需提前排练手势舞)。与此同时,专职服务员用餐车缓缓地将无奶油生日蛋糕推出。工作人员手捧鲜花送给寿星,并邀请在场运动员一起分享这份喜悦,营造特别的生日氛围,并拍照留念。

②主持人引导寿星许愿、吹蜡烛,围观人员鼓掌欢呼,祝福寿星"生日快乐/happy birthday"。

③寿星许愿结束后,工作人员马上送上长寿面,现场服务员简单地讲解长寿面的寓意(中英文),一同感受中国传统文化的魅力。

④主持人引导围观工作人员,齐声再次祝福寿星"生日快乐/happy birthday",并宣布活动结束。告知寿星及其同伴可以在活动角用餐,一同分享蛋糕。

(4)活动结束。待寿星用餐结束离开活动角后,工作人员对活动角场地进行清理,保持环境干净、整洁。

(三)常温餐包服务方案

1. 常温餐包

为有需求的运动员和随队人员提供常温餐包服务。常温餐包包括香蕉、独立包装的原味吐司、巧克力、牛奶、鸡肉火腿肠、矿泉水、独立包装的卤鸡蛋、小包装饼干等。

水果	面包	能量棒	饮料	小食
香蕉	独立包装的原味吐司	巧克力	牛奶	鸡肉火腿肠
			矿泉水	独立包装的卤鸡蛋
				小包装饼干

2. 分发服务流程

(1)供应链部提前2日,将所有餐包食材采购入仓。

(2)服务人员提前1日在餐厅完成常温餐包包装(视情况而定),并按规格装入纸箱存放。

(3)与组委会接待部确定需要配置的常温餐包数量和需要完成配送的时间。

(4)营运部组建工作人员完成常温餐包的配送并及时记录,再次核对餐包数量。

(5)核对完成后,向组委会接待部进行报告。

(6)将派发记录交财务经理,留存备查。

(7)注意事项:确定派发数量时,须请组委会接待部确认常温餐包数量是否包含随车人员(随车志愿者和司机)。

（四）外带和外送服务方案

除一整个水果、一个冰淇淋、一瓶开封的饮料外，餐厅内所有的菜品或食品不提供外带和外送服务。

（1）为提高服务品质，让所有用餐人员在享受美食的同时，能够遵守餐饮服务规章制度，应在餐厅进出口处适当位置设置提示牌，告知不提供外带和外送服务。

（2）要求厅面服务员在服务过程中若发现有人外带，礼貌提醒不提供外带和外送服务。

（3）如有运动员将餐食外带，出口处工作人员将根据相关政策进行处理，设置周转筐，用于存放不允许外带的食品。每餐次结束后，及时对周转筐中的食品进行处置。

二、营运方案

餐厅服务营运方案包括非清真餐厅和清真餐厅的实时就餐人数统计、迎宾服务、用餐人员疏导服务，餐厅标识系统、导视系统运行服务，存包服务、用餐人员服务、咨询服务，餐厅总服务台服务、供餐服务、订餐服务，开闭幕式常温餐包分发服务，厅面分区及服务，餐厅垃圾清运，餐厅保洁服务，餐厅物资供应服务以及风险防控方案、应急预案等，经组委会接待部审核批准后执行。

（一）餐厅实时就餐人数统计

根据组委会接待部整体规划，需要实时获取就餐人数数据，以充分利用餐厅布局，对拥挤程度进行分级预警，有效控制用餐区域人员密度，对用餐人员进行合理分流，及时做出疏导，避免出现用餐安全隐患。

（1）在餐厅出入口安排2名迎宾员，利用计数器统计进出餐厅的人数，为统计分析提供辅助依据。

（2）当数据发生差异时，由营运总监和营运综合主管进行研判，以确定用餐人数。

（3）组委会接待部酒店餐厅采用迎宾员计数的方式，具体流程如下：

①统计起始时间：正式开餐至餐厅停止供餐。

②由餐厅营运部负责统计用餐人数，总服务台工作人员兼任餐次统计负责人，从当日早餐开始时间至夜餐用餐结束时间，进行全程监督管理。

③迎宾员是用餐人数统计的具体实施人，迎宾员应于开餐前10分钟上岗。

④人工统计方法采取手工计数器统计。每日从早餐供餐时间开始，确保峰值时间段餐厅入口有2名迎宾员用手工计数器统计。当第一位用餐人员佩戴有效资格证件走入餐厅就餐时，即开始计数1，第二位用餐人员计数2……依次类推，至当餐就餐时间结束时，按2名迎宾员计数器的数据平均数作为当餐总用餐人数。

⑤迎宾员每30分钟（用餐高峰期每10分钟）在对讲机中通知当班营运主管和行政副总厨当前累计的就餐人数，并在组委会接待部酒店营运部用餐人数记录表上做好记录，厨房根据用餐人数统计结果，调整当前餐次食谱烹饪的进度。

⑥早餐：5:00—10:00，A班工作人员验证、计数。10:30统计出早餐用餐人数。

⑦中餐：10:00—16:00，A班工作人员验证、计数。16:30统计出中餐用餐人数。

⑧晚餐：16:00—22:00，B班工作人员验证、计数。22:30统计出晚餐用餐人数。

⑨夜餐：22:00—次日1:00，B班工作人员验证、计数。下班前统计完毕。

⑩A班工作人员统计早餐、中餐用餐人数，B班工作人员统计晚餐、夜餐用餐人数，汇总后上报B班总服务台工作人员填写用餐人数统计报表，核实签字后提交给营运总监审核。

⑪营运总监审核后,每日上午9点将前一日的各餐次统计数据,以书面形式上交组委会接待部,并同时提交一份电子统计表。财务部与组委会接待部负责人共同在统计表上签字确认,作为供餐人数统计依据,双方各保存一份存档。统计数据严格保密,严禁向不相关部门及人员泄露。

(二)迎宾服务

1. 迎宾员设置及排班

迎宾员点位图(根据酒店平面图确定)。

迎宾员排班表如下。

班 次	工 作 时 间	人 数	备 注
A	5:00—17:00	按实际情况填写	12小时(含用餐时间)
B	14:00—次日2:00	按实际情况填写	12小时(含用餐时间)

具体排班时间根据酒店用餐时间确定。

2. 迎宾员服务规范

(1)开餐时,在运动员通道入口处,迎宾员以标准站姿分两侧站立,开始迎接用餐人员,并负责计数。

(2)组委会接待部分派给餐厅的志愿者,在距离餐厅主入口约15米处,微笑提醒用餐人员将注册卡上的就餐权限标识放在显眼处。

(3)用餐人员到达酒店餐厅主入口时,迎宾员要热情、礼貌地迎接用餐人员,同时采用目视管理的方式,检查进入餐厅的人员是否具备就餐权限。

(4)迎宾员发现有未出示就餐权限标识的人员,礼貌请出并再次予以核实。

(5)如确属未佩戴就餐权限卡,需请该人员到总服务台填写组委会接待部接待酒店营运部无证件人员用餐登记表,并提醒下次注意携带。

(6)如属于没有就餐权限的人员,则礼貌谢绝其进入餐厅。

(7)对于携带餐食进入餐厅的人员应礼貌劝阻,并设置食品周转筐予以存放,方便就餐人员离开时取回。

(8)做到"四声服务",即客来时有迎接声,询问时有回答声,疑问时有解释声,客走时有道别声。

(9)入口迎宾员做好就餐人数统计,出口处迎宾员做好食品外带管控工作。

(10)随时做好清洁工作,保持出入口干净、整洁。

3. 迎宾员岗位要求和职责

(1)形象气质佳,站姿标准,热情礼貌地接待用餐人员和迎送来访贵宾。

(2)面带微笑地接待用餐人员,引导及疏导用餐人员有序用餐。

(3)为用餐人员做好指引工作。

(4)指引用餐结束人员有序离开。

(5)负责保管分管区域的固定资产。

(6)值班人员做好节水、节电及安全工作,如发现任何安全隐患或设备设施损坏等非正常现象,须立即上报客服主管,并跟进工程维修部进行维修。

(7)如遇紧急情况,应按应急流程进行处理。

(8) 配合客服主管完成其他服务工作。

(三) 用餐人员疏导服务

根据餐厅的总座位数,在峰值用餐的情况下,人数与座位数比值接近为2∶1,属于拥挤程度适中的比例,通过合理有序的疏导后,餐厅正常情况下不会出现过度的拥挤情况。为确保人员疏导合理有序,特制订以下用餐人员疏导方案。

1. 疏导流程

高峰时段所有档口均满负荷运转,在此过程中应采取相应的措施,尽可能缩短每位用餐人员就餐过程中的等候时间。

(1) 取餐前疏导:用餐人员进入餐厅后,服务员可根据餐厅的实时客流情况和拥挤程度,以及地面标识等行进路线,对用餐人员进行不同餐区的快速分流,以使用餐人员不会聚集在餐厅入口处,而是均匀分布于各取餐档口。同时在取餐区域安排2名工作人员提供现场协助取餐服务,保证用餐人员在最短的时间内可以选到符合自身口味的餐食。

(2) 取餐疏导:在各个风味档口处,必要时可借助隔离带,避免用餐人员长距离排队或出现拥挤。

(3) 取餐后疏导:由厅面服务员指引取餐后的人员到座位相对宽松的区域就座,避免造成取餐区域拥堵。

(4) 就餐后疏导:用餐人员就餐完毕后,由厅面服务员指引其到最近的餐具回收处,将餐厨垃圾分类倒入垃圾桶,在出口处有序撤离。

(5) 现场人员疏导工作流程。

①营运部综合主管根据现场实际用餐人员统计测算出的预警提醒,提前利用软隔离临时设置取餐通道,防止就餐人员拥挤。

②根据座位设计人员流线,合理分批分流人群,减少人群交叉,维持取餐线的良好秩序。

③增加动线分餐人手,利用软隔离临时增设取餐通道,实现快速分餐、快速取餐、快速用餐和快速离座。

④营运部综合主管对用餐人员较多餐区进行协调分流。

⑤设计最优化的出入口及取餐线,确保餐厅流线的畅通。

⑥安排各分流线服务人员,拉好分流线,让用餐人员有序取餐,每条取餐线避免过多人员轮候。随时与入口处迎宾员保持联系,做出合理的人员分流指引,均衡各餐区的客流量,避免人员集中在同一条分餐线上,减小人员聚集的风险。

⑦时刻保持与厨政部的沟通与协调,灵活掌握出餐、补餐、退餐三部曲。

⑧提前沟通与协调,张贴温馨提示,指导用餐人员避开高峰期。

⑨参照比赛日程,根据用餐峰值测算结果,做好工作人员安排。

2. 营运团队分工

(1) 营运总监:用餐时间段在餐厅现场巡视厅面用餐情况,做好研判,并指挥营运综合主管进行人员疏导。

(2) 营运综合主管:根据餐厅情况,指导厅面服务员进行人员分流,必要时亲自参与现场人员分流工作。

(3) 厅面服务员:负责引导用餐人员取餐,现场协助用餐人员取餐。

3. 工作涉及的区域

主要涉及区域：厅面、取餐等候区。

4. 营运总监主要工作内容与职责

（1）制订用餐引导流程。

（2）全面协调餐厅营运。

（3）开餐前，根据当餐预估用餐人数，安排本班次上班人员。

（4）用餐高峰期，进行现场巡视管理。根据实时用餐人数和拥挤程度，及时调整人员布局，合理引导用餐人员。

（5）对有疑问的用餐人员及时做出解释。

（6）检查各级人员对工作的执行和落实情况。

（7）督导经理对服务员进行有效的引导，保证服务质量。

5. 营运综合主管主要工作内容与职责

（1）根据当班营运总监的工作安排，召开班组会，分配当班人员工作。

（2）检查软隔离布局的合理性，保证标识内容完整、清晰。

（3）根据实时用餐人数和拥挤程度，在用餐高峰期及时调整人员布局，确保用餐人员有序取餐。

（4）检查服务员引导过程是否有礼貌。

（5）现场对厅面服务员进行全面监督管理。

（6）上传下达各类信息和通知。

（7）根据用餐人员反馈和工作总结，及时调整培训和服务内容，提高服务质量，保证工作圆满完成。

（8）合理调配人员。

6. 厅面服务员主要工作内容与职责

（1）掌握相应的业务知识和技能，并熟练运用到实际引导工作中。

（2）礼貌有序地引导用餐人员。

（3）及时引导用餐人员，进行有序取餐。

（4）餐中巡视，调整用餐提示牌和软隔离位置。

（5）根据当班营运综合主管要求，迅速完成引导工作。

（6）完成营运综合主管交给的其他工作。

（四）导视系统运行服务

导视系统可方便用餐人员清楚地知道自己所处位置、要去的地方、所行走的路线。餐厅充分利用导视系统，以中华优秀传统文化为传播元素，不仅可发挥引导、说明、指示的作用，还可作为餐厅环境布局的重要方面，起到营造氛围的重要作用。通过注重用餐人员的心理感受、生理感受以及对设计对象进行整体性营造，并从视觉、听觉等多方面融合体育赛事主题元素，可将餐厅空间导视系统体验进一步提升。在推广体育赛事的同时，可将当地文化带入功能性模块，向世界传递当地文化。

1. 符合体育赛事主题

餐厅空间导视设计应符合体育赛事形象和特点，并与地域文化特征相结合，在餐厅空间导视设计中，融入当地的文化元素，这样就可以使用餐人员在就餐过程中有宾至如归的感觉。

2. 满足功能要求

首先将就餐的整体过程实行功能性模块分区，充分考虑到空间与功能性模块之间的关系；根据每个用餐区域的特性，打造各具特色的环境，在导视设计过程中增加绿植，舒缓用餐人员紧张的心情，使得用餐人员能够更加舒适地享受就餐过程。

（五）存包服务

1. 服务流程

（1）为方便携带物品的用餐人员用餐，应在餐厅的入口处设置方便用餐人员寄存随身携带物品的位置（简称存包处），为用餐人员提供自愿存包服务。

（2）建议存包处采用立体货架标号并配套对应标号存包牌的方式，满足充分利用存包空间和便捷管理的需求，设置存包处时还应考虑大型器械存放问题。

（3）在供餐时间段全程提供存包服务。

（4）存包处由寄存员负责，峰值供餐期间，保证两人同时在岗；非峰值供餐期间，一人在岗，配合提供存取包服务。

（5）取包时，工作人员认真核对手环后，将包交给存包人。

（6）服务员交接班时，应做好寄存物品清点，若未清点或存在实际物品与记录不符的情况，不得办理交接手续。

（7）在当日存包服务结束时，如出现未及时领取的包裹，服务员应妥善保管，按照失物招领的流程进行处置。

2. 人员排班

班　　次	工作时间	人　　数	备　　注
A	5:00—17:00		12小时（含用餐时间）
B	14:00—次日2:00		12小时（含用餐时间）

具体时间及人数，根据比赛时间及餐厅的实际运行时间确定。

3. 服务规范

寄存	（1）用餐人员到存包处时，服务员应礼貌问好，向用餐人员说明寄存须知，提醒存包人取出现金、手机等贵重物品，存包处不负责贵重物品的存放和保管 （2）寄存员将存包人物品放入立体货架中，存包牌一号两牌，一牌系于物品上，另一牌给予用餐人员，提醒存包人保管好存包牌，凭牌取物
取件	（1）寄存员应核对存包人存包牌标号与物品上的存包牌标号是否一致 （2）核对一致后，寄存员将物品交给存包人，并礼貌道别
挂失	（1）存包人遗失存包牌，应及时与寄存员联系，并办理挂失手续 （2）挂失手续的办理：存包人填写"存包牌遗失、物品领取登记表"，注明寄存物品，由寄存员现场核实一致，并登记存包人身份信息后交回物品

4. 存包岗位职责

（1）提前10分钟到岗，参加班前会，接受主管对当餐的工作安排和布置，检查设备设施是否正常。

(2) 整理存包牌,做到号码一致,做好区域卫生,保持地面、台面、桌子、存包柜的干净、整洁。

(3) 检查存包处卫生,保证存包处干净、整洁。

(4) 对存包人未取的过夜物品做好遗留物品登记。

(5) 检查区域内水、电、空调等设备电源是否关闭,防止资源浪费。

(6) 填写交班记录表,做好交接班工作。

(六) 用餐人员服务

1. 服务宗旨

为让前来就餐的各类用餐群体(包括运动员及随队人员等),体验到专业高效餐饮服务团队所带来的热情服务、可口的餐食、舒适的就餐环境,坚持"热情、周到"的服务方针,向用餐人员提供符合行业规范、技术规范和给人以良好体验的优质服务,让每一位用餐人员享受美食的同时感受到温馨和温暖。

2. 服务内容

(1) 预订服务:为用餐人员提供生日餐预订服务。

(2) 就餐服务:为用餐人员提供病号餐登记及办理、未携带就餐卡就餐登记服务。

(3) 失物招领:在遗失物品上标明发现日期及地点,并使用餐厅内广播进行失物招领,做好登记;对于当日未招领的失物,由总服务台工作人员妥善保管,在"餐厅营运部遗失物品登记表"上进行登记。

(4) 手机充电站:申请免费手机充电站摆放在餐厅,方便用餐人员在餐厅用餐时临时充电(由用餐人员自己看管手机,充电站机上有提醒)。标准为可支持多位用餐人员同时快速充电,其中最新直充线可支持市面上99%的智能手机快速充电;充电人数可扩充(可选)。

(5) 雨具:预测下雨情况(根据天气预报及当地人对往年气候的推测),申请雨具(一次性雨衣)放在餐厅,方便用餐人员在下雨时使用。

(6) 生日贺卡:给过生日的用餐人员准备生日贺卡,购买具有体育赛事举办地特点(体育赛事举办地旅游景点)的生日卡。

(7) 签名墙服务(可选):当签名墙上的签名覆盖到一定程度时,将签名墙幕布进行更换并收藏,赛后交给组委会接待部。

(8) 投诉应对服务:在餐厅出入口处分别放置意见收集薄,用于收集用餐人员意见。对于投诉意见,应在当日24:00前进行分析并给出解决方案,如投诉人留下联系方式,应第一时间与投诉人进行联系,在赔礼道歉的基础上告知解决方案并征求投诉人的意见,使问题得到圆满解决。所有的投诉意见要求各部门及时解决,避免再次发生。

3. 服务人员要求

(1) 人品好,为人诚实,具有较高的自觉性。

(2) 热爱服务工作,有高尚的职业道德。

(3) 责任心强,踏实,善于沟通。

(4) 熟练掌握服务技能,严格按服务程序、标准作业。

(5) 动手能力强,身体素质好,工作效率高。

(6) 统一着装,讲究礼节、礼貌,做到"敬语服务,微笑服务,站立服务,主动服务"。

(7) 服务质量：热情服务，周到服务，礼貌服务。

(8) 服务过程标准：按制订的服务规程、内容、顺序、规格和标准程序执行，工作主动、态度积极。

4. 服务观念和意识

服务员与用餐人员的关系是服务与被服务的关系，作为服务方，要牢固地树立"客户至上"的服务观念和意识，服务意识是高度的服务自觉性的表现。

(1) 服务意识应包括以下四项内容：

①预测并提前或及时解决用餐人员遇到的问题。

②对发生的各种情况，按规范化的服务程序解决。

③不发生不该发生的事故。

④遇到特殊情况，提供专门服务、超常服务，以满足用餐人员的特殊需要。

(2) 服务工作中要注意"三轻四勤"。三轻：说话轻、操作轻、走路轻。四勤：嘴勤、眼勤、手勤、脚勤。

5. 正确面对用餐人员的投诉

当用餐人员对菜品质量、菜品口味、服务品质等产生不满时，就会发生投诉事件，应引起各级服务人员重视。用餐人员投诉也是餐厅发现问题的机会，会促使服务商不断改进、不断创新。如果能够完美地处理好投诉事件，将能极大地提高用餐人员满意度，同时也能为餐厅塑造优质的服务形象，所以妥善处理用餐人员投诉非常重要，同样需要制度化。

(1) 牢记"投诉是客户给予服务商第二次服务的机会"的信条。收到投诉，总服务台服务人员应第一时间向用餐人员道歉，安抚他们的情绪，并主动、迅速地做出反应，让用餐人员首先感受到服务人员的真诚，希望获得体谅和原谅，同时通知营运总监或营运综合主管负责处理及跟进。

(2) 营运总监或营运综合主管仔细聆听用餐人员的投诉内容，并记录用餐人员信息，为解决问题提供相关依据。

(3) 分析投诉发生的原因，迅速给出解决方案，征求用餐人员意见。若当时不能解决，一定要如实地向用餐人员说明解决该问题预计要花费的时间，直到用餐人员给予满意的答复。

(4) 跟踪处理结果，了解用餐人员对投诉处理结果的意见。

(5) 如果因为失误给用餐人员造成损失，需要进行合理补偿。

(6) 做好问题记录，分析原因并举一反三，例会上总结投诉原因，制订应对方案和解决方法并开展员工培训，避免问题再次出现。

(7) 投诉问题存在跨部门解决的情况，要制订整改计划，并在当日部门协调会议上进行通报，调整相关工作流程，及时改正，监督执行效果，避免类似事件再次发生。

6. 营运部表单清单

营运部在服务管理运行中需科学管理，落实到人。通过运用规范标准的表格，可有效提高制度执行的统一性、及时性和有效性，表单清单如下。

序　号	营运部表单明细
1	营运部日常工作交接班记录表
2	营运部个人岗前检查表

续表

序　号	营运部表单明细
3	存包牌遗失、物品领取登记表
4	营运部用餐人数统计表
5	营运部无证人员用餐登记表
6	营运部员工签到表
7	设备设施保养表
8	营运部消毒记录表
9	营运部厅面卫生检查表
10	营运部卫生间、公共区域卫生检查表
11	营运部用餐人数记录表
12	营运部物资盘点表
13	宾客意见表
14	紫外线消毒记录表

（七）餐厅总服务台服务

餐厅总服务台提供生日餐预订、餐饮信息咨询、答疑解惑、指引等综合服务，总服务台服务员按照两班倒制度，每班1~2人。

1. 总服务台人员岗位职责

（1）总服务台服务员准时到岗，参加班前会，接受当餐的工作安排和布置。

（2）检查、整理区域内卫生，做到无水迹、无油迹、无污迹、无杂物，保持区域干净、整洁。

（3）检查设备设施是否正常。

（4）查看当日所有预订信息，跟踪、落实并及时上报。

（5）根据预订信息，联系相关部门，做好衔接和落实工作，准确准时、保质保量地完成，并对每一项完成的预订工作做好登记。

（6）及时将工作内容向营运综合主管汇报。

2. 总服务台咨询服务规范

（1）服务时间内提供与餐厅相关的各类咨询服务。

（2）仪表端庄，精神饱满，面带微笑，平和亲切。

（3）认真聆听咨询人员的问题，并耐心、细致地解答。

（4）不断改进服务品质，提高用餐满意度，提供收取意见、建议及进行反馈服务。

（5）总服务台服务员了解用餐人员意见后，判断意见理由是否充分、意见要求是否合理，现场能够解答的尽量解答，力争现场解决。

（6）未能现场解决的意见，总服务台服务员告知用餐人员在下次就餐时可到总服务台了解处置结果；如属于重大事项，将由营运总监专门处理并负责反馈。

（7）总服务台服务员对用餐人员意见进行整理和分类，交由不同部门及责任人处理，并在时限范围内由主管向用餐人员反馈。

(8) 总服务台服务员对意见处理过程进行登记,营运经理在召开班前会时,应对典型问题进行点评。

(八) 供餐服务

1. 供餐服务时间

以下是"成都大运会"接待酒店餐厅供餐时间,其他体育赛事接待酒店开餐时间可根据比赛项目的时间进行确定。

餐　次	早　餐	中　餐	晚　餐	夜　餐
开幕式前4天	6:30—9:30	11:00—14:00	18:00—21:00	无
正式供餐期间	5:00—10:00 (6:00—9:00 全菜品供应)	10:00—16:00 (11:00—14:30 全菜品供应)	16:00—22:00 (17:00—21:00 全菜品供应)	22:00—次日1:00 (22:30—24:00 全菜品供应)
闭幕式后	7:00—9:30	11:00—14:00	18:00—21:00	无

餐饮服务人员牢记组委会接待部供餐时间段,并在此工作期间提前到岗,有条不紊地开展准备工作。

2. 供餐服务菜品分区

(1) 热餐区:供餐线采用辅助式自助的服务形式,菜品以专业的布菲盘盛放,放置在保温供餐台中。

(2) 冷餐区及常温餐区为自助区提供沙拉(水果蔬菜和沙拉酱分开放置)、酱菜、冷荤、干果、谷物、干奶酪、烘焙食品(包括无麸质/无谷蛋白食品)等,此区域设置专门的服务员,不断补充食品。

(3) 明档区:以无明火的煎、烤、扒、煮等方式进行现场制作,烘托就餐气氛,增加菜品口感,同时起到分流作用。

(4) 饮料区:分为常温饮料区、冷饮区、热饮区等。为了安全,防止用餐人员烫伤,热饮区设有专人协助用餐人员拿取热饮,综合营运主管带领本部门员工随时整理和补充各类饮品。

(5) 清真餐区:为尊重信仰伊斯兰教民族的饮食习惯,厨房内使用严格分开的厨具和容器制作清真菜肴,避免与非清真食品交叉。

3. 供餐服务要点

项　目	工作内容描述
餐台准备	(1) 检查保温工作台电源、水量及温度,其中热供餐台水温不低于75℃,冷供餐台水温度不高于5℃。 (2) 盛菜勺、夹摆放位置正确。 (3) 摆放当餐菜品卡,根据当餐菜单摆放菜品,检查菜品卡与菜品是否一致

续表

项　　目	工作内容描述
菜品准备	(1) 热菜准备:将热菜放在布菲盘内,除炸制食品和绿叶菜外,均须加盖。 (2) 冷餐准备:将冷餐供餐台上的菜品呈直线形摆放,加封保鲜膜。 (3) 主食准备:将主食、西点等呈直线形,加封保鲜膜
饮品准备	(1) 按标准检查饮料机中速溶咖啡及热巧克力粉量,瓶装饮料、盒装酸奶、砂糖、奶精、搅拌棒等摆放到饮料台指定位置,商标朝外。 (2) 热饮服务:随时提醒用餐人员"小心烫手"和"请勿使用吸管" (3) 牛奶、果汁、咖啡等分别摆放于相应位置 (4) 糖包、茶包等按数量、规格补充,分别摆放于相应位置
维持菜品温度	(1) 检查并保证热菜、冷餐、饮品保持适当温度。 (2) 适时翻动和整理布菲盘内的菜品,以免破坏菜品口感或观感
盛取菜品	自助餐形式,用餐人员自行选取食物;若盛取明档菜品,提醒用餐人员"小心烫手"
补充菜品	菜品少于1/3时,应及时通知厨政部加工制作菜品,补充不足的食品,确保供餐充足
整理供餐台	及时清理供餐台上的汤汁等,整理菜品并保持美观,将饮料台、调料台等处,因用餐人员取食后弄乱或错放的食品、物品恢复至标准摆放状态
水果准备	整果、切果等分别摆放于相应位置,切果在开餐前15分钟准备,确保新鲜
酱料准备	调料、酱料、配料等,分别摆放于在相应位置,按要求给需要的品种加封保鲜膜
餐具准备	餐盘、碗筷、刀叉等一次性使用餐具等,按清真餐区与非清真餐区分配,分别放在指定区域,餐具数量要与就餐人数相符,后台应有一定数量的餐盘储备(通常按用餐人数的120%进行数量准备)
杯具准备	一次性杯具放在指定区域
纸巾准备	按餐位分配,摆放于相应位置
档口检查	检查餐食、餐具、物品,及时纠错,严格按照标准要求执行
厅面检查	检查餐桌、餐椅、台面配备和摆放,严格按照标准要求执行,达到待客要求
环境检查	检查引导标识、软隔离、卫生情况,严格按照标准要求执行
设备检查	检查水源、电源、空调、电脑、消防等设备是否正常运作,有无故障
人员检查	检查仪容仪表,精神面貌,要求站姿标准,面带笑容,定岗定位
随时清理餐桌台面	清洁桌面以及地面,补充调料包、餐巾纸;还原桌椅位置
检查温度	保证热菜温度
介绍菜品	主动介绍菜品,热情、迅速地为用餐人员夹取菜品

续表

项 目	工作内容描述
添加菜品、餐具	适时通知添加菜点,及时补充餐具
现场制作	现场制作菜品等
清洁洗手间	及时清理使用过的洗手间和洗手台,确保整洁、干净,做到无水渍、无污渍
食品收档	将食品撤出供餐台,送至食品回收处,进行销毁处理
饮料收档	将饮料机内饮品倒出,并及时清理干净
餐具收档	将使用过的餐具撤出餐厅,送入洗碗间
卫生清扫	清扫台面、地面;将垃圾按照垃圾分类要求,倒入指定垃圾桶,由垃圾清运员按垃圾清运标准及时将垃圾处理至垃圾暂存间
电器安全检查	检查所有电器设备、电源开关、电话等,确保无安全问题
物品检查	确保餐台、餐桌、供餐台内无使用过的餐具,检查所有桌子、椅子,查看是否有用餐人员遗留的物品
关闭电器设备,锁好门、窗	关闭除冰箱、风幕机外所有电器设备,锁好门、窗

4. 供餐流程

按照供餐时间,合理规划非全菜品供餐和全菜品供餐时段的人员,人员排班采用两班制加夜班过渡,既在进餐低峰期减少人员配置降低成本,又保证在全菜品供餐时段和就餐高峰时间段都有两班员工提供服务。以下为"成都大运会"运动员餐厅全天不间断供餐的流程。

时 间	工作内容及流程	备 注
3:20—5:00	(1) 3:20 由A班营运主管配合人事部叫醒A班员工,30分钟洗漱完毕。 (2) 3:50 由A班各班组主管点名后带到班车地点,由A班营运主管对员工进行晨检(检查员工仪容仪表、个人卫生情况),做好营运部个人岗前检查情况登记。体温超过37.3 ℃的员工嘱其回宿舍休息,并报备后勤主管,晨检合格员工整队上车。 (3) 4:20 由A班营运主管组织A班全员整队排队通过安检。 (4) 4:30 A班全员按指定线路到达酒店餐厅,A班营运主管查看前一天各班组交接班记录,发给A班各班组主管阅读并签字,各班组主管做好考勤工作并填写营运部员工签到表,各班组主管召开员工班前会,传达前一天工作交接内容,安排当班工作。 (5) 4:30 A班各岗位主管检查设备设施是否正常运行,填写营运部设备设施检查表;营运主管安排专人开启空调开关。	

续表

时 间	工作内容及流程	备 注
3:20—5:00	(6) 4:30　A班寄存员整理核对存包牌,检查区域卫生、存包架编号是否与存包牌号码一致,检查交接班记录,认真核对上一班寄存未领取物品。 (7) 4:30　营运主管与当班行政副总厨,再次确认早餐菜品有无变动,并确定供餐台菜品摆放图。如有临时菜品,营运主管准备临时菜品卡,及时更换;检查供餐台水位是否达到指定位置并开启电源,温度不得低于75 ℃;中岛区服务员开启冷餐台电源,检查冷餐台是否正常制冷;清洁区域,摆放取餐用具;和当班行政副总厨检查菜品卡摆放位置是否正确、菜品卡与本餐菜品是否一致、荤素与颜色搭配是否合理。 (8) 4:30　厅面服务员检查B班补充的低值易耗品、一次性餐具是否充足。 (9) 4:30　总服务台服务员准备营运部生日蛋糕领取登记表、留言簿、留言笔,检查电话是否畅通。 (10) 4:30　营运主管检查低值易耗品是否补充齐全,保证用餐高峰期能够快速摆放。检查厅面区域卫生情况,检查隔离带数量。对不符合标准的区域安排员工迅速整改,填写营运部厅面卫生检查表。 (11) 4:30　餐厅保洁员检查餐厅地面、餐具回收处、洗手间清洁卫生及低值易耗品的配备。 (12) 4:30　物资补充服务员检查热饮、纯净水管是否正常使用,开启饮料机电源,补充乳制品,按照先进先出原则摆放。 (13) 4:30　营运主管检查冷饮、热饮是否补充到位,热饮处"小心烫伤"提示语是否粘贴在合适的位置。 (14) 4:30　厨政部陆续出菜,出品分餐厨师长在备餐间接收菜品,并在保温箱菜品标签卡上签字,同时由出品分餐厨师长运送到供餐台,上菜顺序:常温食品→冷菜→西点→热菜→主食→汤,由动线服务员按菜品卡的位置将菜品摆放至供餐台。 (15) 4:50　营运主管检查员工的工作内容是否符合标准,并检查卫生和填写营运部卫生间、公共区域卫生检查表。 (16) 4:50　当餐非全品类菜品(含清真餐)上齐,达到开餐要求。营运主管和出品分餐厨师长检查菜品卡与菜品是否一致,取餐用具是否摆放齐全。 (17) 4:50　营运主管检查开餐前的准备工作,达到开餐标准。重点检查清真区指示牌是否摆放到位,区域卫生及餐盘是否干净、整齐。 (18) 4:50　迎宾员将餐厅水牌、温馨提示牌等摆放到指定位置,检查计数器、伞袋机可否正常使用,检查营运部用餐人员意见本是否摆放在餐厅出口指定位置。 (19) 4:55　A班全体人员到达指定岗位,准备供餐。 (20) 4:55　营运经理向组委会接待部汇报当餐次开餐工作准备情况。 (21) 5:00　准时开餐,A班迎宾员准时打开餐厅大门,以站位礼貌地迎接用餐人员	
5:00—11:00	(1) 5:30—6:00　A班员工听从主管安排,分区域用早餐。 (2) 6:00　餐厅开始全品类菜品供餐。	

时 间	工作内容及流程	备注
5:00—11:00	(3) 营运总监巡视各班组，检查各岗位工作情况，发现问题及时整改。 (4) 供餐高峰期，供餐台后面保温箱单品备菜两份，同时供餐台菜品剩余1/3时，动线服务员及时通知营运主管→出品分餐厨师长→厨师长，厨房应在10~15分钟将菜品传送至供餐台，动线服务员将菜品摆放到指定位置，同时把撤换下来的布菲盘和空保温箱等及时送回洗碗间处理（清真餐具送往清真洗碗间处理）。 (5) 迎宾员每30分钟（用餐高峰期每10分钟），通过对讲机通知当班营运主管和行政副总厨当前累计就餐人数，并做好营运部用餐人数记录表记录工作，厨房根据实际情况添加菜品，避免浪费。 (6) 9:00　营运总监参加例会，做好上传下达的工作。 (7) 9:00—9:30　各班组工作正常运行，全品类供餐结束。 (8) 9:00　各班组主管带领服务员到库房区域，按照物资需求计划表向各仓储主管领取当日中餐所需的饮料、乳制品和低值易耗品，并填写物资领用单，双方签字确认，并发放到相关班组。 (9) 9:30　A2班营运主管接收行政副总厨提供的当天晚餐、夜餐和临时菜单并附临时菜品卡。 (10) 9:30　早餐全菜品还有30分钟结束供餐，部分供餐区（非清真餐区）停止供餐服务，动线服务员将早餐菜品卡整理收回，放到指定位置，准备中餐供餐。 (11) 9:30　开始无缝切换中餐菜品。 ①A2班员工进行关闭餐区的卫生清洁及中餐餐前准备工作。清洁供餐台，补水至指定水位；摆放已消毒好的取餐用具；摆放中餐菜品卡，补充一次性餐具。 ②做好区域卫生，做好桌面、地面消毒，调整桌椅成行成列，保证地面干净、无杂物，低值易耗品补充到位，已消毒好的餐盘（第一个餐盘底部朝上防尘）摆放到托盘车上。 ③洗手间保洁员清扫洗手间，补充低值易耗品，并检查垃圾回收处和公共区域是否干净、整洁；垃圾清运员按指定路线运送垃圾，并将垃圾桶套袋备用。 ④物资补充服务员补充冷饮、热饮等，按照先进先出的原则摆放整齐。 ⑤营运主管做好盘点记录并填写营运部盘点表。 (12) 迎宾员每半小时（用餐高峰期每10分钟），通过对讲机通知当班营运主管和行政副总厨当前累计就餐人数，并做好营运部用餐人数记录表记录，厨房根据实际情况添加菜品，避免浪费。 (13) 9:40　营运总监召开A班各管理层总结会议，内容包括传达上级下达的任务，总结当餐发生的问题并及时解决，安排当班工作。 (14) 9:50　营运副总监再次对饮品、厅面、保洁、洗碗间、动线等各班组的营运情况进行检查，统计易耗品的消耗数量是否与计划相符。 (15) 9:50　营运总监、副总监和营运经理巡视各班组工作情况，检查协调各班组在供餐期间出现的问题并及时整改。 (16) 9:50　动线服务员配合行政副总厨检查菜品卡与本餐菜单是否一致，荤素、颜色搭配是否合理，摆放位置是否正确。	

续表

时　间	工作内容及流程	备　注
5:00—11:00	(17) 9:50　供应链部总监、采购经理与行政总厨、计划经理、营运总监对接,厨政部根据营运部门提供的餐次对比表以及供应链部提供的食材使用进度表和库存日报表对菜单进行调整,营运部对供餐节奏进行控制,供应链部对日采购计划进行调整,并编制采购订单。 (18) 9:50　A班营运经理向组委会接待部汇报当餐工作情况。 (19) 9:50　厨政部陆续出餐,出品分餐厨师长陆续在备餐间接收中餐菜品,并在保温箱菜品标签卡上签字,同时由出品分餐厨师长将中餐菜品运送到供餐区域,上菜顺序为常温食品→冷菜→西点→热菜→主食→汤,由动线服务员按菜品卡的位置摆放供餐台菜品。 (20) 10:00　营运主管、出品分餐厨师长检查供餐台中餐菜品是否上齐、有无遗漏、供餐台菜品是否与菜品卡一致。 (21) 迎宾员每30分钟(用餐高峰期每10分钟),通过对讲机通知当班营运主管和行政副总厨当前累计就餐人数,并做好营运部用餐人数记录表记录工作,厨房根据实际情况添加菜品,避免浪费。 (22) 11:00　1号、2号餐厅两个楼层,中餐全菜品开始供应	
11:00—14:00	(1) 11:00　中餐全菜品供餐。 (2) 营运总监检查各班组中餐工作情况,了解客情。如有重点接待任务,及时通知当班经理,提前安排好工作和规划重要用餐人员就餐区域,营运主管全程指引服务。按既定路线引导重要用餐人员至已经准备好的就餐区域,重要用餐人员取餐期间,营运主管负责解说菜品并协助取餐。营运主管安排专人对此区域用餐人员进行细致服务。 (3) 各班组正常运行。 ①寄存服务:a.寄存员礼貌地提示用餐人员贵重物品自行保管,做好个人物品、团队物品的区分寄存,同时做好寄存物品数量的核对工作,询问有无易碎物品。b.寄存员快速、准确地做好用餐人员物品寄存及领取工作。c.检查是否按流程操作,如遇用餐人员遗失存包牌时,应与用餐人员认真核对寄存物品的具体内容、颜色、数量等,并做好营运部存包牌遗失登记表记录工作。d.大件或团队统一寄存物品由领队统一寄存,并放置于团队物品指定区域,同时盖上行李网。南北各存包区提前使用隔离带划分存包入口。如出现存包排队现象,应及时开放其他存包入口,并做好疏导工作。 ②总服务台服务:a.做好用餐期间现场咨询工作。b.根据用餐人员出示的营运部病号餐领取登记表和用餐人员需求发放打包盒,引导用餐人员到供餐台自取食品,提示用餐人员取餐完毕后将病号餐温馨提示卡交给出口迎宾员,引导用餐人员在餐厅出口离开,迎宾员负责将营运部病号餐领取登记表交至总服务台。c.总服务台人员做好现场遗留物品招领工作,并负责填写营运部遗留物品登记表。d.交接班时应核对上一班物品数量并做好登记。e.根据营运部生日蛋糕领取登记表做好生日蛋糕领用登记和统计工作;遇到过生日的用餐人员,酒店餐厅接待人员	

时 间	工作内容及流程	备 注
11:00—14:00	应送上祝福语,蛋糕领取人员在营运部生日蛋糕领取登记表上签字,引导蛋糕领取人员在餐厅入口离开。 ③迎宾服务:a.用餐人员进入餐厅要主动热情,做到"来有迎声,走有送语",同时做好用餐期间就餐人数统计工作,迎宾员每30分钟(用餐高峰期每10分钟),通知当班营运主管和行政副总厨当前累计就餐人数,并做好营运部用餐人数记录表记录工作,厨房根据实际情况添加菜品,避免浪费。b.做好用餐期间的引导工作,用餐高峰期应适时摆放隔离带,从而有序分流用餐人员。c.维持用餐人员进出餐厅的秩序。d.做好无证人员用餐登记并填写营运部无证人员用餐登记表。e.出口迎宾员负责做好用餐人员外带食品、饮料的卡控工作,如遇到欲外带食品的用餐人员,应礼貌解释餐厅食品不得外带。f.引导用餐人员在签名墙上留言。g.检查和整理留言簿,并随时做好用餐人员留言的准备。h.如遇下雨天气,及时摆放"小心地滑"提示牌,门口铺好防滑地毯,提醒用餐人员酒店餐厅备有雨伞套袋。 ④厅面服务:a.厅面服务员做好现场用餐秩序的维护和服务工作,规范使用礼貌用语,同时收集用餐过程中用餐人员反映的各类信息。b.做好厅面桌椅的整理、清洁工作。c.保障用餐期间现场卫生。d.餐盘回收服务:做好厅面餐盘的回收清理工作(餐盘码放每组不得超过30个)并及时送回洗碗间进行清洗消毒。e.清真餐区服务人员要做好清真餐区用餐引导工作,杜绝非清真食品进入清真餐区,清真餐区餐具(如绿色托盘等)严禁带出,禁止在其他餐区使用绿色托盘。f.就餐区服务员礼貌地提醒用餐人员带好随身物品,如拾有遗留物品应上交至总服务台。g.营运主管检查桌面清理是否及时、就餐区域是否干净整洁、厅面服务员和迎宾员是否使用礼貌用语并检查厅面低值易耗品补给是否及时。 ⑤保洁、垃圾清运:a.垃圾清运员按照垃圾清运方案做好厅面垃圾的回收、清理及运输工作,如遇用餐高峰期,要礼貌避让。b.区域保洁员随时保持餐盘回收区域及地面清洁。c.卫生间保洁员餐中及时清洁洗手间并添加低值易耗品。d.公共区域保洁员随时查看用餐区、垃圾清运区的地面卫生,如发现洒落的厨余垃圾要及时清理,如地面有水渍,及时提醒客人小心地滑并马上擦干。e.营运主管每隔1小时检查一次垃圾桶存放区域和公共卫生间卫生,并填写营运部卫生间、公共区域卫生检查表。垃圾清运员按指定路线运送垃圾。 ⑥物资补充:a.厅面服务员做好取餐托盘、低值易耗品和调味品的补充工作。b.物资补充服务员做好厅面饮料、乳制品及冰淇淋的供应及补充工作,酸奶和牛奶按照先进先出的原则摆放。 ⑦取餐引导服务:厅面服务员做好现场用餐人员就餐引导,避免出现取餐拥挤的情况(开餐期间厅面服务员应首先引导用餐人员到供餐台取餐,如遇用餐高峰期,应适时摆放隔离带,从而有序分流用餐人员进入餐厅,安排专人礼貌引导,厅面服务员全员引导)。 ⑧供餐服务:a.动线服务员随时整理菜品形状和取餐用具,做好现场各餐区食品的派分工作。动线服务员打餐要礼貌、高效,一步到位,节约时间。b.高峰期供餐台后面保温箱备菜剩一份时(同时供餐台菜品剩余1/3时),及时通知营运主管,由	根据赛事规模和餐厅用餐特点,在全品类供餐的高峰期,安排2楼供餐,既能科学合理地降低人力成本,又能起到分流的作用,避免拥挤,提升客户体验感,提高满意度。A2班上下班时间:6:00—15:00

续表

时间	工作内容及流程	备注
11:00—14:00	营运主管通知出品分餐厨师长补充菜品。出品分餐厨师长立即告知行政副总厨菜品名称,行政副总厨安排在 15 分钟内将菜品运送至备餐间。出品分餐厨师长在备餐间接收菜品,并立即安排此菜系出品分餐厨师将菜品迅速送至供餐台,动线服务员将菜品摆放到指定位置。同时出品分餐厨师将撤换下来的布菲盘和空保温箱及时送回洗碗间处理(清真餐区餐具送往专用洗碗间进行清洗消毒)。 ⑨洗碗工做好所有餐具的清洗消毒工作,填写营运部消毒记录表。 (4)全品类菜品供应期间,A 班、A2 班主管随时检查设备设施是否正常运行;营运主管巡视物资补充服务员餐中是否及时添加各种饮品、乳制品;营运主管和出品分餐厨师长检查用餐高峰期菜品添加是否及时,保温箱菜品数量是否充足;营运主管检查餐具回收处垃圾是否及时处理、公共区域和卫生间卫生状况是否良好,并填写营运部卫生间、公共区域卫生检查表;营运经理巡视各班组的开餐接待情况是否正常;垃圾清运员按营运部垃圾清运路线图运送垃圾。 (5)营运总监、营运经理巡视餐厅营运情况,了解客情,处理突发事件,发现问题及时整改。 (6)供餐高峰期,A2 班营运主管要随时检查保温箱备用菜品和供餐台菜品是否充足,动线服务员加菜是否及时、是否使用礼貌用语。 (7)迎宾员每 30 分钟(用餐高峰期每 10 分钟),通知当班营运主管和行政副总厨当前累计就餐人数,并做好营运部用餐人数记录表记录工作,厨房根据实际情况添加菜品,避免浪费。 (8)营运经理巡视各班组的运行情况,发现问题及时整改。 (9)13:00 A 班和 A2 班全体员工做好餐中工作交接。 (10)13:00—13:30 A 班各主管安排员工分区域用餐。 (11)13:30—14:00 A 班各组主管集中好 A 班人员,由 A 班营运经理集合整队,带领员工过安检到班车点,乘车回住宿地点(如遇特殊情况,可酌情延迟下班时间)。 (12)中餐正常供应,A2 班全体人员按照中餐全品类供餐时段的工作内容,陆续开展工作和提供服务。	
14:00—17:00	(1)14:00 营运总监与厨政部行政总厨负责餐厅用餐人员菜品意见反馈的对接工作。 (2)14:20 除体温测试超过 37.3 ℃留在宿舍以外的 B 班其他员工,全部按指定线路到达酒店餐厅。B 班营运经理安排各班组主管召开员工班前会,安排当班工作,进行班前检查(检查员工仪容仪表、个人卫生情况),做好营运部个人岗前检查表登记工作。 (3)14:30 B 班员工准时到达工作岗位,与 A2 班员工做好餐中工作交接。 (4)14:30 中餐全菜品供应结束,出品分餐厨师长安排出品分餐厨师将部分供	

续表

时 间	工作内容及流程	备 注
14:00—17:00	餐台菜品撤回洗碗间处置,并将取餐工具撤回洗碗间进行清洗消毒(清真餐区用具撤回专用洗碗间),部门供餐区停止供餐服务,动线服务员将中餐菜品卡整理收回放到指定位置。 (5) 14:30—15:00 B班员工分批次陆续用餐。 (6) 14:30 B班员工开始对非全品类供餐时间段、部分停止供餐的餐区进行卫生清洁及晚餐餐前准备工作。 ①营运主管安排员工清洁供餐台,给供餐台补水至指定水位,摆放已消毒好的取餐用具和晚餐菜品卡,补充一次性餐具。 ②出品分餐厨师长安排出品分餐厨师整理区域卫生。 ③营运主管安排员工做好区域卫生,做好桌面、地面消毒,调整桌椅成行成列,保证地面干净、无杂物,低值易耗品补充到位,已消毒好的餐盘(第一个餐盘底部朝上防尘)摆放到托盘车上。 ④营运主管安排洗手间保洁员清洁洗手间,补充低值易耗品,并检查垃圾回收处和公共区域是否干净、整洁;垃圾清运员按指定路线运送垃圾,并将垃圾桶套袋备用;保洁员做好卫生清洁和地面消毒。 ⑤营运主管安排物资补充服务员补充冷饮热饮和乳制品(酸奶),按照先进先出的原则摆放整齐;营运主管做好盘点记录并填写营运部物资盘点表。 (7) 15:00 B组各班组主管安排指定服务员到库房区域,按照物资需求计划表向各仓储主管领取当日晚餐所需的饮料、乳制品和低值易耗品,并填写物资领用单,双方签字确认。 (8) 15:00 A2组各班组主管集中好A2班人员,由A2班综合主管集合整队,带领员工过安检到班车点,乘车回住宿地点(如遇特殊情况,可酌情延迟下班时间)。 (9) 15:30 开始无缝切换晚餐菜品。 (10) 15:30 B班动线服务员摆放供餐台晚餐菜品卡和取餐用具。 (11) 15:30 厨政部陆续出餐,出品分餐厨师长陆续在备餐间接收晚餐菜品,并在保温箱菜品标签卡上签字,同时由出品分餐厨师运送到供餐区域,上菜顺序为常温食品→冷菜→西点→热菜→主食→汤,由动线服务员按菜品卡的位置,摆放供餐台菜品。 (12) 15:50 B班营运经理检查餐厅区域卫生及低值易耗品和各种饮品补充工作是否到位,消耗物品的统计是否与计划相符,不合格之处及时整改。 (13) 15:50 B班营运经理向后勤保障部汇报当餐工作情况。 (14) 15:50 营运主管、出品分餐厨师长检查供餐台晚餐非全品类菜品是否上齐、有无遗漏、供餐台菜品是否与菜品卡一致。 (15) 16:00 晚餐开始供餐。 (16) 迎宾员每30分钟(用餐高峰期每10分钟),通知当班营运主管和行政副总厨当前累计用餐人数,并做好营运部用餐人数记录表登记,厨房根据实际情况添加菜品,避免浪费。	

续表

时间	工作内容及流程	备注
17:00—22:00	(1) 17:00 厨政部陆续出餐,出品分餐厨师长陆续在备餐间接收全品类晚餐菜品,并在保温箱菜品标签卡上签字,同时由出品分餐厨师运送到供餐区域,上菜顺序为常温食品→冷菜→西点→热菜→主食→汤,由动线服务员按菜品卡的位置,摆放供餐台菜品。 (2) 17:30 晚餐1号、2号餐厅的两个楼层,全部开始全菜品供应。 (3) 营运总监检查各班组工作情况,了解客情,如有重点接待任务,及时通知当班经理,提前安排好工作和重要用餐人员就餐区域,营运主管全程指引服务。按既定路线引导至已经准备好的就餐区域。重要客人取餐期间,营运主管负责解说菜品并协助取餐。营运主管安排专人在此区域提供细致服务。 (4) 各班组正常运行。 (5) 晚餐供应期间,营运主管随时检查设备设施是否正常运行,并巡视物资补充服务员餐中是否及时添加各种饮品;营运主管和出品分餐厨师长检查用餐高峰期菜品添加是否及时,保温箱菜品数量是否充足;营运主管检查餐具回收处垃圾是否及时处理,公共区域和卫生间卫生状况是否良好,并填写营运部卫生间、公共区域卫生检查表;营运经理巡视各班组的开餐接待情况是否正常;垃圾清运员按营运部垃圾清运路线图运送垃圾。 (6) 供餐高峰期A2班营运主管要随时检查保温箱备用菜品和供餐台菜品是否充足,动线服务员加菜是否及时,是否使用礼貌用语。 (7) 迎宾员每30分钟(用餐高峰期每10分钟),通知当班营运主管和行政副总厨当前累计用餐人数,并做好营运部用餐人数记录表记录工作,厨房根据实际情况添加菜品,避免浪费。 (8) 餐中出品分餐厨师及时将更换的空布菲盘送回洗碗间。 (9) 21:00 晚餐全菜品供应结束,出品分餐厨师长安排出品分餐厨师对部分供餐台菜品进行撤回洗碗间处置,并将取餐工具撤回洗碗间进行清洗消毒(清真餐区用具撤回专用洗碗间),部门供餐区停止供餐服务,动线服务员将晚餐菜品卡整理收回放到指定位置。 (10) 21:30—22:00 B班员工用餐。 (11) 21:30 非全品类供餐时间段,B班员工开始对部分停止供餐的餐区进行卫生清洁,进行夜餐餐前准备工作。 ①营运主管安排员工清洁供餐台,给供餐台补水至指定水位,摆放已消毒好的取餐用具,晚餐菜品卡整理收回放到指定位置,摆放夜餐菜品卡,补充一次性餐具。 ②出品分餐厨师长安排出品分餐厨师整理区域卫生。 ③营运主管安排员工做好区域卫生,做好桌面、地面消毒,调整桌椅成行成列,保证地面干净无杂物、低值易耗品补充到位,已消毒好的餐盘(第一个餐盘底部朝上防尘)摆放到托盘车上。 ④营运主管安排洗手间保洁员清洁洗手间,补充低值易耗品,并检查垃圾回收处和公共区域是否干净、整洁;垃圾清运员按指定路线运送垃圾,并将垃圾桶套袋备用;保洁员做好卫生清洁和地面消毒。	

时 间	工作内容及流程	备 注
17:00—22:00	⑤营运主管安排物资补充服务员补充冷饮、热饮等,按照先进先出的原则摆放整齐;营运主管做好盘点记录并填写营运部物资盘点表。 (12) 21:30 各班组主管安排指定服务员到库房区域,按照物资需求计划表向各仓储主管领取当日夜餐所需的饮料和低值易耗品,并填写物资领用单,双方签字确认。 (13) 21:30 开始无缝切换夜餐菜品。 (14) 21:30 B班动线服务员摆放供餐台夜餐菜品卡和取餐用具。 (15) 21:30 厨政部陆续出夜餐菜品,出品分餐厨师长陆续在备餐间接收夜餐菜品,并在保温箱菜品标签卡上签字,同时由出品分餐厨师运送到供餐区域,上菜顺序为常温食品→冷菜→西点→热菜→主食→汤,由动线服务员按菜品卡的位置,摆放供餐台菜品。 (16) 21:50 由动线服务员检查菜品卡与本餐菜单是否一致,荤素、颜色搭配是否合理,由行政副总厨检查菜品卡摆放位置是否正确。 (17) B班营运经理检查餐厅区域卫生及低值易耗品和各种饮品补充工作是否到位,消耗物品的统计是否与计划相符,不合格之处及时整改。 (18) 21:50 B班营运经理向组委会接待部汇报当餐工作情况。 (19) 21:50 营运主管、出品分餐厨师长检查供餐台夜餐菜品是否上齐、有无遗漏、供餐台菜品是否与菜品卡一致。 (20) 21:55 达到夜餐开餐标准。 (21) 22:00 夜餐开始供餐	
22:00—次日 1:00	(1) 22:00 营运总监检查各班组夜餐工作情况,了解客情,如有重点接待任务,及时通知当班经理,提前安排好工作和重要用餐人员就餐区域,营运主管全程指引服务,按既定路线引导至已经准备好的就餐区域,重要用餐人员取餐期间,营运主管负责解说菜品并协助取餐。营运主管安排专人在此区域提供细致服务。 (2) 22:30 达到夜餐全菜品供餐。 (3) 两餐厅各班组正常运行。 (4) 夜餐供应期间,主管随时检查设备设施是否正常运行;营运主管巡视物资补充服务员餐中是否及时添加各种饮品;营运主管和出品分餐厨师长检查用餐高峰期菜品添加是否及时,保温箱菜品数量是否充足;营运主管检查餐具回收处垃圾是否及时处理,公共区域和卫生间卫生状况是否良好,并填写营运部卫生间、公共区域卫生检查表。 (5) 营运经理巡视各班组的开餐接待情况是否正常,垃圾清运员按营运部垃圾清运路线图运送垃圾。 (6) 供餐高峰期营运主管要随时检查保温箱备用菜品和供餐台菜品是否充足,动线服务员加菜是否及时,是否使用礼貌用语。	

续表

时间	工作内容及流程	备注
22:00— 次日 1:00	(7) 迎宾员每30分钟(用餐高峰期每10分钟),通知当班营运主管和行政副总厨当前累计用餐人数,并做好营运部用餐人数记录表记录工作,厨房根据实际情况添加菜品,避免浪费。 (8) 餐中出品分餐厨师及时将更换的空布菲盘送回洗碗间。 (9) 营运经理巡视各班组的运行情况,发现问题及时整改。 (10) 22:00—22:30 B班员工用餐。 (11) 24:00 夜餐全菜品供应结束,出品分餐厨师长安排出品分餐厨师对部分供餐台菜品进行撤回洗碗间处置,并将取餐工具撤回洗碗间进行清洗消毒(清真餐区用具撤回专用洗碗间),部门供餐区停止供餐服务,动线服务员将夜餐菜品卡整理收回放到指定位置。 (12) 次日 1:00 结束供餐,开始当天收尾工作	
1:00— 2:00	(1) B班客服主管统计当天用餐人数,填写营运部用餐人数统计表上交当班营运经理,营运经理将营运主管提供的营运部每日用餐人数统计、营运部无证件人员用餐登记表、营运部生日蛋糕预订表、营运部病号餐登记表整理完毕后发给营运总监和财务总监。 (2) B班营运主管准备早餐菜品卡。B班物资补充服务员、厅面服务员盘点各类消耗品(一次性餐具、调料、清洁用品等)并填写营运部物资盘点表后,交由营运经理测算下餐次对应物资使用数量,并生成营运部物资需求计划表;物资补充服务员、厅面服务员持物资需求计划表到现场仓领取对应物资并摆放到位,领取物资时填写物资领用单,双方签字确认。 (3) B班动线服务员关闭供餐台电源,清洁供餐台区域卫生,更换净水到指定水位,摆放早餐菜品卡,补充一次性餐盘,将已清洁消毒的打餐用具摆放到指定位置备用。 (4) B班厅面服务员对厅面区域地面、桌椅进行彻底清洁和消毒,整理桌椅成排成行,补充低值易耗品,并做好防尘处理(刀、叉、勺、筷子在四格餐具盒,餐具使用部分缠好保鲜膜)。 (5) 物资补充服务员清洗热饮机粉料盒,补充满冰箱、冷柜内各种饮品和饮料架常温饮品,补充一次性热饮杯等物品,清洁区域卫生。 (6) 寄存员检查并登记未取走物品,配合客服主管填写营运部遗留物品登记表,整理存包牌,摆放到相应存包柜,清洁区域卫生。 (7) 餐厅保洁员。 ①卫生间保洁员清理并消毒卫生间地面、墙面、便池及水池卫生,补充低值易耗品;由营运主管检查并填写营运部卫生间卫生检查表。 ②垃圾清运员:餐具回收处垃圾和厨余垃圾清理完毕,按垃圾清运路线图运送垃圾,餐具回收处的垃圾桶套袋后摆放整齐。	

续表

时间	工作内容及流程	备注
1:00—2:00	(8) 各班组主管检查区域卫生是否达到早餐接待要求,关闭区域内所有电源开关(冰箱、冷柜除外)。 (9) B班营运经理开班会,总结服务过程中出现的问题,各班组主管填写营运部日常工作交接班记录表。 (10) B班营运经理再次检查餐厅内所有电源开关、空调开关、门窗等是否全部关闭,待确认无误后方可下班。 (11) 各班组主管集中好B班人员,由当班营运经理整队,集合点名后,按指定线路到班车停靠点,有序上车,乘班车返回住宿地点,结束一天的供餐	

(九)厅面分区及服务

由于餐厅就餐人数众多,就餐时间集中,每餐供应的菜品种类繁杂,再加上就餐面积有限,因此,做好餐厅现场服务管理工作十分重要。需要每日、每餐对餐厅现场服务工作进行规范管理,确保现场服务能够满足用餐人员就餐需求。

在实践过程中,从确认用餐人员权限、统计用餐人员数量、引导用餐人员快速进入餐厅到快速取餐,已经总结出一套行之有效的管理规范,如:对厅面餐区进行了合理划分;每个片区设置相应的服务员;统一听从营运总监指挥等。

1. 餐厅分区

根据组委会接待部接待酒店的实际用餐面积进行分区。

2. 餐厅服务员排班表

班次	工作时间	餐厅			
		动线服务员	厅面服务员	保洁员	……
A班	4:00—16:00				
B班	14:00—次日2:00				
合计					

具体排班、工作时间根据接待酒店的用餐时间进行调整。

(十)餐厅垃圾清运服务

1. 垃圾清运方案

采取目视管理,用不同颜色的垃圾桶来区分可回收垃圾和厨余垃圾,根据餐厅设计的垃圾暂存间,规划垃圾清运路线图并监督垃圾清运人员严格遵照执行,保障餐厅秩序和就餐环境质量。餐厅保洁员负责收集并运输垃圾到组委会接待部接待酒店指定的垃圾暂存间,由垃圾清运员根据垃圾收集时间表将垃圾清运到垃圾车上,并对垃圾桶进行清洗消毒。

2. 垃圾清运管理

(1) 组织一支专业的保洁队伍,负责对餐厅所有场地的垃圾桶进行定时收集、清运、清洗,安排专人进行卫生清洁,垃圾清理。

（2）餐厅保洁员与垃圾清运员相互配合，保证餐厅的垃圾得到及时的清运，保证餐厅拥有一个干净整洁的就餐环境，降低食品安全风险。

（3）餐厅保洁员工作期间必须穿着规定工装，戴口罩、手套，使用必要的运输工具。

（4）垃圾桶放置场所不得有不良气味或有毒有害气体散出，应防止有害昆虫的孳生，防止食品、食品接触面、水源及地面污染；遇有刺鼻气味或其他易发酵、有腐蚀性的垃圾必须及时清运，不得长时间滞留。

（5）当垃圾盛放达到垃圾袋容积的3/4时，必须及时更换垃圾袋，注意扎紧袋口；同时对垃圾桶进行清洁与消毒，喷洒国家认可的无毒驱虫剂，确保垃圾桶周围的环境卫生。

（6）严格按照要求对餐饮产生的垃圾进行分类处理，设置垃圾分类回收装置（回收可回收的物品、可降解的餐具和厨余垃圾），废弃物的分类收集和无害化处置率均应达到100%，资源化利用率应大于80%。

（7）垃圾桶清洗时用洗涤剂加热水，用硬毛刷彻底刷洗垃圾桶内外及边缘。消毒时用消毒剂加冷水配合专用抹布进行擦拭。将垃圾桶用专用抹布擦干，套上垃圾袋待用。

3. 厅面垃圾收集流程

（1）服务员引导用餐完毕的用餐人员，将使用后的餐具送至收餐台处，按照标识（可回收垃圾、厨余垃圾）进行分类存放。

（2）将一次性餐具、餐巾纸、饮料瓶等投放至相应的可回收垃圾桶内，并将餐盘放置在收餐台上指定位置，餐厅保洁员随时整理，餐盘堆叠数量不得超过30个。

（3）餐具回收处垃圾桶容量达到80%后，由餐厅保洁员用专用扎带将垃圾桶内垃圾袋做封口处理，并加盖密封。

（4）密封后的垃圾袋，由餐厅保洁员按照指定垃圾运输路线送至垃圾暂存间，分类存放。

4. 垃圾清运员岗位职责

（1）提前10分钟到岗参加班前会，接受工作安排。

（2）按照卫生标准清洁垃圾桶和垃圾回收处，做到干净、整齐、无油渍、无污渍、无水渍、无浮尘等。

（3）到库房领取所需物品（大垃圾袋、垃圾扎带等）。

（4）检查区域内垃圾桶是否套垃圾袋并且垃圾袋是否备用充足。

（5）开餐期间，将垃圾袋扎口密封后，按指定路线运送到指定地点，将垃圾桶拉回到存放处套袋备用。

（6）闭餐后清扫垃圾回收区域，工具（拖把、扫帚、抹布等）摆放在清洁工具间指定位置。

（7）接受主管检查，不合格之处及时整改。

（8）餐中至少每10分钟应巡查一次餐具回收处。

（9）交接班时把区域工作垃圾送到指定垃圾暂存间。

（10）听从主管指挥，到指定地点集合，通过安检，离开。

（十一）餐厅保洁服务

为保证运动员的健康，所有用餐场地均为非吸烟区，餐厅内保持清洁，品控及环境卫生部门应制订一套系统的、切实可行的餐厅保洁方案。

1. 餐厅环境卫生要求

开餐时间内保持就餐区及辅助区的清洁卫生尤其重要,客服主管带领餐厅保洁员不间断地进行清洁。

(1) 保洁员不间断地循环打扫公共区域和卫生间,保证地面、桌面和餐具回收处无水渍、无油渍、无污渍、无杂物,保持区域卫生干净整洁,及时清理卫生间的垃圾桶。

(2) 地面湿滑和清扫卫生间时要摆放"小心地滑"的提示牌,提醒运动员及员工避免受伤。

(3) 及时检查、补充所属区域卫生间用物品(洗手液、卷纸、擦手纸等)。

(4) 卫生间保持通风,不间断地使用檀香,保持气味清新。

(5) 时刻保持餐厅的干净整洁,保证地面、桌面、餐具和餐具回收处无垃圾。

(6) 保证餐厅公共卫生区无垃圾、无水渍、无油渍。

(7) 一次性用品确保一次性使用,使用完毕后回收处理。

(8) 毕餐后,餐厅保洁员负责清扫前厅,按规范程序擦拭墙面、台面、地面、卫生间等,做到无水渍、无油渍、无污渍、无杂物,确保前厅整体干净整洁,并将卫生工具摆放在指定位置。

(9) 垃圾清运员负责将餐后垃圾按照指定垃圾运输路线送至垃圾暂存间,清洁垃圾桶拉回至餐厅,套垃圾袋备用,并将卫生工具摆放在指定位置。

(10) 主管巡视、检查全场保洁情况,清洁卫生达标,物品按规定摆放,卫生工具摆放在指定位置。

2. 人员卫生要求

营运部所有在岗员工,应保持良好的个人卫生,着装必须统一,佩戴一次性口罩、帽子、围裙,具体要求如下。

(1) 营运部全体人员在开始工作前、处理食物前、接触生食后,进出卫生间后、使用设备或餐厨用具后、咳嗽、打喷嚏或擤鼻子后,处理废弃物及垃圾后、处理货物、执行清洁任务后等任何可能会污染双手的活动后,以及接触直接入口食品前,双手应保持清洁,必须对手部进行消毒。

(2) 工作人员进入服务后台和后厨生产区域时,宜再次更换专用工作衣帽并佩戴口罩,操作前双手严格进行清洗消毒,操作中应适时地消毒双手。不得穿戴工作衣帽从事与操作无关的工作。

(3) 个人衣物及私人物品(包括钱包、手机、饰品等),不得带入食品处理区、食品供应区。

(4) 工作区域内禁止进行饮食、整理个人卫生等可能污染食品卫生的行为。

3. 每日清洁计划

内容	标准
设备设施清洁	设备设施表面擦拭清洁,包括设备门、把手等,厨房地面应无残渣、无水渍。当班结束后,需要对部分设备设施做深度清洁。如炸炉换油并清洁,地沟需清洁干净
餐具、厨具清洁	所有餐具、厨具都需要经过清洁、冲洗、消毒等环节才可以使用。确保所有餐具、厨具无污渍、无油渍、无残渣及破损

续表

内容	标　准
环境清洁	地面、桌面清洁,做到无污渍、无残渣;椅面清洁,做到无污渍、无残渣。 门窗、玻璃清洁,保证无污渍、无手印;桌椅摆放整齐。 保证餐厅外围干净整洁、无杂物、无垃圾。 保证存包处干净整洁,柜体内外无污渍、无垃圾;卫生间干净整洁,无异味,洗手设施齐全。 清洁工具干净、无异味

4. 卫生区域清洁计划

卫生区域	周　期	使用物品	方　法
地面	每天完工或有需要时增加	扫帚、拖把、刷子、洗涤剂及消毒剂	(1) 用洗地机扫地 (2) 用含洗涤剂、消毒剂的拖把拖地 (3) 用刷子刷去余下污物 (4) 用水彻底冲净 (5) 用干拖把拖干地面
排水沟	每周二次或有需要时	铲子、刷子、洗涤剂及消毒剂	(1) 用铲子铲去沟内大部分污物 (2) 用水冲洗排水沟 (3) 用刷子刷去沟内余下污物 (4) 用洗涤剂、消毒剂洗净排水沟
墙壁、天花板(包括照明设施)及门窗	每周一次或有需要时	抹布、刷子及洗涤剂	(1) 用干抹布擦去干的污物 (2) 用湿抹布抹擦或用水冲刷 (3) 用清洁剂清洗 (4) 用湿抹布抹净或用水冲净 (5) 风干
冷库、集装箱	每天一次或有需要时	抹布、刷子及洗涤剂	(1) 清除食物残渣及污物 (2) 用湿抹布抹擦或用水冲刷 (3) 用洗涤剂清洗 (4) 用湿抹布抹净或用水冲净 (5) 用清洁的抹布抹干或风干
工作台及洗涤盆	每次使用后	抹布、洗涤剂及消毒剂	(1) 清除食物残渣及污物 (2) 用湿抹布抹擦或用水冲刷 (3) 用洗涤剂清洗 (4) 用湿抹布抹净或用水冲净 (5) 用消毒剂消毒 (6) 风干

续表

卫生区域	周期	使用物品	方法
工具间	每次使用后	抹布、刷子、洗涤剂及消毒剂	(1) 清除食物残渣及污物 (2) 用湿抹布抹擦或用水冲刷 (3) 用洗涤剂清洗 (4) 用湿抹布抹净或用水冲净 (5) 用消毒剂消毒 (6) 风干

5. 餐厅保洁消毒区域

根据组委会接待部接待酒店的就餐时间,制订保洁消毒方案,在每餐用餐高峰期过后,对餐厅进行分区域的系统保洁消毒,餐厅保洁消毒区域明细如下。

消毒区域		使用工具	抹布颜色	是否消毒
就餐区	餐桌	抹布、喷雾器	白色抹布	■
	椅子	抹布	红色抹布	□
	餐桌(清真餐区)	抹布、喷雾器	绿色抹布	■
	椅子(清真餐区)	抹布	绿色抹布	□
	就餐人员流动通道	扫把、拖桶车	—	□
	地面	扫把、拖桶车	—	□
	标识牌	抹布	蓝色抹布	□
	门、窗	水刮、尘推器	蓝色抹布	□
	灭蝇灯	抹布	蓝色抹布	□
供餐台	工作台	抹布、喷雾器	棕色抹布	■
	下层架	抹布、喷雾器	棕色抹布	■
	料理台	抹布、喷雾器	棕色抹布	■
洗手间	洗手区	抹布、水刮	蓝色抹布	□
	镜子	抹布、水刮	蓝色抹布	□
	便池	马桶刷	蓝色抹布	□
	地面	拖把、地刮	—	□
	门、窗	抹布、水刮、尘推器	蓝色抹布	□
设备设施	冰箱	抹布	蓝色抹布	■

续表

消毒区域		使用工具	抹布颜色	是否消毒
中岛	工作台	抹布、喷雾器	棕色抹布	■
	橱柜	抹布、喷雾器	棕色抹布	■
	调味罐	抹布、喷雾器	白色抹布	■
公共区域	人员流动通道	扫把、垃圾铲	—	□
	门、窗	抹布、水刮	蓝色抹布	□
备餐间	工作台	抹布、喷雾器	白色抹布	□
	推车	扫把、垃圾铲、抹布	蓝色抹布	■
	地面	拖把、拖桶车、地刮	—	□
其他设施	垃圾桶（大、小）	抹布	蓝色抹布	□
洗碗间	工作台	抹布、喷雾器	白色抹布	■
	地面	百洁布、拖把	—	□
存包处	存包内格	抹布	蓝色抹布	□
餐具回盘处	手推车	抹布	白色抹布	■

备注：■表示需要消毒；□表示不需要消毒。

6. 卫生管理自查项目

品控主管每天将对照下表对餐厅环境卫生、食品卫生进行检查，对相关工作人员进行考核。

	检查项目	检查结果
环境卫生	厨房内墙壁、天花板、门窗等是否有涂层脱落或破损	
	食品生产经营场所环境是否整洁	
	防蝇、防鼠、防尘设施是否有效	
	废弃物处理是否符合要求	
食品生产经营过程	加工用设施、设备工具是否清洁	
	食物热加工中心温度是否大于70 ℃	
	10～60 ℃存放的食物，烹调后至食用前存放时间是否超过2小时；存放时间超过2小时的食品食用前是否充分加热	
	用于原料、半成品、成品的容器、工具是否进行明显区分，存放场所是否分开、不混用	
	食品原料、半成品、成品存放是否存在交叉污染	
	操作间是否符合卫生要求	
餐饮具、直接入口食品容器	使用前是否经有效清洗消毒	
	清洗消毒水池是否与其他用途水池混用	
	消毒后餐具是否储存在清洁专用保洁柜内	

续表

检查项目		检查结果
个人卫生	工作人员操作时是否穿戴清洁工作衣帽,专间操作人员是否规范佩戴口罩	
	工作人员操作前及接触不洁物品后是否洗手,接触直接入口食品之前是否洗手、消毒	
	工作人员操作时是否有与食品加工无关的行为	
	工作人员是否留长指甲或涂指甲油、戴戒指	
	工作人员上厕所前是否在厨房内脱去工作服	
健康管理	工作人员是否取得有效健康培训证明而上岗操作	
	工作人员是否有有碍食品卫生的病症	
食品采购	是否有销售发票、卫生许可证、卫生检疫合格证明等相关材料	
	食品及原料是否符合食品卫生要求	
食品储存	库房存放的食品是否离地隔墙	
	冷冻、冷藏设施是否能正常运转,储存温度是否符合要求	
	食品储存时是否存在生熟混放的情况	
	食品或原料是否与有毒、有害物品存放在同一场所	
违禁食品	是否生产经营超过保质期的食品	
	是否生产经营腐败、变质食品	
	是否生产经营其他违禁食品	

检查人: 　　　　　　　　　　　　　　　　　　　　　　　年　月　日

(十二) 餐厅物资供应服务

1. 物资供应原则

餐厅营运方案中的物资供应包含饮料和消耗品。从需求、领货、补充三个方面编制对应流程,确保物资供应全流程可追溯。同时供应链部、品控部也会根据营运的需求做好产品的采购、物流的配送,以追求服务的品质。

所有工器具、低值易耗品、清洁用品应采用随用随供的模式,以最大限度降低库存并存放于现场仓内,除非采购人提出其他要求。

同时,供应链部根据营运采购计划及到货时间表,通过企业资源计划(ERP)系统,与总仓保持联系,确认采购物资到达总仓后,营运部与现场仓进行沟通,下单调拨营运物资到现场仓。

2. 物资供应流程

开餐前3小时,营运部客服主管、营运主管,根据当餐次需求填写物资领用单,由营运经理审核物资领取品名、数量、规格,按预估用餐人数的120%准备物资,以满足当餐次需要,尽量避免开餐中物资断档的情况发生。营运主管带领服务人员从供应链库房中领取当餐次所需物资,分配专人使用和保管,记录领用及消耗数量。物资领用单如下。

序号	领取时间	物品名称	规格	领取数量	领取人	备注
1						
2						
3						
4						
5						
6						
7						
8						
9						
10						

3. 物资供应分类细则

(1) 一次性用品。

①严格遵守先进先出(FIFO)原则,确保供应充足。

②根据各区域所需,将物品摆放至相应位置,便于用餐人员取用。

③餐中及时整理和补充一次性餐具、餐巾纸、牙签等。

④交班前当班主管清点用品数量,并做好交接记录。

(2) 小型餐厨具。

①分班次分班组一对一交接用具。

②交班前当班主管清点用品数量,并做好交接记录。

③体育赛事结束后将所有用具按种类摆放整齐、清点数量,和相关人员进行交接。

(3) 清洁工具。

①主管培训服务员劳动清洁工具规范使用流程。

②根据各区域工作性质,配发劳动清洁工具(拖桶车、抹布、喷壶等),由领用人登记并签字。

③分班次分班组一对一交接劳动清洁工具,妥善保管。

④本着节约使用的原则,劳动清洁工具由营运主管统一收齐并以旧换新后使用。

⑤交班前当班主管清点用品数量,并做好交接记录。

(十三) 饮料供应方案

体育赛事期间确保组委会接待部酒店内饮料正常供应,满足各地区参赛者的口味和需求,饮料区应备有以下品种饮品:碳酸饮料、饮用水、果汁、牛奶(含脂牛奶、脱脂牛奶、含乳糖及无乳糖牛奶)、酸奶等;热饮,如速溶咖啡、茶、热巧克力等,不提供含酒精和鲜榨类饮料。

通常会多点设置常温饮料区、冷饮区、热饮区、乳制品区,开餐前由当班营运经理带领物资补充服务员进行全面检查。

附件8　正式开餐中规范流程

一、餐前准备规范

当班员工进入工作区域，由当班营运经理组织正式开餐前的准备工作，包括召开班前会，做好食品供应区、座位区及辅助区的各项准备工作。本部分将对餐前准备规范做具体阐述。

（一）班前会规范

班前会通常于本班次开始前15分钟，由各当班主管组织，在前厅工作人员通道区域召开，本班次全体员工列队参加。

（1）前厅各主管应于本班次开始工作前至少20分钟前到达前厅，查阅交接班记录，做好班前会会前准备。

（2）班前会的事项主要包括以下几点。

①前厅各主管进行员工点名，做好考勤记录。

②前厅各主管检查员工仪容仪表、测量体温，并做好记录。

③由当班营运经理小结上班次工作情况，部署本班次工作任务。

（3）班前会结束后，员工立即到岗，进行餐前准备工作。

（二）就餐区准备规范

班前会结束后，由营运部客服主管和动线主管带领厅面服务员和动线服务员，按照当天工作安排进入各工作区域，按计划做好开餐前的准备工作。

1. 食品供应区准备

（1）餐具准备：营运部客服主管负责带领和督导厅面服务员、饮品服务员做好食品供应区的餐具准备。

①餐碟、餐碗、筷子、汤匙、餐刀、餐叉等餐具应整齐地陈列在距运动员通道最近的餐台一侧，以便运动员取用。

②饮品杯应整齐地排列在饮料区的餐台上。

③取食菜点的叉、勺或夹，应统一放在菜点盘旁边的餐碟中。

厅面服务员及饮品服务员做好上述准备工作后，应仔细检查有无疏漏或不妥之处，如有，及时纠正。厅面服务员及饮品服务员整理仪容仪表，在规定位置以标准站姿（挺胸抬头、脚跟并拢、两腿绷直、两手在身前交叠于腹部，下同）站立，迎接就餐运动员。

（2）菜品准备：动线主管负责带领和督导动线服务员做好食品供应区的菜品准备。

①热餐区准备：将餐食放在不锈钢餐炉内，除炸制食品和绿叶菜外均须加盖，检查菜品卡与菜品是否一致。

②冷餐区及常温餐区准备：将餐食呈直线整齐摆放，加封保鲜膜，检查菜品卡与菜品是否一致。

③明档区准备：备足待加工原料，同时备好所需调料。

④饮品区准备：将瓶装饮料、盒装酸奶、砂糖、搅拌棒等摆放整齐，有包装饮料的商标朝外，检查热饮处是否放置"小心烫手"和"请勿使用吸管"标识。

动线服务员做好上述准备工作后，应仔细检查有无疏漏或不妥之处，如有，及时纠正。整理仪容仪表，在规定位置以标准站姿站立，迎接就餐运动员。

2. 座位区准备

营运部客服主管负责带领和督导厅面服务员做好座位区的餐前准备。

(1) 检查餐桌椅是否稳固牢靠、摆放整齐，是否干净整洁、无污渍。

(2) 检查餐桌上是否摆放餐巾、酱醋壶、盐椒盅及牙签筒等。

(3) 检查地面是否干净、无污渍。

厅面服务员做好上述准备工作后，应仔细检查有无疏漏或不妥之处，若有发现，及时纠正。最后，整理仪容仪表，在规定位置以标准站姿站立，迎接就餐运动员。

(三) 辅助区准备规范

班前会结束后，由营运部客服主管、洗消主管和保洁主管带领服务员、洗消员和保洁员等，进入辅助区的工作区域，开始就餐前的准备工作。

(1) 营运部客服主管负责带领和督导迎宾员、计数员、物品寄存员、翻译员做好各自工作区域的餐前检查工作。若有疏漏或不妥之处，及时处理。最后，各人员整理仪容仪表，在规定位置以标准站姿站立，迎接就餐运动员。

(2) 洗消主管负责带领和督导洗消员对洗消区进行餐前检查，确保洗消区干净整洁，洗消设备设施正常运行，洗消用品齐全、数量充足。若有疏漏或不妥之处，及时处理。

(3) 保洁主管负责带领和督导保洁员，对前厅整体环境卫生进行餐前检查，确保前厅干净整洁，确保卫生间配置物品（洗手液、卷纸、擦手纸等）齐全、数量充足，确保清洁间清洁物品齐全、数量充足，确保垃圾清运物品（大垃圾袋、垃圾扎带等）齐全、数量充足。若有疏漏或不妥之处，及时处理。

二、餐中服务规范

开餐前准备工作完成后，所有前厅员工开始进入迎接运动员就餐的开餐工作状态，开始为运动员提供供餐服务。本部分主要对迎宾服务、物品寄存服务、失物招领服务、就餐卡核验服务及计数、引导服务、供餐服务、总服务台咨询服务、总服务台嘉宾留言墙服务、总服务台意见及建议反馈服务、总服务台应急救护用品、清洁服务及垃圾清运等规范进行阐述。

(一) 迎宾服务规范

开餐前15分钟，在运动员通道入口处，迎宾员以标准站姿分两侧站立，迎接进餐的运动员。

(1) 运动员到达运动员通道入口时，迎宾员要热情礼貌，迎接运动员时要做到"四声服务"。

(2) 运动员通道入口须设有红外线测温设备，若检测到体温超过37.3 ℃的运动员，迎宾员应礼貌提醒运动员勿进入前厅，及时按照相关程序处理。

(二) 物品寄存服务规范

运动员通常会随身携带物品，应在运动员通道入口至就餐区之间设置存包处，为运动员提供寄存服务。存包处应设置在室内，有若干储物架，还需事先制作存包牌，每班安排2名员工值守。

(三) 失物招领服务规范

在存包处还应设置失物招领处，为在餐厅就餐区发现的遗失物品提供失物招领服务。

(1) 由物品寄存员在运动员或员工交回的遗失物品上标明发现日期及地点，并做好登记工作。

(2) 在公告栏张贴或者广播播报失物招领公告。

(3) 对于当天未招领的失物,由物品寄存员妥善保管并做好登记工作。

(四) 就餐卡核验服务及计数规范

运动员进入就餐区就餐时,由计数员对就餐卡进行核验,并按规范流程统计就餐人数。

(1) 两名计数员(可由迎宾员兼任)在开餐前10分钟站立于就餐区指定出入口,持已清零的手工计数器。

(2) 当第一位运动员佩戴就餐卡进入就餐区时,即开始计数1,第二位运动员计数2,依次类推。

(3) 对于未佩戴就餐卡的运动员,礼貌请其出示就餐卡,如遗忘,则进行登记。

(4) 至当餐就餐结束时,将两名计数员计数器的数据平均数作为当餐总用餐人数,上报客服主管。

(五) 引导服务规范

开餐时间内由厅面服务员在就餐区及辅助区进行秩序维护和引导服务,同时使用引导标识系统提供识别与指引服务。

(1) 厅面服务员负责引导运动员有序取餐。

(2) 厅面服务员要保持对现场就餐人流情况的监测,及时调整用餐提示牌和软隔离位置。

(3) 厅面服务员要及时补充客用物品,保持井然有序的待客状态。

(4) 运动员用餐完毕,厅面服务员要提醒运动员检查好随身携带的物品。

(5) 前厅引导标识通常分为地面标识系统、餐位标识系统、悬挂与摆放标识系统、餐具回收处标识及卫生间标识,详见下表。

前厅引导标识	具体描述
地面标识系统	紧急疏散、防滑、小心等提示标语及餐厅区域中英文标识等
餐位标识系统	就餐须知提示卡、运动会相关标识、宣传中国和当地文化的介绍卡等
悬挂与摆放标识系统	供餐台上方风味餐区中英文标识,供餐台上摆放每道菜点的中英文菜品卡(菜品卡上备注主辅料、口味等相关内容),中岛供餐台上方中英文标识,总服务台、存包处上方中英文标识等
餐具回收处标识	餐具回收处上方标识、垃圾桶外侧粘贴可回收与不可回收标识等
卫生间标识	门口明显位置张贴卫生间标识、无障碍卫生间标识、卫生间墙面明显处张贴"小心地滑"标识等

（六）供餐服务规范

开餐时间内由动线服务员为运动员提供不间断的优质供餐服务。

（1）动线服务员对于有点汤饮疑问的运动员，要向其主动礼貌地介绍菜点、汤饮。

（2）动线服务员应根据运动员需求，适量为运动员夹取或盛取菜点、汤饮等。

（3）动线服务员要及时清理供餐台上洒落的汤汁等，整理菜品并保持美观，将饮料台、调料台等处因运动员取食后弄乱或错放的菜点、物品等恢复至摆放标准状态。

（4）动线服务员供餐期间必须佩戴微笑口罩和一次性手套，以保证菜点的卫生性。

（5）动线服务员须关注所属区域菜点、汤饮供应情况，发现菜点、汤饮减少至1/3时，及时通知出品分餐厨师补充。

（七）总服务台咨询服务规范

开餐时间内，由总服务台服务员向运动员提供餐厅运行相关的咨询服务，包括生日餐、病号餐、常温餐包等，并回答运动员的提问。

（1）总服务台服务员须仪表端庄，精神饱满，面带微笑，平和亲切，使用标准普通话。

（2）总服务台服务员须认真聆听运动员所咨询的问题，耐心细致地解答关于接待酒店及运动会赛事等相关内容。

（八）总服务台嘉宾留言墙服务规范

为了提高运动员用餐体验，通常在总服务台设置留言墙，国际运动会通常还会设置"和平友谊签名墙"。该留言墙需提供各种颜色的书写笔供运动员使用。

（九）总服务台意见及建议反馈服务规范

为不断提升服务品质，提高进餐满意度，餐饮服务商应在总服务台设意见、建议、反馈服务。

（1）总服务台服务员应仔细聆听运动员的意见，认真填写意见、建议及反馈登记表（包括意见人、意见内容、意见时间、意见对象、意见要求、联系方式等）。

（2）总服务台服务员了解运动员意见后，要判断该意见要求是否合理、理由是否充分，现场能够解答的尽量解答，力争现场解决。

（3）未能现场解决的意见，总服务台服务员应告知运动员可在下次就餐时到总服务台了解处理结果。如属于重大事项，需由餐厅营运经理负责处理并反馈。

（4）总服务台服务员对运动员意见进行整理和分类，交由不同部门及责任人处理，由主管在时限要求范围内向运动员反馈处理结果。

（5）总服务台服务员对意见处理过程进行登记，餐厅营运经理在召开班前会时，应对典型问题进行点评。

（十）总服务台应急救护用品规范

总服务台应配备急救箱，内装体温计、棉球、纱布、绷带、创可贴、止血带、止血药、心血管急救药、剪刀、酒精、一次性手套等常用急救用品，以备急救使用。

（十一）清洁服务规范

开餐时间内保持就餐区及辅助区的清洁卫生尤为重要，应由保洁主管带领保洁员不间断地提供清洁服务。

（1）保洁员应不间断地循环打扫公共区域和卫生间，保证地面、桌面和餐具回收处无水渍、无油渍、无污渍、无杂物，保持区域卫生干净整洁，及时清理卫生间的垃圾桶。

（2）地面湿滑和清扫卫生间时要摆放"小心地滑"的提示牌,以提醒运动员及员工,避免受伤。

（3）及时检查、补充所属区域卫生间须配置的物品(洗手液、卷纸、擦手纸等)。

（4）卫生间保持通风,不间断地使用檀香,保持气味清新。

（十二）垃圾清运规范

厅面服务员应在运动员用餐完毕后,引导其回收餐盘,垃圾清运员按照垃圾清运规范,开展垃圾清运工作。

（1）由厅面服务员引导用餐完毕的运动员,将使用后的餐盘送至餐具回收处,按照标识（可回收、不可回收）对厨余垃圾进行分类,将一次性餐具、餐巾纸、饮料瓶等分别投放至相应的垃圾桶内。指定位置的餐盘堆叠数量不得超过30个。

（2）餐具回收处垃圾达到垃圾桶容量的80%后,由垃圾清运员用专用扎带,将垃圾桶内垃圾袋做封口处理,并将垃圾桶加盖密封。

（3）密封后的垃圾桶由垃圾清运员按照指定运输路线送至垃圾暂存间。

（4）垃圾清运员从垃圾暂存间取回清洗消毒后的垃圾桶,并套好垃圾袋备用。

（5）卫生间垃圾达到垃圾桶容量的80%后,由垃圾清运员进行密封,按指定路线送到指定地点。

三、餐后整理规范

在每餐次规定的用餐时间结束后,营运部门各主管带领员工完成用餐人数的统计、保洁、补料、交接班登记等工作,在当班营运经理组织召开当日工作总结例会后,关门关灯,结束全天工作,统一组织员工返回驻地。

（一）用餐人数统计规范

每餐次结束后,客服主管负责核实本餐次用餐人数(含未带就餐卡或贵宾与访客的就餐信息)报营运经理。营运经理审核用餐人员信息,填写报表,并签字提交给营运总监；营运总监审核签字后,交财务总监。

每日供餐结束后,营运经理根据前台提供的在店人数,汇总第二日用餐人员信息填写报表,并签字后提交给营运总监,为第二日就餐的用物准备工作提供依据。

（二）保洁规范

（1）每餐次结束后,保洁员负责清扫前厅,按规范程序擦拭墙面、台面、地面及清扫卫生间等,做到无水渍、无油渍、无污渍、无杂物,确保前厅整体干净整洁,并将卫生工具摆放在指定位置。

（2）垃圾清运员负责将餐后垃圾按照指定运输路线运送至垃圾暂存间,然后将清洁垃圾桶拉回至前厅并套好垃圾袋备用。

（3）保洁主管巡视、检查全场保洁情况,检查清洁卫生是否达标、物品是否按规定摆放、卫生工具是否摆放在指定位置等。

（三）补料规范

每班次结束前,各岗位员工对本岗位所使用物料进行清点,需进行补料时,填写领料单从供应链部领用,领回的物料存放在指定位置,以供下一个班次使用。

（四）交接班登记规范

每班次结束前,当班营运经理负责填写交接班登记表,应逐项填写,供交接班使用。该表需由当班营运经理负责存档。

(五) 工作总结例会规范

由营运总监于当日20:00,在前厅办公室召开工作总结例会,晚班当班营运经理及各部门当班主管参加。会议主要是报告当日运行情况,提出需要提交接待部或总经理协调解决的问题。同时,通知接待酒店运行重要工作信息,并由营运总监对当日工作进行指导,对需要当场决策的事项进行决策,并对第二日工作进行部署。若有需要解决的重大事项,由当日值班副总经理及时向接待部值班主任汇报,如有必要,则在"零点会议"上提出。会议结束后,当班营运经理应出席组委会召开的"零点会议",会前还应将当日营运的主要数据提交给接待部值班主任,由他在会议上报告。

(六) 关灯关门规范

(1) 当日晚班工作结束后,由各主管负责关闭职责范围内设施、设备。

(2) 由客服主管负责关闭前厅水、电、空调等设备电源,防止浪费,确保用电安全。

(3) 由营运经理负责关闭前厅大门,并与值班保安做好交接。

(七) 员工返回规范

晚班工作全部完成后,由当班营运经理组织统一返回。居住在接待酒店外驻地的员工,统一乘车返回;居住在接待酒店内的员工,统一步行返回。

第五章 体育赛事接待酒店餐饮服务品质控制管理技术规范

餐饮服务的品质控制是指为了保证餐饮产品和服务质量,以满足就餐者的需求为中心,通过一系列的管理措施和技术手段,对餐饮服务的全过程进行有效监督。

体育赛事接待酒店餐饮服务管理技术规范中的品质控制(品控)管理包括餐饮服务合同阶段(或者中标后)、开餐前六个月阶段、开餐前三个月阶段、演练(开餐前一个月)阶段、整改阶段、开餐前一周阶段、正式开餐营运阶段、闭幕阶段和收尾阶段,共9个阶段。每一个阶段均有明确的时间节点、工作地点、主要内容与要求、责任人及协助人。各个阶段工作的先后顺序和逻辑排序如下。

序号	时间	地点	主要内容与要求	责任人	协助人	备注
1	餐饮服务合同阶段(或者中标后)	餐饮服务商办公室	(1)组建餐饮服务商品控部,挑选2~3人组建前期品控工作核心团队。编制体育赛事接待酒店餐饮服务商品控部组织架构及相关岗位职责(岗位设置、人数根据接待的规模、总仓等进行核定)。 (2)学习、研究该体育赛事接待酒店餐饮服务相关的文件及餐厅场地具备的基本条件。体育赛事接待酒店餐饮服务相关文件,包含但不限于:该体育赛事的概况介绍、体育赛事餐饮检测文件、体育赛事餐饮禁止食用食材等。对接待酒店的考察,包括但不限于:食材动线、人流动线、垃圾运输动线,后厨各功能间面积大小、电源、上下水、空调状况等已具备的设备及设施。	品控总监	人事总监、厨政部总监、工程部总监、行政总厨、相关行政部门	附件1 品控部组织架构(含岗位职责)

续表

序号	时间	地点	主要内容与要求	责任人	协助人	备注
			（3）会同厨政部、工程部根据调查研究餐厅场地，形成餐厅流线图（包括人流、物流、垃圾流向、各功能间的设备布局等）。 （4）与属地市场监督管理部门、民族宗教事务委员会、行政审批部门咨询对接餐厅流线图的合规性，并根据相关部门意见调整。 （5）起草《体育赛事接待酒店餐饮服务食品安全操作规范》草案			
2	开餐前六个月阶段	餐饮服务商办公室	（1）根据暂定的体育赛事接待酒店餐厅流线图，向厨政部了解每个功能间的使用流程、人员配置、工作安排等，细化《体育赛事接待餐饮服务食品安全操作规范》。 （2）根据细化后的《体育赛事接待酒店餐饮服务食品安全操作规范》，制订《体育赛事接待酒店餐厅品控巡检计划》。 （3）根据《体育赛事接待酒店餐饮服务食品安全操作规范》及《体育赛事接待酒店餐厅品控巡检计划》，编写品控培训方面资料。 （4）根据暂定的餐厅功能结构，与工程部对接关于有害生物防治需要增加的相关设备设施及布局点位。 （5）通过供应链部总监，收集预包装食材配料信息，汇总食材供应信息表（包括供应商、生产企业、生产企业	品控总监	行政总厨、工程部总监、供应链部总监、第三方食材检测机构、组委会接待部	附件2 品控部巡检安排 附件3 品控部培训课程一览表

续表

序号	时间	地点	主要内容与要求	责任人	协助人	备注
			许可证、供应流通企业经营许可证、食材名称、配料信息（含部分需要展开的配料信息）、储存方式、保质期等），将整理的食材信息提交第三方食材检测机构审核。 （6）会同供应链部对供应商进行资质审核，如有必要，须与供应链部一起对生产、供应商进行现场审核。 （7）接收厨政部菜单分解信息，辅助厨政部完成菜品卡中营养成分及过敏原提示的制作。 （8）招聘及面试品控人员。 （9）对品控部在体育赛事营运期间所需要的物资进行预估，并将物资需求清单提交供应链部。 （10）如需前置食材检测，通知供应商对审核通过的食材进行送检（须提前与第三方食材检测机构沟通送检途径及送检量）。			
3	开餐前三个月阶段	餐饮服务商办公室/体育赛事接待酒店餐厅	（1）及时反馈食材送检的检测结果，将不合格信息提供给供应链部及厨政部，方便对食材、食谱进行调整。 （2）品控人员分两个时间段到岗，第一个时间段是中标后，总仓参与送餐人员、现场品控主管到岗；第二个时间段是实战演练前一个月，所有品控人员到岗。 （3）对接人事部，安排员工的培训时间，对不同群体进行品控方面的知识培训。	品控总监、品控经理	厨政部、供应链部、组委会接待部、食材第三方检测机构	附件4 食材进仓收货标准 附件5 体育赛事供餐24小时品控运行方案

续表

序号	时间	地点	主要内容与要求	责任人	协助人	备注
			（4）拟订收货标准，于组委会接待部处备案，组织供应商会议，通知供应商收货标准。 （5）编写体育赛事接待酒店餐厅运行品控部桌面推演方案（《体育赛事供餐24小时品控运行方案》）。 （6）配合供应链仓储组、总仓监管部门在总仓收货，收货时填写验收记录，并归档相关资料。向厨政部、供应链部反馈总仓内各食材的抽检结果。 （7）配合供应链部，对短保质期食材（直接入现场仓）的检测时间与第三方食材检测机构进行协调（特别是开闭幕式餐包等短保质期食品）。 （8）对体育赛事接待酒店餐厅的有害生物防治工作进行招标，中标单位在实战演习前完成餐厅环境有害生物的消杀工作，降低餐厅内及周边有害生物的密度。 （9）办理食品经营许可证，并在带人实战演练前获证			
4	演练阶段（开餐前一个月阶段）	体育赛事接待酒店餐厅	（1）接收部门申购小型工器具，对留样冰箱进行测试，张贴相应的标识或标牌。 （2）协助厨政部制作实战演练菜品卡，并对食材有调整的菜品卡进行相应调整。 （3）参与两次桌面推演，第一次推演的目的是明确工作职责、工作流程，再次审视工作的完成度与全面性。第二次桌面推演的目的是找到	品控总监	品控经理、品控主管	

续表

序号	时间	地点	主要内容与要求	责任人	协助人	备注
			工作中有对接行为的部门及人员,明确对接事项。 (4)带人实战演练的目的是审视品控团队在实际巡查、留样工作中不完善的地方			
5	整改阶段	体育赛事接待酒店餐厅	(1)调整演练中存在的不明确的接口、对接人事项,完善品控巡查事项及巡查明细项,让品控团队进一步熟悉工作流程及工作接口。 (2)对应急预案中不完善的地方进行修订	品控总监	品控经理、品控主管	
6	开餐前一周阶段	体育赛事接待酒店餐厅	要求品控团队对工作流程进行再熟悉	品控总监	品控经理、品控主管	
7	正式开餐营运阶段	体育赛事接待酒店餐厅	(1)现场仓的收货。 (2)现场食品安全的巡查工作(按《体育赛事供餐24小时品控运行方案》的时间节点进行巡查)。 (3)对每餐进行菜点留样,并及时清理留样。 (4)针对每日巡查问题,与相关部门进行沟通并要求整改。 (5)衔接有害生物防治前的准备工作(食品及食品接触面的防护)及消杀后的卫生清洁工作	品控总监、品控经理、品控主管	品控经理、品控主管、供应链部总监、行政总厨、营运总监、保洁主管	
8	闭幕阶段	体育赛事接待酒店餐厅	拟订撤场计划	品控总监	品控经理、人事总监	附件6 撤场计划
9	收尾阶段	体育赛事接待酒店餐厅	(1)最后留样的处理,电源的切断及卫生的清洁,设备与工程部总监交接。 (2)拟订人员的撤离计划,	品控总监	品控经理、工程部总监、人事总监、总经理助理	

续表

序号	时间	地点	主要内容与要求	责任人	协助人	备注
			包括学生的送行、社招人员的撤场、工时的核算方案等。 （3）整理供餐期间的品控记录并交接至经理办公室，物资盘点后交接至经理办公室。 （4）所有人员离场，拟订住宿场所的交接及报销工作方案等			

附件1　品控部组织架构（含岗位职责）

一、组织架构

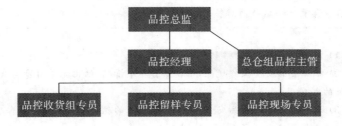

二、岗位职责

1. 品控总监岗位职责

职位名称	品控总监	所属部门	品控部
直接上级	项目总监或总经理	直接下级	品控经理
职位目的	全面负责体育赛事接待酒店餐厅的食品安全和品质管理工作		
主要职责	（1）按照组委会接待部及市场监督管理部门发布的食品安全管理相关规章制度，协调落实到体育赛事接待酒店餐厅的各项工作和操作流程中。 （2）核查国家、地方和行业或企业的标准，确保体育赛事接待酒店餐厅各项工作和操作符合相关法规的要求。 （3）制定与食品安全和食品品质相关的工作制度和流程，并和相关职能部门衔接，确保标准的一致。 （4）配合市场监督管理部门的监管方案，协助追踪从食品原料生产基地到餐桌的各环节监管制度的执行。			

职位名称	品控总监	所属部门	品控部
直接上级	项目总监或总经理	直接下级	品控经理
职位目的	全面负责体育赛事接待酒店餐厅的食品安全和品质管理工作		
主要职责	(5) 制订食品安全相关的培训课程。 (6) 建立并维护食品安全管理档案。 (7) 指导品控经理管理食品安全及品质。 (8) 指导总仓品控收货工作。 (9) 会同供应链部对供应商进行遴选、审核。		

2. 品控经理岗位职责

职位名称	品控经理	所属部门	品控部
直接上级	品控总监	直接下级	品控专员
职位目的	负责体育赛事接待酒店餐厅具体食品安全和品质管理工作		
主要职责	(1) 协助核查菜单、食材配方和过敏原。 (2) 根据食品安全操作规范,结合体育赛事情况,细化完善自身与食品安全和品质管理相关的制度。 (3) 进场前负责与食品安全、品质管理相关的现场审核及对不符合项进行改善追踪。 (4) 参与员工食品安全相关培训工作。 (5) 体育赛事阶段,负责巡查接待酒店餐厅的现场食品安全和品质管理相关工作事项,管理品控专员的日常工作。 (6) 参与食品安全突发事件的处置,并协助溯源。		

3. 品控留样专员岗位职责

职位名称	品控留样专员	所属部门	品控部
直接上级	品控经理	直接下级	无
职位目的	负责体育赛事接待酒店餐厅食品留样工作		
主要职责	(1) 按照留样制度对出餐的菜点进行留样及清理。 (2) 管理留样间、留样冷藏柜和留样器具,做好清洁消毒工作。 (3) 记录留样信息,保存留样记录		

4. 品控收货组专员岗位职责

职位名称	品控收货组专员	所属部门	品控部
直接上级	品控经理	直接下级	无
职位目的	负责体育赛事接待酒店餐厅食材进货的验收工作		
主要职责	（1）负责接验货前的人员和环境卫生检查。 （2）负责进货货品的验收（车辆温度、货品温度、外观质量和随货单据等）。 （3）配合监管人员进行采样和留样保存及记录。 （4）检查货品存放区（仓储区）的卫生管理情况。 （5）单据的留存、记录表的填写及保存		

5. 品控现场专员岗位职责

职位名称	品控现场专员	所属部门	品控部
直接上级	品控经理	直接下级	无
职位目的	负责体育赛事接待酒店接待餐食品安全和质量管理的日常核查		
主要职责	（1）巡查餐厅前厅和厨房各区域的环境卫生状况，填写现场巡查记录表。 （2）核查各工位员工的个人卫生状况及着装防护是否规范。 （3）核查食品加工区的环境卫生和器具状况。 （4）核查食品加工人员的操作是否符合规范。 （5）抽查食品加工时的中心温度及温度记录。 （6）核查冷保持设备的温度记录。 （7）检查记录表的填写和保存		

6. 总仓组品控主管岗位职责

职位名称	总仓组品控主管	所属部门	品控部
直接上级	品控总监	直接下级	无
职位目的	负责体育赛事接待酒店总仓食材验收及仓储食品安全巡查工作		
主要职责	（1）负责与供应商沟通送货前的随车资料准备。 （2）食材到达总仓时，负责核查随车资料、车辆温度、产品温度及外观质量。 （3）协助食材到仓后的抽检工作，记录抽检的品种、库位、总量，处理取样后的包装剩余食材。 （4）对检测合格的食材，由待检区转储存区；若所检测结果不合格，监督退货处理流程。 （5）巡查库存期间温度，对出库分拣温度、配送车辆进行检查		

附件2 品控部巡检安排

区　域	检查项目	检查频次
现场仓	现场仓的仓库温度	4小时/次
就餐区	灭蝇灯等虫害设施检查	12小时/次
就餐区	打餐人员的着装穿戴	4小时/次
就餐区	保温池温度（随机抽查4个池子）	2小时/次
就餐区	冰箱温度（随机抽查4个冰箱）	2小时/次
就餐区	短保质期商品的保质期	1次/日（晚班）
就餐区	就餐区防护（消杀之前）	据消杀计划确定
就餐区	保温车先进先出，超过2小时报废	2小时/次
就餐区	打餐区的环境卫生	2小时/次
后厨（公共区域）	灭蝇灯等虫害设施检查	12小时/次
后厨（公共区域）	制冰机及其工器具的消毒	4小时/次
后厨（公共区域）	垃圾流线的卫生	4小时/次
后厨（初加工区域）	纸箱的暂存	厨政时间安排检查
后厨（初加工区域）	水池、地沟的卫生	按解冻的时间安排检查
后厨（初加工区域）	暂存区食材储存的检查	1次/日（晚班）
后厨（初加工区域）	解冻食材的温度	厨政时间安排检查
后厨（热厨）	菜点出锅中心温度	测量每个品种的菜点
后厨（热厨）	厨师、厨工的穿着（特别是专间人员）	2小时/次
后厨（热厨）	冰箱内半成品的标签、标识	2次/日
后厨（热厨）	厨师、厨工的规范操作	2小时/次
后厨（热厨）	专间消毒水浓度测量	4小时/次
消毒间	工具、容具的摆放	4小时/次
消毒间	工具、容具的消毒要素核查	4次/日

附件3 品控部培训课程一览表

序号	培训科目	培训对象	培训时间	培训人
1	餐厅工作人员着装及穿戴规范	餐厅所有员工		品控经理
2	餐厅人流、物流、垃圾流线	餐厅所有员工		品控经理

续表

序　号	培训科目	培训对象	培训时间	培训人
3	食品安全意识（后厨）	厨政部及打餐人员		
4	专间的清洗消毒	专间操作人员		品控经理
5	餐具的清洗消毒	清洗消毒间工作人员		
6	总仓及现场仓的收货流程	品控收货组专员		品控总监
7	留样的规范操作	品控留样专员		
8	现场巡查流程及记录表填写规范	品控现场专员		品控经理
9	八个明确*	品控部所有人员		品控总监

注：八个明确，即①我是谁？我的主要岗位和职责是什么？②我的工作流程与规范是什么？③我的工作区域内有哪些主要设备？怎么操作？④我汇报工作的直接领导是谁？联系方式？⑤谁与我对接？对接的时间、地点、内容是什么？⑥离我最近的安保、医疗点在哪里？联系方式？⑦我的岗位主要的风险点有哪些？如何应对突发事件？⑧谁为我提供保障？我的就餐、饮水、上厕所等问题如何解决？

附件4　食材进仓收货标准

项　　目	明　　细	标准要求	检查项目
车辆检查	车辆要求	（1）冷链车辆：检查车辆温度计及自动温度记录仪；冷藏温度0～8 ℃，冷冻温度-15 ℃以下。 （2）清真车辆：不能装载非清真食材，车厢外张贴清真标识	（1）目测检查车厢显示温度，查看温度记录曲线或数据，打印留存，同时核对车辆牌照。 （2）检查车辆密闭性。 （3）开车门后检查车厢内部的卫生情况，查看是否有清真和非清真食材混放，车厢内是否有异味
	卫生情况	车内清洁、无异物、无非食材及其他与体育赛事无关食品存放	
	车厢	车厢所有车门配备挂锁，上锁管理，同时张贴封条（或铅封）	
货品核对	货品外箱及感官	（1）外箱上必须有产品名称、生产日期、保质期、规格、净重量、厂名、厂址及溯源二维码。 （2）外箱无开裂、破损、变形，表面清洁。 （3）无异味	（1）抽查外箱是否有破损、变形、表面不洁净的情况。 （2）外箱上是否有相应的产品信息及溯源二维码

续表

项目	明细	标准要求	检查项目
保质期及货品温度	保质期	货品是半年以上保质期,可使用期限应在2/3保质期以上	查看可使用期限是否在2/3保质期以上
	温度	冷藏货品表面温度≤12 ℃,冷冻货品表面温度≤-9 ℃	用红外测温枪进行温度测量,车厢开门时进行测量
文件资料的核查	送货人员	送货人员证明(供应商开具,含送货人员身份证信息);送货人员的身份证	核对身份证号及长相的一致性
	企业资质	供应商的营业执照、生产许可证(生产企业直接供货)或经营许可证(经营企业供货)	是否为合格供应商名录中的企业
	送货信息	供应链部采购清单、供应商装车清单(盖公章)	核对装车货品信息
	监管记录	属地监管准出记录	存档
	合格证明	(1) 农产品:出厂检测报告。 (2) 预包装食品:出厂检测报告。 (3) 畜、禽肉类:动物检验合格证明、出厂检测报告;猪肉类还需要肉品品质检验合格证明等。 (4) 进口食品:进口货物报关单、入境货物检验检疫证明。 (5) 肉、蛋、鱼、香辛料及调料包等需要有兴奋剂的检测合格报告,或者扫描溯源二维码查兴奋剂是否合格。 (6) 其他产品:出厂检测报告	核查报告及证明与实物是否为同批次,兴奋剂检测是否合格
	拒收	(1) 温度超过标准要求,肉类表面因解冻膨胀(二次解冻导致)。 (2) 货品感官异常。 (3) 外箱破损、变形影响到内包装,外箱上无追溯码。 (4) 无随货的批次文件,或检测食品安全指标不合格。 (5) 实物批次号与报告或证明批次号不符合。 (6) 封条或铅封有损坏。 (7) 清真车辆装有非清真食材。 (8) 保质期异常。 (9) 未出具属地监管准出证明(量大产品)。	

附件5　体育赛事供餐 24 小时品控运行方案

1. 品控现场组及留样组分为三个班次

A 班:4:00—12:00。B 班:11:00—19:00。C 班:18:00—次日 2:00。D 班:20:00—次日 4:00。

2. 品控收货组工作时间

20:00—次日 4:00。

3. 开餐前需要明确的事项

(1)需要使用的工具及设施安装到位(如巡查、货品验收、留样等工作所需的物资、清洗消毒使用的药品)。

(2)第三方有害生物防治外包合同的签订,及开餐前第三方的现场勘察、有害生物密度降低的消杀,所有防护措施安装完毕。

(3)菜品卡营养成分表计算及过敏原标注,须供应链部配合。

(4)品控部各岗位人员到岗,完成基本技能的培训工作,厨政部各岗位人员及营运部人员食品安全培训完毕。

(5)现场仓到货需要与供应链部对接预计到货时间、品种明细及供应商的相关信息。

汇总品控巡查问题及监管团队要求整改的项目,反馈厨政部或其他部门改善后,由品控部进行改善后效果验证(品控经理确认),并及时反馈给监管团队。

时间	工作内容及注意事项	负责人	需配合的部门	配合人
0:00—0:59	(1)清理留样到期食品:对留样到期食品进行报废,清理留样冰箱。 (2)现场仓到货查验:对到货产品进行验收,并填写到货查验记录表。 (3)现场巡查:检查后厨卫生	C 班品控主管(C 班) D 班品控主管(D 班)	厨政部、供应链部、营运部	厨师长、供应链部总仓经理、营运部前厅经理
1:00—1:59	(1)清理留样到期食品:对留样到期食品进行报废,清理留样冰箱。 (2)专间喷洒消毒。	C 班品控主管(C 班) D 班品控主管(D 班)	—	—
2:00—3:59	现场仓到货查验:对到货产品进行验收,并填写到货查验记录表	D 班品控主管(D 班)	—	—

续表

时间	工作内容及注意事项	负责人	需配合的部门	配合人
4:00—4:59	(1) 班前会上,安排本班次工作,并对人员进行晨检。 (2) 现场巡查: ①查看现场仓温度及储存是否符合标准。 ②检查厨政部人员着装是否规范,检查厨政部、营运部人员是否填写晨检记录。 ③对菜点中心温度进行抽查;填写现场巡查记录表	品控主管（A班）	厨政部、供应链部	厨师长、供应链部总仓经理
5:00—5:59	(1) 留样工作:取样留样后填写留样记录表。 (2) 现场巡查: ①抽查前厅保温池温度。 ②检查打餐人员着装是否规范。 (3) 填写现场巡查记录表	品控主管（A班）	—	—
6:00—6:59	留样工作:取样留样后填写留样记录表	品控主管（A班）	—	—
7:00—7:59	(1) 员工早餐。 (2) 清理留样到期食品:对留样到期食品进行报废。 (3) 检查洗碗机的热水冲洗温度(或消毒水浓度)	品控主管（A班）	厨政部	厨师长
8:00—8:59	(1) 清理留样到期食品:对留样到期食品进行报废。 (2) 现场巡查: ①检查前厅冷柜温度及短保食品保质期。 ②查看现场仓温度及储存是否符合标准。 ③填写现场巡查记录表。 (3) 专间喷洒消毒	品控主管（A班）	厨政部	厨师长
9:00—9:59	(1) 现场巡查: ①厨政人员着装、操作是否规范。 ②解冻食材温度是否过高。 ③抽查菜点中心温度。 (2) 填写现场巡查记录表	品控主管（A班）	—	—

续表

时 间	工作内容及注意事项	负责人	需配合的部门	配 合 人
10:00—10:59	(1) 现场巡查:抽查前厅保温池温度及现场打餐人员着装,并填写现场巡查记录表。 (2) 留样工作:取样留样后填写留样记录表	品控主管 (A班)	—	—
11:00—11:59	(1) B班人员开始班前会及晨检,与A班进行交接。 (2) 留样工作:取样留样后填写留样记录表。 (3) 品控人员轮流中餐	品控主管 (A班) 品控主管 (B班)	厨政部	厨师长
12:00—12:59	(1) 现场巡查: ①查看现场仓温度及储存是否符合标准。 ②查前厅冷柜温度及短保食品保质期。 ③检查洗碗机的热水冲洗温度(或消毒水浓度)。 ④填写现场巡查记录表。 (2) 清理留样到期食品:对留样到期食品进行报废	品控主管 (B班)	—	—
13:00—13:59	(1) 清理留样到期食品:对留样到期食品进行报废。 (2) 专间环境消毒	品控主管 (B班)	厨政部、营运部	行政总厨、营运部总监
14:00—14:59	现场巡查: ①后厨公共区域区卫生检查。 ②虫鼠害防治情况(注意灭蝇灯上粘蝇纸的检查)。 ③填写现场巡查记录表	品控主管 (B班)	—	—
15:00—15:59	现场巡查: ①厨政人员着装、操作是否规范。 ②解冻食材温度是否过高。 ③抽查菜点中心温度。 ④填写现场巡查记录表	品控主管 (B班)	—	—

续表

时间	工作内容及注意事项	负责人	需配合的部门	配合人
16:00—16:59	(1) 现场巡查:抽查前厅保温池温度及现场打餐人员着装,填写现场巡查记录表。 (2) 留样工作:取样留样后填写留样记录表。	品控主管 (B班)	—	—
17:00—17:59	(1) C班人员开始班前会及晨检,与B班进行交接。 (2) 留样工作:取样留样后填写留样记录表。 (3) 品控人员轮流晚餐	品控主管 (B班)	—	—
18:00—18:59	(1) 现场巡查: ①查看现场仓温度及储存是否符合标准。 ②查前厅冷柜温度及短保食品保质期。 ③检查洗碗机的热水冲洗温度(或消毒水浓度)。 ④填写现场巡查记录表。 (2) 清理留样到期食品:对留样到期食品进行报废	品控主管 (B班) 品控主管 (C班)	—	—
19:00—19:59	(1) 清理留样到期食品:对留样到期食品进行报废。 (2) 专间环境消毒	品控主管 (C班)	现场仓、厨政部	—
20:00—20:59	现场巡查: ①厨政人员着装、操作是否规范。 ②解冻食材温度是否过高。 ③抽查菜点中心温度。 ④填写现场巡查记录表	品控主管 (C班) 品控主管 (D班)	现场仓、厨政部	—
21:00—21:59	(1) 现场巡查:抽查前厅保温池温度及现场打餐人员着装,填写现场巡查记录表。 (2) 留样工作:取样留样后填写留样记录表。 (3) 现场仓到货查验:对到货产品进行验收,并填写到货查验记录表	品控主管 (C班) 品控主管 (D班)	现场仓、厨政部	—

续表

时 间	工作内容及注意事项	负 责 人	需配合的部门	配 合 人
22:00—22:59	（1）留样工作：取样留样后填写留样记录表。 （2）现场仓到货查验：对到货产品进行验收，并填写到货查验记录表	品控主管（C班） 品控主管（D班）	现场仓、厨政部	—
23:00—23:59	（1）现场巡查： ①查看现场仓温度及储存是否符合标准。 ②查前厅冷柜温度及短保食品保质期。 ③检查洗碗机的热水冲洗温度（或消毒水浓度）。 ④填写现场巡查记录表。 （2）清理留样到期食品：对留样到期食品进行报废。 （3）现场仓到货查验：对到货产品进行验收，并填写到货查验记录表	品控主管（C班） 品控主管（D班）	现场仓、厨政部	—

附件6　撤场计划

序号	项目	明　细	预计完成时间	责任人
1	有害生物防治退场	撤出所有鼠盒子等防护使用器具		
		办理最后一次付款手续，并整理所有服务单据及合同		
2	清理办公用品及易耗品	电脑打包交还给人事部		
		取样易耗品盘点，交给供应链部		
3	供餐期间品控记录表	收集、整理、汇总现场巡查记录表与留样记录表		
		收集、整理、汇总晨检记录、到货查验记录表		
		所有表格汇总、打包、封存，交人事部		
4	实习生移交	协助办理退宿手续		
5	处理留样	处理留样样品		
6	退宿	由品控经理退宿		

第六章 体育赛事接待酒店餐饮服务工程管理技术规范

餐饮服务工程管理是指餐饮服务团队对餐饮设备、厨房工程进行统筹管理,负责各类设备的规划、设计、采购、安装和使用维护,是餐饮服务的重要基础保障。在体育赛事接待酒店餐饮服务工作中,餐饮服务的相关设备设施的完备及正常运转,是确保餐饮服务顺利进行的关键。

在筹备阶段,将由工程部在体育赛事接待酒店现有建筑结构和周边配套的基础上,结合食谱和预估用餐人数以及菜点的类别,制订后厨、前厅和仓储等平面布局规划、各类流线方案,并保证按照时间节点完成施工。在正式开餐阶段,工程部则全面负责餐厅各类设备设施的维护工作,确保其正常运行。

工程部是体育赛事接待酒店餐饮服务商的核心部门之一,其岗位设置包含工程部总监1名、工程部经理1~2名、维修工2~4名。在体育赛事全程中,工程部的主要工作分为10个阶段,依次为签订餐饮服务合同阶段(中标后)、开餐前八个月阶段、开餐前七个月阶段、开餐前五个月阶段、开餐前三个月阶段、演练阶段(开餐前一个月阶段)、开餐前一周阶段、正式开餐运行阶段、闭幕阶段、收尾阶段。每个阶段均有明确的时间节点、工作地点、主要内容与要求、责任人、协助人。各个阶段工作的先后顺序和逻辑排序如下。

序号	时间	地点	主要内容与要求	责任人	协助人	备注
1	签订餐饮服务合同阶段(中标后)	体育赛事接待酒店餐厅	(1)中标后抽调核心管理人员(包括工程部经理及随行相关技术人员)组建餐饮服务商工程部。 (2)工程部总监前往体育赛事举办地选定的接待酒店,在组委会接待部的统筹管理下,完成与体育赛事接待酒店餐厅的改造设计单位、施工单位、工程监理的对接。结合厨政部、营运部餐饮服务的需求,协同改造设计单位实地踏勘,提供专业意见及技术支持,配合其优化餐厅规划设计方案	工程部总监	组委会接待部对接人、改造设计单位项目负责人及设计师、施工单位项目经理、工程监理	附件1 体育赛事接待酒店设计规范

续表

序号	时间	地点	主要内容与要求	责任人	协助人	备注
2	开餐前八个月阶段	组委会接待部办公室	（1）在组委会接待部的统筹下，组织工程相关单位，完成平面规划方案的会审与确认。 （2）根据会审方案落实相关工程类的项目经费（详细预算需要根据规划方案编制）	工程部总监	组委会接待部对接人、改造设计单位项目负责人及设计师、施工单位项目经理、工程监理，以及供水单位、供电单位、供气单位、消防单位	附件2 体育赛事接待酒店设计图纸会审主要内容
3	开餐前七个月阶段	体育赛事接待酒店餐厅	（1）根据会审方案会同厨政部确定餐厅新增设备清单，交给供应链部进行采购。 （2）会同供应链部与厨房设备供应商对接，编制新增设备进场方案。 （3）根据已确认的平面规划方案，配合改造设计单位完成深化施工设计图。 （4）配合改造设计单位、施工单位、工程监理，共同开展餐厅施工改造工作	工程部总监、工程部经理	组委会接待部对接人、改造设计单位项目负责人及设计师、施工单位项目经理、工程监理	附件3 体育赛事接待酒店施工规范
4	开餐前五个月阶段	体育赛事接待酒店餐厅、餐饮服务商办公室、组委会接待部办公室	（1）组委会接待部向餐饮服务商移交体育赛事接待酒店餐厅基础设备设施。 （2）监督厨房设备供应商，按照餐厅演练时间倒推工期，完成新增设备订货、入场、安装、验收工作及餐厅各区域设备用电负荷统计	工程部总监、工程部经理	改造设计单位项目负责人、施工单位项目经理、厨房设备供应商、氛围布置服务商、行政总厨、营运	附件4 体育赛事接待酒店设备选型及安装规范 附件5 体育赛事接待酒店供餐设备能耗表（示例）

续表

序号	时间	地点	主要内容与要求	责任人	协助人	备注
			(3) 根据设备设施实际安装情况，要求厨房设备供应商填写维保、修理所需的设备储备清单。 (4) 会同供应链部确定氛围布置服务商。 (5) 向组委会接待部获取体育赛事官方手册，遵循手册规范要求，配合氛围布置服务商完成餐厅的氛围布置设计方案。 (6) 氛围布置设计方案提交组委会接待部审核，并确定最终氛围布置方案。 (7) 完成工程部运行所需的设备维护、安全巡视等相关记录单的制作		部总监、供应链部总监、组委会接待部对接人	附件6 体育赛事接待酒店氛围布置规范 附件7 工程部运行所需工作表格汇总（含每日巡视记录表、设备/设施故障处理记录表）
5	开餐前三个月阶段	体育赛事接待酒店餐厅、组委会接待部办公室	(1) 与餐厅设备使用部门（包括厨政部、营运部、供应链部、品控部）完成技术交底，完成设备设施的操作安全培训。 (2) 配合氛围布置服务商完成装饰安装工作。 (3) 组织工程部全员，参加消防单位组织的消防安全与消防设备使用培训。 (4) 在组委会接待部的统筹管理下，确定体育赛事接待酒店餐厅供水单位、供电单位、供气单位、消防单位、维保单位的直接对接人与联系方式，并成册备案。 (5) 针对餐厅的安全检查工作，会同供水单位、供电单位、供气单位、消防单位、维保单位，制订餐厅安全管理条例	工程部总监、工程部经理	厨房设备供应商、行政总厨、营运部总监、供应链部总监、品控总监、氛围布置服务商、组委会接待部负责人、供水单位、供电单位、供气单位、消防单位、维保单位	附件8 工程部运行相关对接人员信息表

续表

序号	时间	地点	主要内容与要求	责任人	协助人	备注
6	演练阶段（开餐前一个月阶段）	体育赛事接待酒店餐厅、餐饮服务商办公室、组委会接待部办公室	（1）完成餐厅24小时、48小时满负荷设备及供水、供电、供气压力测试，随后组织整改。 （2）制订工程部24小时工作流程，参与组委会接待部组织的桌面推演。 （3）确定设备供应商，完成体育赛事接待酒店餐厅运行期间维保所需的设备零件储备。 （4）执行组委会接待部组织的实战演练及整改工作	工程部总监、工程部经理	行政总厨、营运部总监、供应链部总监、厨房设备供应商、供水单位、供电单位、供气单位、消防单位、维保单位、组委会接待部负责人	附件9 体育赛事接待酒店厨房设备配件清单 附件10 工程部24小时工作流程推演
7	开餐前一周阶段	体育赛事接待酒店餐厅	（1）按照厨政部、品控部审定的最终食谱，完成菜品卡的制作工作，并移交给厨政部和营运部。 （2）根据营运部、厨政部新增需求及各级领导考察提出的优化意见，完成导视、标识等氛围布置的补充	工程部总监	行政总厨、品控总监、营运部总监、氛围布置服务商	附件11 菜品卡主要内容及要求
8	正式开餐运行阶段	体育赛事接待酒店餐厅	工程部工作人员分早晚班在现场24小时驻守，做好餐厅各区域的巡检工作，及时维修、维护设备设施，做好工程类突发事件应急处理	工程部总监、工程部经理、维修工	供水单位、供电单位、供气单位、消防单位、维保单位、厨房设备供应商委派的技术人员、氛围布置服务商委派的安装人员	附件12 工程部维保规范
9	闭幕阶段	体育赛事接待酒店餐厅	正式供餐结束，参加组委会接待部组织的欢送仪式	工程部总监、工程部经理	组委会接待部	

续表

序号	时间	地点	主要内容与要求	责任人	协助人	备注
10	收尾阶段	体育赛事接待酒店餐厅	（1）按甲方具体要求，完成指定的设备、氛围布置的撤场工作，恢复移交前的状态。 （2）向组委会接待部指定的部门完成餐厅移交和设备清点工作并签字确认，交还餐厅，并确保各区域卫生清洁。除明面卫生要求外，隐藏式排水地沟也应确保无明显污渍。 （3）配合财务部完成厨房设备、氛围布置服务商相关结算工作	工程部总监、工程部经理	厨房设备供应商、氛围布置服务商、改造设计单位项目负责人、行政总厨、营运部总监、财务总监、组委会接待部负责人	附件13 工程部撤场规范

附件1　体育赛事接待酒店设计规范

体育赛事接待酒店餐厅大多是从正在运行的餐厅中选取的，它们可能在餐厅规模、就餐人数、环境条件等方面存在不同，但根据运动员的餐饮需求，体育赛事接待酒店餐厅的设计均应满足以下条件。

一、基础设施应满足的条件

（一）功能区划分

功能区划分	用房示例
用餐区	就餐区
后厨区	主食加工区（间），包括主食制作、主食热加工区（间）等。 副食加工区（间），包括副食粗加工、副食细加工、副食热加工区（间）等。 厨房专间，包括凉菜间、生食海鲜间等。 备餐区（间）、明档区、餐用具洗消间、餐用具存放区（间）、清扫工具存放区（间）等
公共区	门厅、总服务台、存包处、测温及等候区、公共卫生间、餐具回收处等
辅助区	现场仓含清真餐和非清真餐现场仓，包括主食库、蔬菜库、干货库、冷藏库、冷冻库、饮料库、低值库等。 办公用房及工作人员更衣间、卫生间、清洁间、垃圾间等

(二) 供排水系统

1. 供水系统

(1) 供水水源：采用市政自来水。市政管网引入体育赛事接待酒店餐厅管网应不少于两路，自来水引入体育赛事接待酒店餐厅后形成环路。

(2) 通过市政部门确认接入体育赛事接待酒店餐厅处的水压，若市政供水压力满足体育赛事接待酒店餐厅运行需要，则直接由市政供给使用；若市政供水压力无法满足体育赛事接待酒店餐厅供水压力要求时，由酒店内部水泵房供给使用。

(3) 水量标准如下：

项　　目	体育赛事接待酒店餐厅每日用水定额/L	使用时长/小时	小时变化系数
每人用量	20～25	16～20	1.2～1.5

(4) 水压标准（用水定额及小时变化系数）：试验压力均为工作压力的 1.5 倍，但不得小于 0.6 MPa。体育赛事接待酒店餐厅消防供水水压需达到 0.13 MPa。

2. 排水系统

(1) 室外排水系统采用雨污水分流方式。

(2) 生活污水与废水合流排出，排水为重力流排出，排水定额宜为该地块相应的生活供水系统用水定额的 85%～95%。所有污水经室外化粪池处理后，排入市政污水管。餐厅会产生含有大量油脂的洗涤废水，这些洗涤废水应单独排至水处理或回收构筑物。

(3) 雨水系统：屋面雨水经雨水管道排至建筑物散水坡，由餐厅雨水管道汇集后排入市政雨水管道。室外雨水经绿化涵养下渗，多余雨水经收集后，由餐厅雨水管道汇集后排入市政雨水管道。

(4) 上、下水管道：施工用水应与餐厅建筑的永久性供水系统相结合，以减少临时供水管道的铺设。必须铺设的临时管道，在方便施工和生活的前提下，要缩短管道的长度，以节省施工费用。

(5) 管材及接口：体育赛事接待酒店餐厅内部供水管材及接口，按照国家施工相关规范的上限标准选择和施工。

(三) 供电系统

1. 基本要求

(1) 确保体育赛事接待酒店餐厅两路供电且电力不间断供应，并可持续安全运转。

(2) 保证供给合格电能质量，频率要求为 50 Hz，允许偏移±(0.2～0.5)Hz；电压要求为 220/380 V，偏差限额为±5%UN（UN 为额定电压）。

2. 供电系统设计

(1) 按一级负荷设计，由两个电源供电，相互间可备用互投。每一个电源应能承受全部用电负荷。增设应急电源，且严禁将其他负荷接入应急供电系统。

(2) 电源进线电压采用 10 kV，经配电变压器将 10 kV 高压降为一般用电设备所需的电压（220 V/380 V），然后由低压配电线路将电能分送给体育赛事接待酒店餐厅各用电设备。

(四) 燃气供应

(1) 由体育赛事接待酒店所在地燃气公司，向体育赛事接待酒店餐厅接入供气管网。

(2) 体育赛事接待酒店燃气调压设施应设定为双路供气，确保某一路发生故障后，可切换至另一路供气。每一路供气均应能满足全部设备的燃气需求。

（五）通信网络

1. 通信要求

（1）在体育赛事接待酒店范围内应实现5G信号，或更为先进的通信信号及WiFi全覆盖。

（2）满足无线电通信需求，集群通信系统的覆盖。

2. 通信配套设施

（1）移动通信基站：体育赛事接待酒店的移动通信基站，要能够满足体育赛事接待酒店餐厅就餐人群高度聚集的需要。

（2）信息管网：各类信息通信设施应满足就餐人员的需求，按照通信管网的设计规范，统一进行设计。

（六）垃圾暂存间

体育赛事接待酒店餐厅外，应设置2处2厢的全封闭式垃圾暂存间，分为清真专用、非清真专用。餐厅运行期间各功能区垃圾需向餐厅外设的垃圾暂存间集中转运。垃圾暂存间所处位置应距离体育赛事接待酒店餐厅不小于50 m，并配备恒温空调，内部温度保持在18 ℃以下。

（七）满足消防要求

体育赛事接待酒店餐厅所有规划设计，均应符合当地消防要求，所有的消防施工均由消防部门指定的符合资质的企业实施。

二、功能布局规范

（一）食材卸货和验货区

该功能区入口应设置在体育赛事接待酒店餐厅建筑后方，靠近现场仓，便于卸货与入库，入口处应预留足够的车辆回车及卸货空间。

（二）现场仓区

体育赛事接待酒店餐厅现场仓区应分别设置清真餐和非清真餐的现场仓，包括常温库、冷藏库、冷冻库，各仓储规模应至少满足餐厅3日的食材储备需求。现场仓70%作为常温库房，30%作为冷藏、冷冻库房。

（三）后厨区

（1）按照原料进入、原料加工制作、半成品加工制作、成品供应的流程进行功能区布局。

（2）食品处理区应设置在室内，并依据《中华人民共和国食品安全法》的要求采取措施，防止食品在存放和加工制作过程中受到污染。

（3）冷荤食品应单独设置带有二次更衣间的拼配室，二次更衣间中应设洗手盆，入口处应设置通过式的消毒措施。

（4）垂直运输生食和熟食的食梯应分别设置，不得合用。

（5）分开设置原料通道及入口、成品通道及出口、使用后餐饮具的回收通道及入口。

（6）设置独立隔间、区域或设施存放清洁工具，其位置应不会污染食品，并有明显的区分标识。

(7) 食品处理区面积不应小于 300 m², 清洗消毒区面积不应小于食品处理区面积的 10%, 切配烹调场所面积不应小于食品处理区面积的 15%, 专间不应小于 10 m²。

（四）前厅区

(1) 室内净高应不低于 5 m。

(2) 设置多条餐线供餐, 将就餐人员分流。

(3) 厅内就餐人员出口处, 均应设置餐具回收处。

（五）就餐通行及公共服务区

(1) 每一条就餐通道均应设置验证就餐卡的专属位置。

(2) 就餐人员卫生间应单独设置, 应男女分设, 且面积及设施均应满足不少于 10 人同时使用。位置应隐蔽, 其前室的入口不应正对或靠近就餐区与取餐区, 同时应设置明显的导引牌及标识。

(3) 就餐区应设置总服务台, 处理就餐卡相关事宜, 同时办理生日餐、病号餐和常温餐包等相关服务的预约和领取手续。

(4) 存包处应设置在餐厅入口处并靠近总服务台, 存包处内搭建存包货架, 应至少满足 100 个存包位需求。

(5) 消防通道以及其他的安全设施应设置在显眼位置, 并配备明显标识。

(6) 如有 2~3 层或 3 层以上的就餐区, 则应加装步梯。

（六）餐厅办公区

(1) 餐饮服务商办公室, 可根据餐厅建筑现有的房间设置, 通常不应少于 4 间。

(2) 应在餐厅内设置检测室和办公室各 1 间, 供当地市场监督管理局委派的食品安全检测机构使用。

除以上要求外, 在餐厅总体功能布局上, 前厅与后厨布局上应严格分开, 但必须通过备餐间紧密相连。后厨各主要用房的组合秩序, 应按食品加工工艺流程的要求安排, 以主副食品加工部分为核心, 配备相应的功能间。

三、流线设计规范

"就餐人员流线便捷清楚, 服务流线快速通畅, 后厨流线安全稳妥, 各流线互不交叉"是体育赛事接待酒店餐厅流线设计的基本原则。要做到各项供餐措施按规划运转, 保证效率, 便于管理, 各流线设计应充分考虑以下因素。

1. 就餐人员流线

(1) 就餐人员入口与工作人员入口应分别设置。进入餐厅大门后, 应预留缓冲空间, 避免就餐人员在餐厅入口处聚集拥堵。

(2) 取餐流线应根据餐厅实际情况设置, 一般不少于 2 条, 且应根据就餐人数调整。每一条取餐流线之间应设置缓冲空间, 便于就餐人员排队取餐。

(3) 体育赛事接待酒店餐厅应设置无障碍设施与无障碍通行道路。

2. 工作人员服务流线

(1) 工作人员入口应单独设置, 一般设置在体育赛事接待酒店餐厅建筑后方。菜点经过由生到熟的加工后, 由工作人员通过连接后厨与前厅之间的备餐间, 进行菜点供应。与此同时,相应的餐厨垃圾也从前厅经餐厅后方的专用通道送至垃圾站。

(2) 工作人员流线距离应尽量缩短,避免迂回。应防止在同一区域内出现不同的服务流线交叉与过于集中的情况,以避免工作人员在供餐过程中发生相互碰撞,从而提高供餐效率。

3. 后厨流线

(1) 后厨流线分类。

①现场仓到操作间的食材流线。

②操作间到前厅的送餐流线。

③操作间与前厅之间撤换餐的流线。

(2) 后厨流线应按照食材由生到熟的加工顺序进行设计,确保各流线互不交叉。遵循现场仓—粗加工间—热加工间—备餐间的总体思路进行规划。应严格按卫生要求、加工工艺要求,做到主副食品分开、生熟分开、洁污分流。

附件2 体育赛事接待酒店设计图纸会审主要内容

餐厅设计完成后,在组委会接待部的统筹管理下,组织改造设计单位、施工单位、工程监理、餐饮服务商、厨房设备供应商以及供水、供电、供气、消防单位代表,针对图纸进行联合会审。

图纸联合会审应按照"熟悉拟建工程的功能,熟悉审查工程平面尺寸,熟悉审查工程的立面尺寸,检查施工图中容易出错的部位有无出错,检查有无需改进的地方"的程序和思路开展,目的是使各相关单位全面细致地熟悉和审查图纸,确保施工图纸内容详尽、明确,各方无异议,这是顺利开展施工的必要环节。图纸联合会审主要包括以下内容。

一、图纸会审的内容

(1) 图纸是否经改造设计单位正式签署,改造设计单位资质是否符合要求。

(2) 地质勘探资料是否完善。

(3) 设计地震烈度是否符合体育赛事举办地要求。

(4) 总平面与施工图的尺寸、平面位置、标高等是否一致。

(5) 是否满足消防条件。

(6) 结构图与建筑图是否符合制图标准,表示方法是否清楚。预埋件是否表示清楚,有无钢筋明细表或钢筋的构造要求,预埋件在图中是否表示清楚。

(7) 施工单位是否具备施工图纸中所列各种标准图册。

(8) 材料是否满足图纸中所要求的条件,确保材料符合标准。

(9) 地基处理方法是否合理,是否发现并解决建筑与结构中存在的不便于施工的技术问题和可能导致质量、安全、工程费用增加等的问题。

(10) 管道、线路、设备、运输道路与建筑物之间或相互间有无矛盾,布置是否合理。

(11) 若是由已有建筑改造而成的餐厅,则应审核改造部分是否存在安全风险。

(12) 施工安全、环保有无保证。

(13) 图纸是否符合监理大纲所提出的要求。

二、图纸会审的程序

(1) 由组委会接待部负责人主持。
(2) 改造设计单位介绍设计图纸。
(3) 施工单位、工程监理单位代表发表意见。
(4) 餐饮服务商代表及其他参会代表发表意见。
(5) 改造设计单位逐项应答,形成会审记录文件。
(6) 签字、盖章后生效。

三、图纸会审的原则

(1) 是否符合有关部门对初步设计的审批要求。
(2) 是否对初步设计进行了全面、合理的优化。
(3) 安全可靠性、经济合理性是否有保证,是否符合工程总造价的要求。
(4) 设计深度是否符合设计阶段的要求。
(5) 是否满足使用和施工工艺要求。
(6) 是否符合体育赛事接待酒店餐厅功能布局规范和流线设计规范。

附件3 体育赛事接待酒店施工规范

在餐厅设计图纸联合会审且确认后,将开展施工工作。本项工作由组委会接待部通过招标选定施工单位,由中标施工单位负责施工,施工前的技术准备也由施工单位负责完成。应由组委会接待部和中标的餐饮服务商会同工程监理单位对施工全程进行监管,具体应遵循以下规范。

一、施工前的技术准备

(1) 核对并确认工程所采用的设备和材料,明确图纸所提出的施工要求,明确综合布线工程和主体工程以及其他安装工程的交叉配合,以便及早采取措施,确保施工过程中不破坏建筑物的结构强度及外观,不与其他工程发生位置冲突。

(2) 会同改造设计单位现场核对施工图纸,进行安装施工技术交底,充分了解设计文件和施工图纸的主要设计意图。

(3) 熟悉和工程有关的其他技术资料,如施工及验收规范、技术规程、质量检验评定标准以及制造厂家提供的产品资料。

(4) 编制施工方案。根据组委会接待部批准的设计文件和施工图纸要求,结合施工现场的客观条件、设备器材的供应和施工人数等情况,编制施工进度计划和安装施工计划,做到合理有序地安装施工。安装施工计划必须详细、具体、严密和有序,便于监督和科学管理。

(5) 编制工程预算。按照组委会接待部批准的设计与施工方案编制相关预算,工程预算文件的内容包括:

① 工程概况,预算总价值。

② 编制依据及对采用的收费标准和计算方法的说明。

③ 工程技术经济指标分析。

④ 其他需要说明的问题。

（6）落实施工安全管理制度，包括但不限于《安全管理检查制度》《安全管理机构、人员及其职责》《安全生产教育培训制度》《安全生产资金保障制度》《特种作业人员管理制度》《安全例会制度》《技术交底制度》《事故调查及处理》《安全事件应急预案及救援》《安全奖罚制度》《项目负责人带班制度》《安全生产责任状制度》及《意外伤害保险制度》。

（7）组委会接待部在体育赛事举办地政府相关部门办理施工许可证，按照规定提供所需资料。组委会接待部经批准取得施工许可证后，应尽快组织开工。因故不能按期开工的，组委会接待部应当办理相关延期手续。

（8）组委会接待部应指定施工现场总负责人，施工单位应当指定项目经理，餐饮服务商应选派代表，工程监理单位应明确监理人员。

二、施工现场的技术规范

为加强餐厅施工现场管理，应遵循以下规范。

（1）施工单位指定负责人应全面负责施工过程中的现场管理，并根据工程规模、技术复杂程度和施工现场的具体情况，建立施工现场管理责任制，并组织实施。

（2）施工单位必须严格按照批准的安装施工计划进行施工。

（3）餐厅建设施工中需要架设临时电网、移动电缆等，施工单位应向体育赛事接待酒店提供电力保障的单位提出申请；施工中需要停水、停电、封路，当影响到施工现场周围地区的单位时，必须经有关主管部门批准，并事先通告受影响的单位，经批准后方可在专业技术人员指导下进行。

（4）餐厅竣工后，应由组委会接待部组织改造设计单位、施工单位共同编制工程竣工图，会同体育赛事接待酒店餐厅相关单位进行工程质量评议，整理各种技术资料，完成工程初验，并按规定提交竣工验收报告。如发现问题，未达到验收条件时，应在整改完成且符合验收标准后再提交竣工验收报告。

三、施工的监理规范

施工的监理工作由组委会接待部指定的工程监理单位负责，严格按照《建设工程监理规范》(GB/T 50319—2013)和组委会接待部要求，对体育赛事接待酒店餐厅施工的全过程进行监理。

四、前厅施工规范

体育赛事接待酒店餐厅前厅主要包括餐厅出入口、取餐区和就餐区，主要施工规范如下。

（一）餐厅出入口施工规范

使用原有建筑改造而成的餐厅，其施工总要求是因地制宜，原则上无须做特别的结构性改造，但应满足以下要求。

（1）设置总服务台：总服务台可设置在餐厅入口两侧，也可设置在餐厅大门内。如设置在餐厅入口两侧，则应选择一间能容纳8~10人的房间，内含2~3张办公桌椅供工作人员办公使用,室内照明良好;如设置在餐厅大门内,则应设计制作类似酒店前台的服务台。

(2) 设置缓冲区域:餐厅出入口应预留足够缓冲区域,地面选择防滑材料,还应有无障碍通道。如有外置步梯,步梯上方应加盖遮雨设施。

(3) 设置应急隔离室:应急隔离室主要用于体温检测异常或有其他疾病的就餐人员的健康观察与确认,应设置在距离餐厅至少20 m的独立区域,面积应不小于10 m^2。应急隔离室应有独立流水洗手设施,门外应设置隔离线进行警示,室内应当划分清洁区和相对清洁区,并有明显标识进行区分。清洁区为医疗、消杀等工作人员的工作场所,该区域由组委会接待部所属的驻酒店医疗站管理。

(4) 出入口通道的宽度应能满足至少6人并行。

(二) 取餐区施工规范

取餐区是就餐人员进入餐厅后取餐食的区域,通常设置在靠近后厨的区域。一般取餐区沿墙布置,按标准安装餐台。

(1) 位于后厨与就餐区之间,取餐区与后厨的距离应不少于2 m,作为供餐人员操作通道。整条餐线应面朝就餐区。

(2) 独立中岛台与明档区应考虑加温设备电线走向。

(3) 取餐台高度为80 cm,深度为60 cm,长度按照平面设计图规划餐线打造。

(三) 就餐区施工规范

就餐区是指就餐人员取餐后用餐的区域,需要因地制宜地进行施工规划设计。

(1) 就餐区结构:层高不应低于5 m,应安装足够的照明、通风设备,同时应充分运用就餐区已有的窗口实现天然采光和通风。

(2) 就餐区门窗:装配严密,与外环境直接相通的门和可开启的窗设防蝇蚊纱网、风幕机等防护设施。

(3) 就餐区装饰材料要求:就餐区的室内各部面层均应选用无异味、不易积灰、易清洁、阻燃防火的材料。地面应选择防滑、易冲洗、易干的材料铺装。就餐区与就餐区每排宽度应不小于2 m,在施工中还应考虑空调安装和餐厅内氛围布置等的相关要求。

(4) 设置卫生间:在就餐区的两侧靠外墙区域,应设置卫生间。

除以上要求外,整个餐厅前厅区域均应有良好的照明、通风,应为各用电设施预留配套的供电接口。

五、后厨施工规范

体育赛事接待酒店餐厅后厨是加工食品的区域,该区域主要包括粗加工间、切配间、热加工间、专间(凉菜间)、备餐间、洗消间、更衣间、清洁间。后厨各区域高度均不应低于2.5 m(操作台面至天花板高度大于1.5 m),具体的施工规范如下。

1. 粗加工间、切配间施工规范

(1) 地面应用具有防滑、防水、无毒、易干且有一定清洁度的材料铺装。四面墙壁贴瓷砖到顶,天花板吊顶应选用防潮、防霉的材料与涂料。

(2) 排水沟应有坡度,下水道通畅,排水出口应有网眼孔径小于6 mm的金属隔栅或隔离网。

(3) 预留照明及其他用电设施配套的供电接口。

（4）室内设置防尘、防蝇、防虫、防鼠设备设施。

（5）铺设用水设备配套的供水管道。

2. 热加工间施工规范

（1）地面应用具有防滑、防水、无毒、易干且有一定清洁度的材料铺装。四面墙壁贴瓷砖到顶，天花板吊顶应选用防潮、防霉的材料与涂料。

（2）排水沟应有坡度，下水道通畅，排水出口应有网眼孔径小于 6 mm 的金属隔栅或隔离网。

（3）产生油烟的设备上部，预留安装机械排风及油烟过滤设备的位置。

（4）应采用耐火极限不低于 2 小时的防火隔墙与其他区域分隔，隔墙上的门、窗应采用乙级防火门、窗。

（5）预留照明及其他用电设备配套的供电接口。

（6）室内设置防尘、防蝇、防虫、防鼠设备设施。

（7）铺设用水设备配套的供水管道。

3. 专间（凉菜间）施工规范

（1）专间入口处设置有独立洗手（非手动式水龙头）、消毒、干手、更衣设施等。

（2）地面应用具有防滑、防水、无毒、易干且有一定清洁度的材料铺装。四面墙壁贴瓷砖到顶，天花板吊顶应选用防潮、防霉的材料与涂料。

（3）内部不设明沟，采用带水封地漏，能防止废弃物流入及浊气逸出。

（4）食品传递窗为开闭式，其他窗为封闭式。

（5）专间只设一扇弹簧门，采用防水的坚固材质，能够自动关闭。所有专间均不设直接开向餐厅的门，也不能把专间作为厨房通向餐厅的通道。

（6）除门设置风幕机外，在离地不超过 2 m 的高度，预留安装紫外线消毒灯的区域，紫外线消毒灯开关设于室外，并加贴标识。配备独立空调，功率与室内面积相匹配。

（7）预留照明及其他用电设备配套的供电接口。

（8）室内设置防尘、防蝇、防虫、防鼠设备设施。

（9）铺设与用水设备配套的供水管道。

4. 备餐间施工规范

（1）入口处应设置通过式预进间，设有洗手、消毒、更衣等设施。

（2）地面应用具有防滑、防水、无毒、易干且有一定清洁度的材料铺装。墙裙采用瓷砖铺设到顶，天花板吊顶应选用防潮、防霉的材料与涂料。

（3）备餐间的门应能自动关闭，若不能双向开闭，则应开向备餐间内。

（4）备餐间与热加工间之间应设专用供菜通道，通道口应设门，大小以可通过传递食品的推车尺寸为准。

（5）在离地不超过 2 m 的高度，预留安装紫外线消毒灯的区域。紫外线消毒灯开关设于室外，并加贴标识。配备独立空调，功率与室内面积相匹配。

（6）预留照明及用电设备配套的供电接口。

（7）室内设置防尘、防蝇、防虫、防鼠设备设施。

5．洗消间施工规范

（1）洗消间不得与切配间、烹调间等加工场所混在一起。

（2）洗消间的面积应根据就餐人数设置，确保有足够的空间放置洗涤、消毒及食具设施。

（3）地面应采用具有防滑、防水、无毒、易干、可洗刷的材料铺装，且有一定坡度，保证不积水。墙裙采用瓷砖铺设到顶，天花板吊顶应选用防潮、防霉的材料与涂料。

（4）排水沟应有坡度，下水道保证通畅，排水出口应有网眼孔径小于 6 mm 的金属隔栅或隔离网。

（5）预留与照明及用电设备配套的供电接口。

（6）铺设固定的洗刷、过水、消毒三类洗消池及其他用水设备的供水管道。

（7）设置防尘、防蝇、防虫、防鼠设备设施。

6．更衣间施工规范

（1）更衣间必须与后厨处于同一建筑物内且为独立隔间，一般设置在后厨入口处。

（2）地面应用具有防滑、防水、无毒、易干且有一定清洁度的材料铺装。四面墙壁贴瓷砖到顶，天花板吊顶应选用防潮、防霉的材料与涂料。

（3）更衣间内或出口处，应设置有独立洗手（非手动式水龙头）、消毒、干手设施。

（4）更衣间宜按餐厅全部工作人员数量分设男女更衣间，每人一格更衣柜，单个柜体尺寸应不小于 0.5 m×0.5 m×0.5 m。

（5）铺设与用水设备配套的供水管道。

（6）预留照明及用电设备配套的供电接口。

7．清洁间施工规范

（1）设置独立隔间、区域或设施存放清洁工具，其位置应不会污染食品，并有明显的区分标识。

（2）地面应用具有防滑、防水、无毒、易干且有一定清洁度的材料铺装。四面墙壁贴瓷砖到顶，天花板吊顶应选用防潮、防霉的材料与涂料。

（3）铺设用水设备配套的供水管道。

（4）预留照明及用电设备配套的供电接口。

除以上规范以外，前厅和后厨的所有施工，还应考虑后期使用安全与各区域方便检修的因素，同时所有施工均应符合市场监督管理部门对食品安全的相关规范。

六、现场仓施工规范

体育赛事接待酒店餐厅现场仓主要采用临时租用成品现场仓的方式，并不会单独施工新建，但现场仓必须加盖屋顶，施工应遵循以下规范。

（1）应选择靠近后厨且地面平整的区域设置现场仓，整体应高于地面 30 cm 以上，地面做硬化处理。

（2）现场仓选址应毗邻餐厅或与餐厅在同一建筑内，距离原则上不超过 100 m。现场仓顶部与连接后厨的通道应有全覆盖的遮雨设施，货柜顶部与遮雨棚的高度不低于 2 m。

（3）常温库、冷藏库、冷冻库应当分开设置，均应安装足够的照明设备和 220 V/380 V

的电源。

(4) 应以无毒、坚固的材料建成,除冷藏库、冷冻库外的库房应有通风、防潮、防鼠等设施外,防鼠设施高度不低于 0.6 m。

(5) 主食品仓库应有自然通风条件,自然通风不足的区域应设置机械通风装置。

七、用电接驳施工规范

(1) 体育赛事接待酒店餐厅所有工作区域电线线路连接及负荷,应符合国家电气安全标准。

(2) 施工方负责提供供电电路至餐厅各用电设备 1 m 之内,由餐饮服务商做最终的设备接驳。

(3) 所有连接要求均应在餐饮服务商设备机电表中体现,并标明连接大小和方式、连接高度、功率和其他特别要求。

(4) 施工方须与餐饮服务商确认现场普通插座的安装位置。

(5) 所有三相配电必须有零线和地线。

(6) 应由符合资质的施工方负责照明电路施工、厨房及相关区域的照明,应有防爆保护。

八、消防施工规范

体育赛事接待酒店餐厅消防设施,应选择具有消防工程资质的单位进行施工,并符合以下消防规范。

(1) 按照住房和城乡建设部、国家市场监督管理总局联合发布的《建筑防火通用规范》(GB 55037—2022)要求配置消防设施、器材和应急照明设施。

(2) 按照北京市规划和自然资源委员会、北京市市场监督管理局联合发布的《消防安全疏散标志设置标准》(DB 11/T 1024—2022)设置消防安全疏散指示标识。

(3) 体育赛事接待酒店餐厅进行的改建、扩建、装修、装饰等活动,必须严格执行消防法规和国家工程建设消防技术标准,依法办理建设工程消防设计审核、消防验收、备案手续,并在当地消防部门监管下实施。

九、排水与隔油施工规范

1. 排水施工规范

(1) 含油污水应与其他排水分流。含油污水应经隔油隔渣池预处理后,再排入市政污水管网。

(2) 排水沟应设置为"一"字形或"7"字形,排水管道内径不应小于 70 mm。

(3) 应在有大量出水的区域做排水沟,如炉灶、水台、粗加工间、清洁间等,其他排水少的区域应安装暗管、地漏。排水沟、装饰地面、下水管应缩小接缝,并将缝隙彻底填死,防止污水、残渣渗入。

(4) 暗沟的拐弯口或交汇处应设置检修口,坡度较缓的地方应采用台阶形成落差,防止排水倒灌。

2. 隔油施工规范

(1) 除在各排水出口设置网眼孔径小于 6 mm 的金属隔栅或隔离网外,后厨施工中还应预留隔油池的安装区域,预留尺寸应比隔油池箱边长 20 mm。

（2）体育赛事接待酒店餐厅隔油池一般采用整体成品设备,成品隔油池设备不应设在有卫生要求的食品加工区域内,设备预留区域地面需平整,旁边应设置排水沟或集水坑,便于维修排水和紧急事故的排水。

（3）与隔油池相连的管道材质均应耐酸、耐碱、耐高温。

十、噪声及振动控制规范

（1）体育赛事接待酒店噪声及振动应符合国家生态环境部发布的《社会生活环境噪声排放标准》(GB 22337—2008)与《城市区域环境振动标准》(GB 10070—88)的要求。

（2）应针对设备采取减振措施。设在室外的产生噪声污染的设备,应安装隔声罩等隔声降噪装置。

（3）专用机房与外界连接的墙、楼板、屋面,其空气隔声指数应大于 40 dB,门和窗的隔声指数应大于 35 dB。噪声较大的专用机房应采取吸声、隔声措施。

十一、固体废物控制规范

施工现场会产生大量的固体废物,其控制处理应符合以下规范。

（1）施工现场固体废物临时存放场地不应设在有卫生要求的区域。

（2）施工现场固体废物临时存放场地出口,应设在餐厅后门处（邻近次要街道）,便于清理和转运。

（3）固体废物的处理,应充分考虑回收利用和循环再造,如：将拆建物料作为建筑材料再利用,减少土方外运；重复使用场地围挡、模板、脚手架等物料；将可用的废金属、沥青等物料循环再用。

附件4 体育赛事接待酒店设备选型及安装规范

要实现餐厅的功能,应选择合适的设备并按规范进行安装,具体应遵循以下规范。

一、前厅设备选型与安装规范

前厅是为就餐人员提供服务的大厅,其内部的供餐、用餐及公共卫生设备设施所处位置应一目了然。该区域所需的设备,均应尽量采用租赁的方式进行配置,选型和安装规范如下。

（一）供餐设备选型与安装规范

1. 主要供餐设备选型规范

设备名称	规　　格	技 术 参 数
四格保温售饭柜（含玻璃罩）	1500 mm×700 mm×800 mm	采用 SUS304♯2B 不锈钢板。台面采用 1.2 mm 厚不锈钢磨砂板,柜外壳采用 1 mm 厚不锈钢磨砂板,配 50 mm×50 mm×1 mm 不锈钢可调重力活动脚,调节范围 40 mm,配加厚冲压成型保温斗
双缸自助餐炉	含电加热板	机身采用镜面不锈钢材质,含电加热板

续表

设备名称	规　格	技　术　参　数
调料双层工作台	1200 mm×700 mm×800 mm	采用SUS304♯2B不锈钢板。台面为1.2 mm厚不锈钢磨砂板,台架均采用φ38 mm×38 mm×1 mm不锈钢方钢管作为支架,层板采用1 mm厚磨砂不锈钢,板台脚采用φ38 mm×38 mm×1 mm不锈钢可调重力活动脚
汤桶双层工作台	1200 mm×700 mm×800 mm	
双层工作台1	1800 mm×800 mm×800 mm	
双层工作台2	800 mm×800 mm×800 mm	
筷子消毒车	500 mm×600 mm×800 mm	采用SUS304♯2B不锈钢板。采用1.2 mm厚不锈钢板,配万向脚轮,脚轮应有刹车功能
四门冷藏展示柜	RF4/1 m³	优质无磁不锈钢板,全铜管制造,整体发泡,底板为一次性拉伸成型,自动回归门,欧式结构,电器件均采用国内知名品牌;容积1 m³
四门留样柜	RF4/1 m³	优质无磁不锈钢板,全铜管制造,整体发泡,底板为一次性拉伸成型,自动回归门,欧式结构,电器件均采用国内知名品牌;容积1 m³
灭蝇灯	40 W	产品材质:ABS。适用面积:50 m²。灯管功率:1 W(LED节能诱捕灯)。安装方式:壁挂

2. 安装规范

供餐设备由餐饮服务商进行规划布置。设备供应商完成设备的安装与拆除,同时在餐厅运行过程中,提供维护保修服务并派遣专人值班。

(1)所有生产制作产品和外购件设备必须为全新、合格的产品,并且没有瑕疵或缺陷。必须附有说明书、出厂合格证等相关资料。

(2)按照平面布置图和实际要求摆放。

(3)台面应保持水平放置,不能有漏水、漏电、漏气、漏油现象。

(4)调整各设备之间的位置,应在同一平面或同一直线上。

(5)外购、租赁设备等的摆放,应有足够的操作空间。

(6)用电设备应能正常工作,保证接地。

(7)设备各部件应完整,无松动现象。

(二)空调选型与安装规范

1. 选型规范

(1)利用原建筑内既有的中央空调系统。

(2)当原建筑内中央空调系统无法满足前厅需求时,则应加装部分全新柜式空调。

（3）没有中央空调系统，则全部采用柜式空调，应选择 3 匹空调。在对前厅面积进行计算后，由空调供应商提供具体技术参数，配备满足需求数量且符合国家能效标准的空调。

2. 安装规范

空调系统由空调供应商施工安装，应符合国家相关安装规范。柜式空调应沿着餐区墙面或承重柱所处位置安装，应尽量少占用就餐区与取餐区面积，还应考虑空调排水的处理问题。

二、后厨设备选型与安装规范

为节约开支，避免形成过多的固定资产，通常体育赛事接待酒店餐厅后厨设备采用向厨房设备供应商租赁的方式进行配置。具体的设备选型，应由餐饮服务商提出包含详细技术参数的设备需求清单。由组委会接待部会同餐饮服务商共同前往厨房设备供应商处进行遴选。所有设备应满足食品制作工艺流程及加工条件的需要，摆放、安装位置应便于清洁、维护和减少交叉污染。设备的安装与拆除，由厨房设备供应商负责。

1. 使用燃气的设备选型与安装规范

（1）设备选型。

设备名称	规　　格	技术参数
节能燃气双炒双水灶	2000 mm×1150 mm×800 mm	采用 SUS304♯2B 不锈钢板。灶面采用 1.5 mm 厚磨砂优质不锈钢板，灶围、后背板及其他辅助板采用 1 mm 厚优质不锈钢覆膜磨砂板，内衬采用 2 mm 厚 Q235 冷轧钢板。燃烧器（炉头）采用节能炉头，炉包、炉头等全部为冲压产品。炉架采用 40 mm×40 mm 国标碳素方钢。炉脚采用直径 50 mm 的无缝钢管，外套直径 51 mm 的不锈钢管焊接而成。下部装 M24 可调节螺栓，调节高度为 40 mm 左右。优质风机，产品配置摇摆式水龙头，炉面板前落水槽设直径 40 mm 落水口，加过滤槽盖，防残渣堵塞。炉膛采用高级耐火棉隔热并做耐火砖
燃气双眼大锅灶	2000 mm×1150 mm×800 mm	
燃气蒸饭柜	1500 mm×750 mm×500 mm	采用 SUS304♯2B 不锈钢板。面板采用 1.5 mm 厚磨砂优质不锈钢板，围板采用 1 mm 厚优质不锈钢板。夹层设计，保温性能好，散热小。蒸饭柜锅炉采用不锈钢板焊接而成，选用 1.5 mm 厚的优质不锈钢磨砂板
燃气可倾式汤锅	200 L	全不锈钢材质 3.0 mm；外形尺寸为 1470 mm×1170 mm×970 mm
三门海鲜蒸柜	1200 mm×910 mm×1850 mm	采用优质不锈钢板。面板采用 1.5 mm 厚磨砂优质不锈钢板，围板采用 1 mm 厚优质不锈钢板。夹层设计，保温性能好，散热小。蒸柜锅炉采用不锈钢板焊接而成，选用 1.5 mm 厚的优质不锈钢磨砂板

①燃气灶具额定压力应为低压,应有熄火保护装置。
②燃气灶具连接管应采用燃气管理部门备案的产品。
③燃气灶具外观的显见位置应有产品铭牌,铭牌上应标明产品名称、商标、适用气源、额定压力等。
④燃气灶具铭牌上标注的适用燃气种类必须与供应的燃气一致。
⑤符合节能减排要求。

(2) 安装规范:设备由餐饮服务商进行规划布置。设备供应商负责设备的安装与拆除,同时在餐厅运行过程中提供维护保修服务,并派遣专人值班。
①设备摆放应水平、稳固,满足操作和检修要求。
②设备前应预留宽度不小于1.5 m的通道。
③设备边缘距木质门、窗的水平净距离不得小于20 cm。
④设备与燃气管道的水平间距不应小于30 cm。

设备边缘与电气设施设置最小间距,应符合下列规范。
①与明装绝缘电线的水平净距离不应小于30 cm。
②与暗装或管内绝缘电线的水平净距离不应小于20 cm。
③与配电盘或电表的水平净距离不应小于100 cm。
④与电插座、电源开关的水平净距离不应小于30 cm。

2. 使用电力的设备选型与安装规范

(1) 设备选型。

设备名称	规　　格	技　术　参　数
双门双控电热蒸饭柜	1640 mm × 965 mm × 1455 mm	双层不锈钢板结构,聚氨酯发泡隔热,自动补水,配置18 kW发热管
单门电热蒸饭柜	750 mm × 615 mm × 1400 mm	
四层消毒柜	1900 mm × 800 mm × 2200 mm	双层不锈钢结构,内置隔热棉,装配发热管
压面机	1130 mm × 610 mm × 1060 mm	板材:选用不锈钢优级板。电机:选用名牌铜芯电机。刀具:随机配备两种刀具,并选用45号碳结钢特制。辊子:ϕ120,L260;调节部位采用蜗轮蜗杆式;间隙可调到0.5～8 mm
和面机	955 mm × 570 mm × 1060 mm	板材:整机选用不锈钢优级板,厚度为1.2 mm。电机:选用名牌铜芯电机。结构:可升降结构,搬运便利。传动部件:选用304球墨铸铁QT系列

续表

设备名称	规　　格	技 术 参 数
电烤箱	1250 mm×800 mm×1600 mm	采用不锈钢成型,圆形边角设计方便清洁,符合 HACCP 体系要求,且完全防水;采用精确适度控制功能的对流加蒸煮烹饪模式。炉膛和控制面板之间的独有设计,可防止钢板过热变形;排水装置采用内置式气压降的方式;采用双层玻璃门,能起到很好的保温作用
留样保鲜柜	800 mm×530 mm×1800 mm	(1)制冷类型:直冷。 (2)电子式温控器。 (3)温度范围:0～10 ℃。 (4)可电热除霜
四门双温雪柜	1200 mm×720 mm×1920 mm	(1)内外 304 不锈钢,面板厚度为 0.8 mm。 (2)进口压缩机,微电脑温控器。 (3)层架高度可调,容积为 1000 L,柜门数量为 4 个。温度范围:冷藏为 0～4 ℃;冷冻为 －15～－2 ℃。 (4)制冷方式:风冷。除霜方式:电热。电源接入:220 V/50 Hz 单相。 (5)翅片式铜管蒸发器,翅片式铜管冷凝器,R134a 或 R404a 制冷剂,高压整体发泡,门框带除霜发热丝
开水器带底座	480 mm×320 mm×870 mm	功率:9 kW。产水量:每小时 80 L。不锈钢外壳,自动加水,带有缺水保护装置,发泡保温,节能效果达到 30%
厨余垃圾处理机	1000 mm×700 mm×800 mm	处理方式:研磨直排。额定电源:220 V/50 Hz。日处理量:500 kg。电机功率:1 kW。运行模式:遥控。机身材质:SUS304 不锈钢
洗碗机	3800 mm×860 mm×2100 mm	洗涤量:每小时 5100 件。耗水量:每小时 350～400 L。进水温度:55～70 ℃。加热器功率:18～36 kW。电源要求:380 V/50 Hz/3 Ph。加热方式:电加热
电平扒炉	800 mm×900 mm×(850＋70) mm	采用不锈钢板柜体,平抗刮镀铬扒板。 电功率:8 kW,400 V,3 Ph,50～60 Hz

续表

设备名称	规　　格	技术参数
双眼电磁矮汤炉	1400 mm×1000 mm×550 mm	ADD磁电引擎,数字驱动,多级防护,适用于各种厨房设备,确保设备安全可靠;喇叭形隧道散热风道设计、散热快,电子器件与风道完全隔离,避免油烟侵蚀电路。PPS齿形线盘组件,磁场分布均匀、发热低、损耗小、不偏火、不烧线盘;数码管显示,直观显示当前工作状态下的火力强度,实时显示锅具温度;一体成型台面,IPX6标准防水设计,四面可直接喷淋;6 mm厚φ400 mm微晶面板,坚固耐用;防水、防油烟、防虫、防辐射
电磁双缸双筛炸炉	700 mm×700 mm×800 mm	容量:2×15 L。 电功率:16 kW,380～400 V,3 Ph,50～60 Hz
灭蝇灯	40 W	产品材质:ABS。适用面积:50 m^2。灯管功率:1 W(LED节能诱捕灯)。安装方式:壁挂
紫外线消毒灯	吸顶式	功率≥60 W
烘手器	挂墙式	机身采用进口ABS材质,3C认证齐全,红外感应快速干手,功率12 kW,220 V

①设备能正常运行,安全可靠。

②短时通过短路电流不致损坏。

③用电设备的额定电流应大于或等于正常工作时最大负荷电流。

(2) 安装规范:设备均由餐饮服务商进行规划布置。厨房设备供应商完成设备的安装与拆除,同时在餐厅运行过程中,提供维护保修服务并派遣专人值班。

①设备安装同基层的连接,必须符合国家有关标准要求。

②设备与基层墙面连接牢固,无松动、前倾等明显质量缺陷。

③各种管道及检测口预留位置正确,缝隙小于3 mm,配件齐全、安装牢固。

3. 用水设备及其他小型设备选型及安装规范

(1) 设备选型。

产品名称	规　　格	技术参数
食品快速检测仪	五通道	(1) 广泛用于蔬菜、水果、茶叶、粮食等食品中有机磷和氨基甲酸酯类农药残留的快速检测;兽药残留快速检测。

续表

产品名称	规　格	技 术 参 数
食品快速检测仪	五通道	(2) 检测通道：不少于5个检测通道，可以同时测试多个样品，每个样品由程序控制分别独立工作，不会互相干扰
四层货架	1200 mm×500 mm×1600 mm	(1) 立柱采用38 mm×38 mm不锈钢方管，厚1.2 mm。 (2) 横档采用38 mm×25 mm不锈钢方管制作，厚1.2 mm。 (3) 每层横档数不少于11根。 (4) 调节脚采用全钢可调式子弹脚。 (5) 层板为格栅式结构，每层承重不小于120 kg。 (6) 立柱整体无缝焊接。 (7) 所有焊点采用焊点清洗机及进口镜面液清洗。 (8) 所有锋利处均须去毛刺，精细打磨（三道工序打磨）
工作台	1800 mm×800 mm×800 mm	(1) 台面采用1.2 mm厚优质304不锈钢板制作，台面下垫有16 mm厚木板加固，采用进口发泡胶粘贴。 (2) 台面下采用U形不锈钢加强筋加固，加强筋数量为3条，四周采用不锈钢板封边，加强筋用不锈钢螺丝与木板固定，螺丝数量不少于30个。 (3) 层板采用1.2 mm厚优质304不锈钢板制作。 (4) 四脚采用φ51 mm 304不锈钢管，厚度为1.2 mm，配全钢可调式子弹脚。 (5) 所有焊点采用焊点清洗机及进口镜面液清洗。 (6) 整体无缝焊接、精细打磨（三道工序打磨）
单星洗涮台	1200 mm×700 mm×950 mm	(1) 台面采用1.2 mm厚304不锈钢磨砂板制作。 (2) 星斗采用1.2 mm厚304不锈钢磨砂板制作。 (3) 配有不锈钢下水器及加厚下水软管。 (4) 脚管采用φ38 mm 304不锈钢管，厚1.2 mm，并配全钢可调式子弹脚。 (5) 所有焊点采用焊点清洗机及进口镜面液清洗。 (6) 所有锋利处均须去毛刺，精细打磨（三道工序打磨）
双星洗涮台	1500 mm×700 mm×950 mm	

续表

产品名称	规　格	技术参数
三星洗涮台	1800 mm×700 mm×950 mm	(1) 台面采用 1.2 mm 厚 304 不锈钢磨砂板制作。 (2) 星斗采用 1.2 mm 厚 304 不锈钢磨砂板制作。 (3) 配有不锈钢下水器及加厚下水软管。 (4) 脚管采用 φ38 mm 304 不锈钢管,厚 1.2 mm,并配全钢可调式子弹脚。 (5) 所有焊点采用焊点清洗机及进口镜面液清洗。 (6) 所有锋利处均须去毛刺,精细打磨(三道工序打磨)
不锈钢米饭盘	600 mm×400 mm×48 mm	优质 304 食品级不锈钢制作,一次性冲压成型,厚 1 mm
平板车	890 mm×600 mm×880 mm	(1) 平台采用优质 304 不锈钢板,厚 1.5 mm。 (2) 扶手采用加厚不锈钢 304 管,厚 1.8 mm;焊点为满焊。 (3) 采用实心脚轮底座。 (4) 采用 6 根承载梁,加厚 8 寸静音尼龙轮。 (5) 全车采用进口防锈油漆
不锈钢保温水桶	1 t	双层 304 不锈钢,厚 1.5 mm,中间聚氨酯发泡,厚度不小于 50 mm;每 24 小时温度损耗不超过 5 ℃
不锈钢保温水桶	2 t	双层 304 不锈钢,厚 1.5 mm,中间聚氨酯发泡,厚度不小于 50 mm;每 24 小时温度损耗不超过 5 ℃
沥水架	1200 mm×500 mm×1200 mm	(1) 立柱采用 38 mm×38 mm 不锈钢方管,厚 1.2 mm。 (2) 横档采用 38 mm×25 mm 不锈钢方管制作,厚 1.2 mm。 (3) 每层横档数不少于 11 根。 (4) 调节脚采用全钢可调式子弹脚。 (5) 层板为格栅式结构,每层承重不小于 120 kg。 (6) 立柱整体无缝焊接。 (7) 所有焊点采用焊点清洗机及进口镜面液清洗。 (8) 所有锋利处均须去毛刺,精细打磨(三道工序打磨)
餐车(碗车)	890 mm×490 mm×785 mm	(1) 采用 1.2 mm 厚优质 304 不锈钢板制作。 (2) 所有焊点采用焊点清洗机及进口镜面液清洗。 (3) 整体无缝焊接、精细打磨(三道工序打磨)

续表

产品名称	规　　格	技　术　参　数
拉门工作台	1800 mm×800 mm×800 mm	(1) 台面采用优质不锈钢板制作,厚1.2 mm。 (2) 层板、底板、门、侧板采用优质不锈钢磨砂板制作,厚1.0 mm。 (3) 加强筋采用1.2 mm厚不锈钢板制作,宽度不小于80 mm,翻边为20 mm×2 mm。 (4) 调节脚采用全金属外包不锈钢子弹脚。 (5) 移门挂轮为尼龙挂轮,拉手为双面不锈钢拉手。 (6) 配2扇趟门,门为双层复式双层门,上吊螺式结构。 (7) 所有焊点采用焊点清洗机及进口镜面液清洗。 (8) 所有锋利处均须去毛刺并翻边压实,精细打磨(三道工序打磨)
碗柜(储藏柜)	1180 mm×480 mm×1630 mm	(1) 材质:全优质304不锈钢板。 (2) 拉门:厚1.2 mm,拉手边采用欧式风格,一次冲压成型。 (3) 柜体:厚1.5 mm,上下各分两层,层板下加加强筋。 (4) 托脚承用钢板,配全钢可调式子弹脚。 (5) 所有焊点采用焊点清洗机及进口镜面液清洗。 (6) 整体无缝焊接、精细打磨(三道工序打磨)
洗地龙头	10 m	前扳机水枪,开放式、涂层钢材质、直径3″～8″(1″=2.54 cm)、10 m绕线软管及可调整软管止动块,铜制旋转接头,最大压力为300 PSI,最高温度为80 ℃
高压花洒	挂墙式	本体安装:台式。 本体:单孔。 阀芯:陶瓷式。 水嘴:旋转式。 水嘴:直径12″(约305 mm)。 水嘴出水口:层流出水装置。 特点:非EPACT 2005标准。 特点:具有直径6″(约152 mm)墙上支架。 特点:具有止回阀
烘手器	挂墙式	—

(2) 安装规范:设备由餐饮服务商进行规划布置。厨房设备供应商负责设备的安装与拆除,同时在餐厅运行过程中,提供维护保修服务并派遣专人值班。

①设备必须为全新、合格的产品,并且没有瑕疵或缺陷。必须附有说明书、出厂合格证等相关资料。

②按照平面布置图和实际要求摆放。
③台面应保持水平放置,设备各部件应完整、无松动。
④调整各设备之间的位置,应在同一平面或同一直线上。
⑤厂制品、外购设备的摆放,应有足够的操作空间。

4. 排烟设备选型及安装规范

餐厅后厨应安装排烟系统,其主要由集烟罩、排烟管道、油烟净化器、排烟风机(含消音器)和厨房整体补风装置构成。在安装排烟净化器之前,需对排烟系统中各个部分的实际运行参数进行核算。空气流向应由高清洁区流向低清洁区。应按照《饮食业油烟排放标准(试行)》(GB 18483—2001)要求安装。

(1) 设备选型。

产品名称	规 格	技 术 参 数
集烟罩	配套	(1) 壳体采用304不锈钢板制作,厚1.2 mm。 (2) 宽度与灶台、蒸柜配套。 (3) 所有焊点采用焊点清洗机及进口镜面液清洗。 (4) 整体无缝焊接、精细打磨(三道工序打磨)
低噪声风柜	22′	国标、国内品牌;室外型,防水型
低噪声风柜	20′	
低噪声风柜	18′	
低噪声风柜	15′	
排烟风机	7.5 kW	额定功率:7.5 kW。额定电压:380 V。额定转速:750 r/min。额定频率:50 Hz
排烟风机	5.5 kW	额定功率:5.5 kW。额定电压:380 V。额定转速:750 r/min。额定频率:50 Hz
排烟风机	4 kW	额定功率:4 kW。额定电压:380 V。额定转速:750 r/min。额定频率:50 Hz
排烟风机	3 kW	额定功率:3 kW。额定电压:380 V。额定转速:750 r/min。额定频率:50 Hz
油网	套	优质304不锈钢板制作,料厚0.8 mm
不锈钢封墙板	配套	优质304不锈钢板制作,料厚1.2 mm
不锈钢烟包	配套	
不锈钢烟管	配套	
不锈钢弯头	配套	
不锈钢三通	配套	
风柜支架及防震垫	配套	优质国标40角钢制作,焊点刷防锈漆
电机保护系统	配套	缺相保护,过流过载保护,国产品牌配件
不锈钢变径	配套	优质304不锈钢板制作,料厚1.2 mm

续表

产品名称	规　格	技　术　参　数
风柜机软接驳	配套	优质304不锈钢板制作,料厚1.2 mm
不锈钢风阀	配套	优质304不锈钢板制作,料厚1.2 mm
油烟净化器	30000风量	(1) 长1470 mm,宽1991 mm,高1631 mm;功率3064 W,重量不小于705 kg。 (2) 采用碳钢烤漆外壳,不锈钢电场,净化效率95%。 (3) 高压变压器可在100 ℃的环境下,持续工作数小时而不发生故障。 (4) 电源为智能数字高频高压电源,内置微电脑芯片,能根据实际状况设定最佳的运行模式。 (5) 运行记录通过通信模块传输到远程的服务器,实现云端服务的功能。 (6) 本体阻力小于300 Pa。 (7) 内置云服务系统,实时远程监控设备的运行状态,采集并记录设备的运行数据,可以通过手机APP或者PC端查看设备的运行信息。 (8) 为有效收集油烟粒子和去除气味,每个高压电源至少能给电场主体(收集装置)提供14～16 kV的电压。 (9) 恒流装置可把电流保持在40 mA左右,确保设备的净化处于高效状态。 (10) 高压电源与电场主体采用不锈钢顶针方式连接,不可采用高压线连接
油烟净化器支架	配套	优质国标40角钢制作,焊点刷防锈漆
法兰	配套	优质国标40角钢制作,焊点刷防锈漆
吊架	配套	优质国标40角钢制作,焊点刷防锈漆
防腐密封	配套	国标
防火阀	配套	优质304不锈钢板制作,料厚1.2 mm
不锈钢接油盆连回	配套	优质304不锈钢板制作,料厚1.2 mm

　　排烟风机可采用离心风机或采用排烟轴流风机,当选用轴流风机时,必须选用消防专用风机,必须有国家质量认证中心按照相应标准进行性能检测的报告,其中轴流风机的高温性能,必须满足在280 ℃气流下连续工作30 min的要求。风机的其他性能指标,如风机材料、气动性能、噪声限值、振动精度、平衡精度、电气配线等,也均应符合相关标准的规定。

　　(2) 安装规范:设备由餐饮服务商进行规划布置。设备供应商负责设备的安装与拆除,同时在餐厅运行过程中提供维护保修服务并派遣专人值班。

①风机安装规范。

序号	风机安装的主要技术要求
1	核对基础的坐标位置、尺寸、标高,是否符合设计及设计文件要求
2	基础表面无蜂窝、裂缝、露筋等缺陷,用手锤、敲击不应有空洞声音

续表

序号	风机安装的主要技术要求
3	基础表面应铲成麻面,并吹洗干净,清理地脚螺栓孔内的杂物和积水
4	风机外壳和叶轮应无凹陷、锈蚀和受损变形,不得有影响运行效率的缺陷
5	轴流风机的叶轮和风筒的间隙应均匀,并符合设备技术文件的规定;当无规定时,其间隙不应超过叶轮直径的0.5%
6	风机叶轮的旋转方向和进风口、出风口的位置应符合设计要求
7	检查风机的叶轮是否平衡,每次转动中止时,不应停在一个位置上
8	固定风机的地脚螺栓应带有垫圈和防松螺母
9	整体机组的安装应用成组斜垫铁找平,最后用豆石混凝土灌浆,其强度等级应比基础高一级,并捣固密实
10	风机的底座安装在减震装置上时,各减震器的荷载压缩量应均匀,不得偏心
11	轴流风机的前后风管及管道上的阀门重量不应由风机的风筒承担,应另设支撑
12	通风机传动装置的外露部位以及直通大气的进出口,必须装设防护网罩
13	安装风机的隔振钢支、吊架,其结构形式、外形尺寸,应符合设计或设备技术文件的规定,焊接应牢固,焊缝应饱满、均匀,表面无气孔、裂纹等缺陷
14	风机法兰接口的垫片材料应为不燃材料,垫片厚度不小于3 mm

②排风管、烟罩安装规范。

序号	排风管、烟罩安装的主要技术要求
1	管路布置要遵循"最短"原则,少用弯头,特别是大角度弯头
2	烟罩之上的集气管主出口,首选烟罩的中部位置
3	新风管和排风管穿越房间隔墙处均应设消声器
4	厨房的排风管道应尽量避免过长的水平风道,否则不利于烟气的迅速排出,影响排风效果,通常排风管道最长不超过15 m。水平管道要有2%以上坡度,坡朝向排烟罩,在管道低处设置集油盒。厨房的机械或自然垂直排风管道应采取防止回流的措施
5	水平管道末端采用活法兰连接,以便清理油垢
6	不允许将油烟排入地下排污或排水井道
7	厨房的总进风口和排烟口要分开设置,防止短路,进风口距室外自然地面2 m以上。如进风口和排风口在同一层,朝向相同且邻近时,进风口必须低于排风口。不同朝向位置的排风口气流,不得回流至进风口
8	厨房所在建筑物高度不高于15 m时,油烟排放口应高出屋顶,原则上要高出建筑物2 m以上。建筑物高度高于15 m时,油烟排放口高度应大于15 m
9	排风管的室外排气口上,应安装受室外风压影响小的管帽(管罩)制成品

③注意事项。

　　a. 炉灶、蒸箱、烤炉(箱)等加工设施上方应设置集烟罩,油烟气与热蒸汽的排风管道,应分别设置。油烟的集烟罩口投影面应大于灶台面,罩口下沿离地高度不低于 1.8 m,罩口面风速每秒应不小于 0.6 m。

b. 排气口应装有易清洗、耐腐蚀、网眼孔径小于 6 mm 的金属隔栅或网罩,以防鼠类侵入。

c. 排风管道出口不可接至下水道或水沟,宜设在餐厅顶层,使风道内处于负压状态,避免气味外散。厨房的排风管道,应尽量避免过长的水平风道,一般水平最远距离不应超过 15 m,并且要有 2% 以上坡度,水平末端设活法兰接头,以便清理油垢。排风竖井应与排烟道靠在一起,以加大抽力。

d. 厨房的排风系统宜按防火分区划分,尽量不穿过防火墙,穿过时应装防火阀,厨房通风系统的管道应采用防火材料制成。

5. 消防系统的选型与安装规范

应由具有消防设计资质的企业进行设计,并由具有消防施工资质的企业进行选型与安装,设备选型和安装必须符合国家相关消防法规,应在当地消防部门的监管下施工并组织专项验收。

附件 5　体育赛事接待酒店供餐设备能耗表(示例)

设备	数量	描述	尺寸	备注	用电量			耗气量	
					功率/kW	合计功率/kW	电压/V	每小时耗气量/m³	合计每小时耗气量/m³
区域——清真厨房									
AA01									
AA02									
AA03									
AA04									
AA05									
AA06									
AA07									
区域——清真餐厅									
AB01									
AB02									
AB03									
AB04									
AB05									
AA06									
合计					功率合计			耗气量合计	

附件6　　体育赛事接待酒店氛围布置规范

体育赛事接待酒店餐厅氛围布置是餐厅工程里较为重要的环节,在遵循节俭的原则上,通过规范的视觉表达,对各就餐区与功能区起到显眼且准确的导视作用,方便运动员取餐、就餐,同时辅助呈现轻松愉快的就餐氛围。在布置过程中应遵循以下几点。

(1)餐厅所有装饰应与本届体育赛事主设计元素相符,按照赛事组委会统一下发的《视觉识别手册》所列标准进行设计,不应过多布置运动竞赛的造型。

(2)不同的就餐区应有其特色设计,例如,西餐区宜运用西式元素装饰;中餐区则应突出地方性代表菜的设计元素;清真餐区与非清真餐区应区别设计,且忌用非清真食材作为设计元素。

(3)所有的设计与装饰应遵循节俭的原则,同时营造轻松的就餐氛围。

(4)体育赛事接待酒店餐厅内各类主要标识见下表。

项　　目	主　要　内　容
主入口欢迎标识系统	清真餐区和非清真餐区相关提示、餐厅出入口指引标识、开餐时间标识、签名/欢迎背景墙、餐厅布局图示、总服务台和物品寄存处标识等
地面指引标识系统	紧急疏散指示标识、小心台阶提示标识、有序排队标识等
就餐区标识系统	餐厅分区标识、饮品区标识、调料台标识、禁烟标识等
取餐区标识系统	在餐厅上方,应布置本届体育赛事接待酒店的相关内容。供餐台上方每一个取餐台和菜品前方均应有中英文菜品卡,菜品卡上备注主辅料、口味、过敏原等相关内容;还应有供应菜品所属风味提醒标识等
餐具回收处	根据体育赛事接待酒店餐厅统一的垃圾桶尺寸,定制对应的垃圾回收箱,针对垃圾桶外观进行遮盖包装,垃圾回收箱外侧应粘贴垃圾分类相关标识,垃圾回收箱上方居中悬挂醒目的"餐具回收处"标识
公共卫生间	卫生间方位路径引导标识、男女卫生间标识、无障碍洗手间标识、蹲便器或坐便器标识及小心地滑、废纸入篓、节约用水标识等
现场仓区域标识	非工作人员禁止入内标识、冷库分区分类标识、禁烟标识、小心有电标识等

附件7　　工程部运行所需工作表格汇总

每日巡视记录表

日期：　　年　　月　　日

巡 视 项 目	早班(8:00—20:00)	晚班(20:00—次日8:00)
水总表总阀		
配电机房、分配电箱		
气总表总阀		
污水池		

续表

巡 视 项 目		早班(8:00—20:00)	晚班(20:00—次日8:00)
厨房区域	仓储区		
	屋内空调		
	屋内风机		
	清真后厨		
	清洗间		
	仓储、加工区		
	凉菜间、水果间		
	面点间		
	非清真后厨		
	主食间		
	留样间		
	洗碗间		
	消毒间		
餐厅区域	档口区域		
	饮品区域		
	中岛区域		
	厅面区域		
灭火设备设施			
餐厅外集装箱冷库			
餐厅内外洗手间			
巡视人签字			

注：检查后在对应的网格内做标记，没问题打"√"，有问题打"×"，并联系相应负责人。

巡视线路：

(1) 水、电、气总表总阀。

(2) 厨房冷冻、冷藏仓储设备运行，各分配电箱、燃气阀、水阀、厨具设备。

(3) 专间设备设施。

(4) 餐厅各分配电箱、动线、照明设备等。

(5) 餐厅外集装箱、洗手间等。

设备/设施故障处理记录表

报修部门/人：_____　　　　　报修时间：___月___日___时___分

报修设备/设施：_____　　　　　区域：_____

故障描述：(描述故障出现的时间、故障的原因等相关信息)

_____

_____

维修结果：

_____

_____

维修完成时间：

_____

报修部门/人：

　　　　　　　　　　　　　　　　　　　　签字：　　　　　日期：

_____

维修人员(单位)：

　　　　　　　　　　　　　　　　　　　　签字：　　　　　日期：

_____

工程部当班人员：

　　　　　　　　　　　　　　　　　　　　签字：　　　　　日期：

_____

附件8　工程部运行相关对接人员信息表

序号	姓名	性别	联系电话	单位/职位	是否驻点值守	宿舍编号	值班情况	备注
1				工程部总监			白班	
2				工程部经理			夜班	

续表

序号	姓名	性别	联系电话	单位/职位	是否驻点值守	宿舍编号	值班情况	备 注
3				维修工				
4				厨房设备技术人员				
5				消防维保				
6				水电工				电气、空调照明
7				水电工				排水、电气
8				蒸烤箱厂家代表				
9				施工单位现场代表				
10				供电单位代表				
11				供水单位代表				
12				供气单位代表				
13				电梯维保单位代表				
14				现场仓冷库设备方代表				
15				氛围布置方代表				
16				酒店物业代表				
17				酒店医疗站				

附件9 体育赛事接待酒店厨房设备配件清单

序号	名 称	规 格	单位	数量	图 片	备 注
1	蒸饭车发热管	长 400 mm，380 V	根	15		304 不锈钢
2	汤粥保温台发热管	长 210 mm，220 V	根	3		304 不锈钢

续表

序号	名　称	规　格	单位	数量	图　片	备　注
3	保温售卖台发热管	长 1 m，220 V	根	5		衣架式发热管
4	4分内外丝波纹管	4分,1 m	根	10		
5	4分角阀	—	个	4		
6	可调温控器	220 V,16 A	套	3		
7	炉灶电源开关	220 V	个	5		
8	灶台摇摆水龙头	—	个	4		
9	蒸饭车浮球阀	—	个	5		
10	紫外线灯管		根	40		
11	3匹断路器	380 V,63 A	个	5		
12	4分水龙头	—	个	10		

附件10　　工程部24小时工作流程推演

序号	时间	工作内容	责任人	配合部门	配合人
1	4:00—7:59	（1）早班工程部经理到岗，查看上班次工作/交接班记录，对维修的项目进行巡视。 （2）餐厅外部及屋面设备设施巡视检查，巡视从水总表总阀、排水管网、污水池开始，之后是配电机房、燃气主管网。 （3）对厨房内仓储设备运行情况进行巡视检查，后厨设备设施巡视由清真厨房开始，经逐个操作间至非清真厨房。 （4）前厅设备设施巡视检查，保障设备正常运行。前厅巡视由清真餐区开始，至非清真餐区，然后是中岛，最后是客用卫生间，途经各个供餐台及周边设备。 （5）室外冷冻、冷藏仓储设备巡视检查。 （6）填写每日巡检记录表、重点部位巡视记录	早班工程部经理	厨政部、营运部	相关设备使用人员
2	8:00—9:59	了解前厅、后厨设备运行情况，接收和填写体育赛事接待酒店餐厅设备/设施故障处理记录表，按设备故障轻重缓急，通知维保单位维修	早班工程部经理	厨政部、营运部	当班餐厅经理、当班厨师长
3	10:00—10:59	（1）跟踪餐厅故障报修的维修情况，对维修完毕的设备应与设备维保单位一起签字确认。 （2）对未完成维修的设备，进一步督促维保单位进行维修，如维保单位不能按规定时间进行维修，报组委会接待部协调解决。 （3）紧急维修直接致电维修人员进行维修，做好体育赛事接待酒店餐厅设备/设施故障处理记录表的填写和确认工作	早班工程部经理	厨政部、营运部	设备维护人员、酒店物业

续表

序号	时间	工作内容	责任人	配合部门	配合人
4	11:00—12:59	巡视厨房设备设施及冷冻、冷藏仓储设备的运行情况。后厨巡视由清真餐区开始,经逐个操作间至非清真餐区,之后是室外冷冻、冷藏仓储设备处整理、统计工程故障报修/维修记录。填写工作/交接班记录,做好交接班准备工作	早班工程部经理	厨政部	相关设备使用人员
5	13:00—13:59	(1)晚班工程部经理到岗,了解现场仓、前厅、后厨设备运行情况。 (2)工程部部门会议沟通餐厅工程面执行情况。对上一日工作进行总结,提出工作要求。 (3)早班工程部经理下班	早班工程部经理、晚班工程部经理	厨政部、营运部	当班餐厅经理、当班厨师长
6	14:00—15:59	(1)餐厅外部及屋面设备设施巡视检查,巡视从配电机房开始,经燃气主管网、排水管网、污水池到前厅设备设施,保障设备正常运行。前厅巡视由清真餐区开始,至非清真餐区,然后是中岛,最后是客用卫生间,途经各个供餐台及周边设备。 (2)填写每日巡检记录表、重点部位巡视记录	晚班工程部经理	营运部	当班餐厅经理
7		与前厅、后厨主动沟通了解设备维修完成情况,对未完成维修的设备,进一步督促维保单位进行维修。接收和填写体育赛事接待酒店餐厅设备/设施故障处理记录表,按设备故障轻重缓急,通知维保单位维修	晚班工程部经理	厨政部、营运部	当班餐厅经理、当班厨师长
8	16:00—17:59	(1)跟踪餐厅故障报修的维修情况,对维修完毕的设备,与设备维保单位一起签字确认。 (2)对未完成维修的设备,进一步督促维保单位进行维修,如维保单位不能按规定时间进行维修,报组委会接待部协调解决。 (3)紧急维修直接致电维修人员进行维修,做好体育赛事接待酒店餐厅设备/设施故障处理记录表的填写和确认工作	晚班工程部经理	厨政部、营运部	设备维护人员、酒店物业

续表

序号	时间	工作内容	责任人	配合部门	配合人
9	18:00—20:59	(1)对厨房、冷冻、冷藏仓储设备运行情况进行巡视检查,后厨巡视由清真餐区开始,经逐个操作间至非清真餐区,之后是室外冷冻、冷藏仓储设备处。 (2)前厅设备设施巡视、检查,保障设备正常运行。前厅巡视由清真餐区开始,至非清真餐区,然后是中岛,最后是客用卫生间,途经各个供餐台及周边设备。 (3)餐厅外部及屋面设备设施巡视检查,巡视由配电机房开始,至燃气主管网、排水管网、污水池。 (4)填写每日巡检记录表、重点部位巡视记录	晚班工程部经理	厨政部、营运部	当班餐厅经理、当班厨师长
10	21:00—21:59	与前厅、后厨主动沟通,了解设备维修完成情况,对未完成维修的设备,进一步督促维保单位进行维修。接收和填写体育赛事接待酒店餐厅设备/设施故障处理记录表,按设备故障轻重缓急,通知维保单位修复	晚班工程部经理	厨政部、营运部	当班餐厅经理、当班厨师长
11	22:00—22:59	跟踪餐厅故障报修的维修情况,对维修完毕的设备,与设备维保单位签字确认	晚班工程部经理	厨政部、营运部	设备维护人员、酒店物业
12	23:00—23:59	(1)填写工作/交接班记录,对于次班当班人员重点关注事项要标注清楚。 (2)23:00 晚班工程部经理下班离开餐厅,汇总工作情况	工程部总监	—	—
13	次日 0:00—4:00	夜间驻点餐厅工程部全体待命,随时响应	维保值班人员	—	—

附件11 菜品卡主要内容及要求

序号	设计要点	内容
1	设计元素的使用	严格按照体育赛事组委会统一下发的《视觉识别手册》所列标准进行设计,应简单明了
2	尺寸与材质工艺	使用 A5 大小卡纸,双面彩印

续表

序号	设计要点	内　　容
3	底色设计	不同的风味档口，所使用的菜品卡底色略有区别，应与本风味档口的主色系（如该风味档口的灯箱底色）保持一致，主要为了便于对菜品卡进行区分和管理，避免菜品卡摆放错误
4	针对特别属性的菜品，菜品卡应有提醒标识	针对无麸质、素食、特别菜品的区分：使用国际通用的英语缩写字母来注明，缩写的字母放在菜品名字的右边，使用黑色的粗字体，主要便于就餐人员在看菜名的同时，第一时间能看到菜品的属性。示例如下： 无麸质标识：GF 素食标识：V
5	过敏原提醒	关于该菜品含有相关过敏原的图标，应在菜品卡专门的区域放大呈现，便于就餐人员第一时间辨别

成都第 31 届世界大学生夏季运动会（简称成都大运会）菜品卡展示如下。

附件 12　工程部维保规范

由工程部在体育赛事接待酒店餐厅现场全面负责设备的正常运行，确保餐厅的正常供餐。

一、技术人员 24 小时值守

各相关供应商安排专业技术人员 24 小时值守体育赛事接待酒店,及时处理设备故障。

二、报修程序

设备出现故障,发现故障人员及时上报所属部门主管,部门主管直接致电报驻现场工程部经理,工程部经理安排维修人员及时进行维修,维修完成后形成书面维修单存档。

三、报修流程

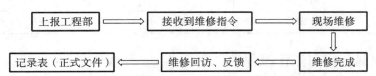

备注:工程部经理进行工作分析,对不同的维修工作分派不同专业的维修人员进行维修;维修人员携带维修材料进行现场维修,维修完成后,请报修班组或者部门进行签字确认;紧急维修可以直接致电维修人员进行维修,并填写体育赛事接待酒店餐厅设备/设施故障处理记录表,值班经理需要对维修工作质量进行回访。

四、报修方法

相关设备使用人员需要了解现有设施/设备情况、名称、性能,哪些设备容易出现故障,容易出现何种故障,还要了解设备在正常情况下的状态。如发现异常情况,要进行报修,如冰箱不制冷、水龙头不出水或无法关闭、灶台鼓风机没有风或者燃气灶点不着火以及火焰大小不好调节等。

报修可以各个功能间为单位填写报修单,如炒菜间冰箱不制冷,或冷荤间冰箱不通电等。前厅可根据菜品区域名称填写报修地点。

填写故障设备出现的异常情况,无法确定具体故障的可以对故障进行简单描述,如果对故障情况不确定,可直接报本班组领班、主管进行确定。

填写体育赛事接待酒店餐厅设备/设施故障处理记录表时字迹要清晰,填写完成后交到工程部办公室。

工程部维修人员联系方式见下表。

区 域	姓 名	岗 位	联系电话	分班	备 注
体育赛事接待酒店餐厅		白班工程部经理		白班	
		运行、维护和抢修人员			
		夜班工程部经理		夜班	
		运行、维护和抢修人员			
		厨房设备技术人员 1		应急维护	
		厨房设备技术人员 2			

注:本表岗位为暂定拟任岗位,可视情况适当调整。

为保障设备正常运行,与对外工程有关的设备报修需对接外部工作单位通信录,以减少突发事件发生。

续表

序 号	相关部门	联 系 人	电 话	备 注
1	供水单位			
2	供电单位			
3	供气单位			
4	物业维保			
5	电梯维保			
6	消防			

五、工程部门内部工作流程

（1）由工程部总监统筹管理部门整体运行，负责分配临时性工作。

（2）由当班工程部经理对日常维修工作进行巡视，督促维修以及对维修质量进行回访。

（3）当班工程部经理负责联系维修人员进行维修。

（4）维修人员应及时反馈维修情况，并进行调整。

（5）参照演练阶段确认的"附件10　工程部24小时工作流程推演"执行每日工作。

（6）工程部每班次对餐厅的所有设备设施进行巡检，编制每日巡视记录表和交接班记录表，形成正式文件。

六、应急预案

（一）停水、停电、停气风险或漏电、漏水、漏气风险

1. 风险描述

停水、停电、停气风险或漏电、漏水、漏气风险导致厨房及餐厅营运停摆。

2. 产生原因

（1）由于设计因素引发的停水、停电、停气风险或漏电、漏水、漏气风险。

（2）由于施工质量因素引发的停水、停电、停气风险或漏电、漏水、漏气风险。

（3）由于设备管道、阀门接驳不正确引发的停水、停电、停气风险或漏电、漏水、漏气风险。

（4）由于误操作或者其他不确定因素引发的停水、停电、停气风险或漏电、漏水、漏气风险。

（5）由于欠费引起的停水、停电、停气。

3. 避免措施

（1）设计方在执行设计工作时，应该与专业设计机构密切配合，在遵守国家相关法律法规的基础上，严格把控设计的品质以及技术要求。

（2）施工方在执行施工时，应该严格按照设计指标执行，避免不合理的施工工序、不达标的材料供应、不合格的设备配置。

（3）施工方在设备管道、阀门接驳上，应当按规范、按要求执行，并进行相关检测。

（4）加强对全体员工的设备使用安全培训工作。

4. 风险应对处置的措施及流程

（1）如实反映情况，根据实际情况做好详细的登记及说明，做好突发事件的基本分析，

并做好简报和评估表。

（2）在上述风险存在的情况下，第一时间上报，如在可控范围内，严格监督设计方与施工方整改。

（3）在上述风险存在的情况下，第一时间上报，如不在可控范围内，将启动应急能源供应系统，并通知工程部总监、项目总经理，如有必要，将上报给组委会接待部。

（4）如在没有接到任何通知，突发停电、停水、停气的情况下，工程部经理应在安排好现场工作后，立即与体育赛事接待酒店物业了解停电、停水、停气情况，确认是内部故障还是外部原因。若为内部故障，一方面要防止突发事件发生，另一方面要向物业了解何时恢复供电、供水、供气，并安排好来电、来水、来气前的所有工作。

（5）根据停电、停水、停气范围与可能的停电、停水、停气时间，启动相应应急安保措施，停电、停水、停气期间现场管理人员应维护好现场的安全及秩序，组织班组员工做好供餐准备工作，并联系物业维保人员到场协助。

（二）设备设施故障或损坏

1. 风险描述

体育赛事接待酒店餐厅、厨房存在设备设施故障或损坏风险，导致局部设备停止运作，可直接影响餐厅和厨房的营运管理。

2. 产生原因

由于维护、操作不当，或者其他不确定因素引发的设备设施故障或损坏。

3. 避免措施

（1）定期检查各紧固件是否松动，检查机架底部（等电位接线端子）处是否接好地线，检查防护罩是否完好有效，检查设备阀门有无泄漏。

（2）定期对员工进行专业知识及操作技能培训。

（3）随时巡视检查设备设施的使用及操作，对于不合理的使用及操作应及时制止。

4. 风险应对的处置措施及流程

（1）如实反映情况，根据实际情况做好详细的登记及说明，做好突发事件的基本分析，并填写好简报和评估表。

（2）在上述风险存在的情况下，第一时间上报，如在可控范围内，工程部通知设备供应商进行紧急维修。

（3）在上述风险存在的情况下，第一时间上报，如不在可控范围内，应更新设备设施，并通知工程部总监、项目总经理，如有必要，可上报组委会接待部。

（三）餐厅电梯故障

1. 风险描述

由于安装、维护、操作不当或者其他不确定因素引发餐厅电梯故障。

2. 产生原因

（1）没有按照电梯的施工要求进行安装。

（2）电梯日常维保单位未能切实履行职责，电梯日常维保不到位，如：未按规定的频次和质量要求维保，导致部件润滑不足、异物卡阻、零部件松动疲劳；损坏后得不到及时更换调整；保护功能失效后得不到有效处理等。

（3）电梯使用单位对电梯日常安全管理重视程度不足。

(4)电梯使用单位不规范使用电梯或某些不可抗力因素所致。

3. 避免措施

(1)严格执行安装要求,并在通过验收及检验后使用。
(2)定期检查与维护电梯。
(3)定期对员工进行专业知识及操作技能培训。
(4)电梯维保人员在供餐期间24小时驻场维护。

4. 风险应对的处置措施及流程

(1)如实反映情况,根据实际情况做好详细的登记及说明,做好突发事件的基本分析,并填写好简报和评估表。
(2)在上述风险存在的情况下,第一时间上报,如在可控范围内,工程部通知设备供应商进行紧急维修。
(3)在上述风险存在的情况下,第一时间上报,如不在可控范围内,应更新设备设施,并通知工程部总监、项目总经理,如有必要,可上报组委会接待部。

七、风险防控

(1)为保障设备设施安全,所有设备购买综合责任保险,规避在公共场所进行生产、经营或其他活动时,因意外事故发生而造成他人人身伤亡或财产损失情况。
(2)为所有参与本项目的人员缴纳"五险一金",规避工作人员就业、养老、工伤、医疗、生育风险。
(3)设备设施提供备件,可用于临时替代,以避免设备设施无法及时维修好,而造成严重后果。

附件13　工程部撤场规范

在接待酒店餐厅停止供餐后,按组委会接待部具体要求,立即启动指定的设备设施及氛围布置的拆除、打包、运输工作。详细的撤场计划应由餐饮服务商、设备供应商、氛围布置服务商共同规划,再交给组委会接待部审核。工程部撤场的具体规范如下:

一、设备撤场准则

(1)厨房设备撤场,需保证将已接水、接电设备拆除时不破坏点位,保障后续使用单位的设备进场后不需要修复,优质、安全、高速地完成撤场工作。
(2)餐厅设备及餐桌椅撤场时,需保证将已接水、接电设备拆除时不破坏点位,并且餐桌椅等撤场时应在不破坏餐厅地砖完整性的前提下,优质、安全、高速地完成。

二、撤场施工流程

1. 燃气设备类

(1)关闭燃气总阀:燃气设备处在全部停用的状态后,关闭燃气总阀,确保拆除设备时,不会有燃气泄漏的风险。
(2)关闭支气阀:前端总阀门已处于关闭状态下,末端支气阀也需要进行关闭,双阀门关闭,确保安全。
(3)关闭电源:断开厨房各区域内主电箱内的主电源。

(4) 关闭进水阀：断开厨房各区域内设备的进水阀。

(5) 拆断电源及上下水管件：根据设备的特性对用气管道、用电管道及供水、排水管道进行切割、拆卸；拆卸后的管道、电路材料等分类码放，待全部拆卸完成后，集中进行运输搬运，并将拆卸后的电路系统进行包裹缠绕，以免后期出现人员触电等情况。

(6) 设备挪至装货点统一放置：设备拆除完毕后，由搬运人员统一搬运至进货口处，分类码放整齐，暂存等待装车。

(7) 设备材料转运：组织人员及车辆对设备进行装卸，统一转运至设备方仓库保存，待进一步处理。

(8) 清运垃圾：将剩余垃圾按垃圾回收政策要求进行集中清运，转运至垃圾处理指定地点。

2. 用电设备类

(1) 关闭电源：用电设备处在全部停用的状态下，关闭电源，确保拆除设备时，不会有触电的风险。

(2) 关闭进水阀：断开厨房各区域内设备的进水阀门。

(3) 拆断电源及上下水管件：根据设备的特性对用电管道及供水、排水管道进行切割、拆卸；拆卸后的管道、电路材料等分类码放，待全部拆卸完成后，集中进行运输搬运，并将拆卸后的电路系统进行包裹缠绕，以免后期出现人员触电等情况。

(4) 设备挪至装货点统一放置：设备拆除完毕后，由搬运人员统一搬运至进货口处，分类码放整齐，暂存等待装车。

(5) 设备材料转运：组织人员及车辆对设备进行装卸，统一转运至公司仓库保存，待进一步处理。

(6) 清运垃圾：将剩余垃圾按垃圾回收政策要求进行集中清运，转运至垃圾处理指定地点。

3. 白钢设备类

(1) 拆除上下水管件：根据设备的特性对用电管道及供水、排水管道进行切割、拆卸；拆卸后的管道、电路材料等分类码放，待全部拆卸完成后，集中进行运输搬运，并将拆卸后的电路系统进行包裹缠绕，以免后期出现人员触电等情况。

(2) 设备挪至装货点统一放置：设备拆除完毕后，由搬运人员统一搬运至进货口处，分类码放整齐，暂存等待装车。

(3) 设备材料转运：组织人员及车辆对设备进行装卸，统一转运至公司仓库保存，待进一步处理。

(4) 清运垃圾：将剩余垃圾按垃圾回收政策要求进行集中清运，转运至垃圾处理指定地点。

4. 氛围布置类

(1) 拆除广告张贴画：对立柱、墙面画进行拆除，作废的画由搬运人员统一搬运至指定垃圾存放处。

(2) 拆除定制柜体：对定制柜体进行分解，拆除的材料由搬运人员统一搬运至指定存放处，分类码放整齐。

（3）清运垃圾：将广告类垃圾按垃圾回收政策要求进行集中清运，转运至垃圾处理指定地点。

三、撤场完成

以上全部指定设备及氛围布置拆除完毕，待撤场工作完成后，告知组委会接待部及体育赛事接待酒店，经确认无误后，执行餐厅移交工作，对接人事、行政部完成员工转移，餐饮服务商工程部人员正式离场。

第七章 体育赛事接待酒店餐饮服务质量监理管理技术规范

对餐饮服务商提供的餐饮服务质量进行监督是重要的管理规范,该项工作简称为餐饮监理。餐饮监理工作包括:人员管理监督、物资管理监督、财务管理监督、食材管理监督、现场加工管理监督、现场服务管理监督。该项工作由组委会接待部的餐饮服务质量督察处负责,餐饮服务商应指定一名副总经理及品控经理参与。该项工作贯穿餐饮服务全过程,现就体育赛事接待酒店餐厅的餐饮监理工作规范流程进行阐述。

人员管理监督规范

对人员管理工作的监督是重要的管理内容,也是餐饮监理的主要工作职责,现以体育赛事接待酒店餐饮服务商的视角,对餐饮服务商人员管理的监督工作进行阐述。

(一)人员到岗管理

餐饮服务商的人员到岗是最基本的考核指标,也是餐饮监理应重点监理的内容。

1 工作要求

接待酒店的餐饮服务团队,根据该接待酒店餐饮服务的总体需求,科学合理地对各部门各岗位进行人员编制核定,确保管理岗位人员按计划到岗,精干高效,服务人员合理分配,使接待酒店餐饮服务项目圆满完成。人员到岗时间及工作内容如下。

周期	时间安排	到岗人员	工作内容
第一阶段(签订餐饮服务合同阶段(或中标后))	开餐前6个月	具备提供餐饮服务资格的以下人员到岗。 项目总经理、副总经理; 行政部:行政总监; 人事部:人事总监、人事经理; 财务部:全体人员; 工程部:工程部总监、工程部经理; 厨政部:行政总厨、厨政部经理; 营运部:营运总监、营运经理; 供应链部:供应链部总监、采购经理、采购员、单证员; 品控部:品控总监、餐饮质量监督经理	主要完成食谱评审、报批;完成食谱分解,确定食材种类、规格、数量;餐厅改造方案、餐厅平面规划评审、确定,完成点位图设计,配合深化设计并确认,配合餐厅内部工程建设和改造;确定大型厨房设备租赁供应商、现场冷库租赁供应商;确定总仓服务商,协助采购人建立食材供应商名录;确定种、养殖类食材供应商;确定场馆热餐订餐流程;确定餐厅就餐人数统计以及餐厅拥挤程度显示系统;与市场监管部门对接食品安全监管等工作;体育赛事接待酒店餐厅营运全面筹备工作

续表

周期	时间安排	到岗人员	工作内容
第二阶段	开餐前 5个月	以下人员陆续到岗。 厨政部：工作人员餐厅厨师长、厨师； 营运部：营运主管、厅面服务员； 供应链部：计划经理、仓储物流经理、仓库管理员、司机、搬运工； 品控部：品控经理	开始餐厅餐饮服务营运工作
第三阶段	开餐前 1.5个月	以下人员全部到岗。 人事行政部：后勤经理、后勤主管、专员； 工程部：维修工； 厨政部：厨师长、厨师、帮厨； 营运部：客服主管、动线主管、洗消主管、保洁主管、服务员、洗消员、保洁员； 品控部：清真督导、品控部主管、品控员	开展各项培训工作，配合接待酒店进行实战演练，落实各项工作方案、流程、计划，提供赛时各餐厅供餐服务

2 考核指标

（1）人员上岗时间，根据接待部接待酒店工作安排，按要求时间到岗。如有调整，则按接待部接待酒店通知要求执行。

（2）关键管理人员（总监级以上人员）到岗率达到100％。

（3）中层管理人员到岗率按照到岗时间要求，到岗率不低于98％。未到岗人员须做出书面说明，且在一周内必须到岗。

（4）其他工作人员按照到岗时间要求，到岗率达到95％。未到岗人员须做出书面说明，且在一周内必须到岗。

（5）因病假、事假、交通等其他原因，餐饮服务商要在一周内补齐人员，最迟在规定时间延后一周（7天内）必须到岗，到岗率达到100％。

3 考核方式

要求餐饮服务商按照规定时间要求，上报到岗人员名单，组委会接待部所属的"酒店接待站"根据名单，通过抽查点名方式检查餐饮服务商实际到岗情况，并根据实际情况对服务商人员到岗情况进行考核，考核方式按照合同约定进行。

（二）日常考勤管理

日常考勤管理则是在餐饮服务商到岗后，每日都必须检查和考核的项目，也是餐饮监理的日常工作。

1 工作要求

严格按照《中华人民共和国劳动法》及《餐饮服务商考勤管理办法》执行,餐饮服务商必须建立健全工作人员考勤考核、工资、奖惩管理等制度,并上交给组委会接待部审批,按制度规范管理,从严要求,确保餐饮服务商日常工作正常开展。

2 考核指标

(1)开餐前,餐饮服务商考勤合格率不低于95%,并要求未到岗人员做出书面说明。

(2)正式开餐后,餐饮服务商考勤合格率不低于98%,并要求未到岗人员做出书面说明。

3 考核方式

(1)开餐前,接待部接待酒店不定期对餐饮服务商考勤情况进行人员检查,检查考勤记录,对现场人员进行抽样点名,合格率应不低于95%。

(2)开餐后,接待部接待酒店每日对餐饮服务商考勤情况进行抽查,检查考勤记录,对现场人员进行抽样点名,合格率应不低于98%。

物资管理监督规范

餐厅的物资种类丰富、数量众多,是提供优质餐饮服务十分重要的物质基础,物资管理监督也是餐饮监理中重要的工作内容。

(一)固定资产管理

1 工作要求

餐饮服务商所购买的单价超过5000元人民币的设备设施,均应列入固定资产科目,明确专管责任人。由于体育赛事接待酒店餐饮服务的特殊性,为了节俭,大型厨房设备及现场仓储设备设施通常采取租赁的方式,其他由供应商提供的设备设施遵循能租不买的原则,设备设施要按照品名、型号、规格、数量等进行登记造册,注明设备管理负责人,做到票据(专票、普票)、日期、名称、单价、规格、型号、经手人、负责人等明细清晰、无涂改、粘贴规范,认真执行负责人签字制度,并上报组委会接待部和财务与审计部,备案审批。

2 考核指标

固定资产完好率达到95%以上。如有损坏和丢失,需要由餐饮服务团队做出专题报告,报接待部经检查后核销。

3 考核方式

服务团队指定专人,每月对固定资产进行清查,由于使用不当造成的设备损毁,餐饮服务商要负责赔偿或购买同等价位的设备补充。在闭餐结束后,根据组委会接待部要求进行交接,或者由餐饮服务商代为处理,扣除设备的磨损率,固定资产设备要保存完好并能正常使用。如出现固定资产人为损坏,按照合同约定进行处理。

（二）低值易耗品管理

低值易耗品也是餐饮服务工作中重要的物资条件，要将这些物资的监督管理纳入餐饮监理的工作范畴中。

1 工作要求

餐饮服务商所购买的低值易耗品应按类别进行分类统计，做到票据（专票、普票）、日期、名称、单价、经手人、负责人等明细清晰、无涂改、粘贴规范，认真执行项目总经理签字制度。低值易耗品按品名、规格、数量分类存放（日常消耗品除外），做到专人管理，要求账目清晰，设备、用品、使用人签字确认，清单由财务部保存，随时备查。

严禁超范围支出及列支，每月上报组委会接待部备案，随时接受组委会接待部的检查。

2 考核指标

低值易耗品消耗正常率达95%以上，领取使用台账清晰，符合实际情况，达标率100%。

3 考核方法

组委会接待部对餐饮服务商低值易耗品清单进行不定期抽查，检查使用台账，检查出、入库，确保正常使用。做到不流失，不浪费。

财务管理监督规范

对餐饮服务的财务管理进行监督是餐饮监理工作的重点，一方面要接受组委会财务与审计部的监督管理，按照组委会的相关财务制度执行，还要以组委会与餐饮服务团队签订的合同为依据进行管理；另一方面则要由组委会接待部餐饮监管处，对餐饮服务团队的相关财务工作进行监督。闭餐后，需要按照组委会的统一部署，做好财务审计工作。

1 工作要求

资金管理应严格按照合同规定执行，资金的使用需向组委会接待部上报申请函，经审核后，报组委会财务与审计执行审批后划拨。按月、季度编制资金使用计划，合理合规支出，严禁超范围使用。大额资金使用，必须严格遵守大额联签制度，所有部门使用资金必须严格执行国家财务制度中的有关规定，并按照组委会接待部财务相关的规定进行财务预算，以合理安排部门资金的使用，以保证资金安全、顺畅使用。以将接待酒店餐饮服务成本合理控制在餐饮服务合同预算内为前提，在保障餐饮服务质量标准的前提下，认真执行组委会关于财务的有关规定，控制营运管理成本，争创"安全、节约、优质"的接待酒店餐饮服务成本管理模式。

2 考核指标

资金规范使用率100%，票据管理合格率100%。

3 考核方式

餐饮服务商对可变成本及封顶成本的各项支出，进行事项备案审批，并且每月定期向组委会接待部上报相关财务支持性文件，配合组委会的审计检查，服从组委会财务与审计部门提出的整改意见，并及时整改。

食材管理监督规范

食材的管理也是接待酒店餐饮监理工作的重中之重,加强对食材的管理监督,才能提供更高质量的餐饮服务。

(一)食材采购管理

1 工作要求

食材采购优先选用已确定的赞助企业、供应基地。对供应商的产品及服务的选择,要在充分满足接待酒店餐饮服务需求的情况下,优先价格较低的产品及服务。对供应商进行遴选、考察,通过市场比价,组委会接待部与餐饮服务商共同确定最终满足接待酒店餐饮服务所需食材。

按照供应商的食材类别,对企业营业执照、质量认证(含清真食材)等各种资质进行存档。

对确定的食材供应商,按食材的品种、类别进行分类登记造册,按照冷藏、冷冻、常温保存的食材以及长保质期、短保质期及一次性到货还是日配,并按照开餐时间食谱计划,排列详细周全的食材到货时间序列表录入系统内,以便及时掌握日配、库存、结余等详细数据,以便工作的顺利进行。同时将一份接待酒店餐饮食材到货计划表上报组委会接待部备案。

要求餐饮服务商及其食材供应商,严格执行组委会接待部食材采购的相关政策,主要包括《食品原材料检验检测政策》《安保政策》《食品现场加工快速检验检测政策》等相关文件。严格按照遴选流程选择供应商,对食材采购数量及价格进行审核,做到数据准确,价格合理,充足供应。

2 考核指标

食材采购品种数量100%,食材采购需求符合采购计划。

3 考核方式

餐饮监理要全程参与并监管食材供应商遴选全过程,对不符合要求的供应商提出整改意见并督促立即整改,对食材测算数据进行查验,确保订单数量相对准确。对每日食材到货进行抽查,对订货计划进行核对。

(二)食材验收及仓储物流管理

食材验收是对所有入库和运输的食材进行监督的重要手段,也是严把食材关的主要措施;仓储物流管理则是食材在生产加工中必不可少的环节,因此,这项工作也是餐饮监理的重要工作内容。

1 工作要求

严格把控运输过程中的食材质量。食材入库前,根据组委会接待部对食材的具体要求,进行食材抽样检查工作,杜绝不合格产品流入仓储,并如实填写食品入库台账,食材入库后,按照规定分类放置并摆放整齐。

食材抽样检查合格后,将食材准时配送至接待酒店各餐厅。

2 考核指标

食材合格率100%,入库台账清晰规范。仓储设备运转正常率100%,温度得到有效控制。运输车辆保障率100%。

3 考核方式

参与食材验收、入库、物流全过程,对餐饮服务商不符合规定的操作进行监督指导,检查食材入库台账、仓储设备温度台账以及物流车辆台账,确保食材安全万无一失。每日抽查上述工作环节。如同一环节二次抽查不合格,或每次抽查有三项不合格,则警告;如再次发生,则由组委会接待部约谈餐饮服务商,按约谈内容整改。

现场加工管理监督规范

对食材的现场加工是将食材转化为食物必不可少的环节,做好现场加工的管理监督,是落实组委会接待酒店食谱的最后也是最重要的环节。因此,餐饮监理每日都要对这一环节进行监督。

1 工作要求

拆包间的食材动线要分配及时,各加工间按照当时食谱菜品,根据烹饪手册制订的烹饪标准对菜品进行加工,菜品出品质量符合标准,菜品中心温度高于70 ℃,备餐时按照指定的备餐计划结合当日预估人数,实施动态备餐,避免食材浪费。菜品出品后,装入保温箱,运送至前厅,保温箱要标记菜品名称和烹饪时间等信息。菜品加工完成后,对操作间进行卫生清洁,清洗消毒各类工器具及设备,确保厨房环境安全卫生。

2 考核指标

(1) 热菜加工中心温度应当在70 ℃以上,凉菜加工温度不高于8 ℃。
(2) 菜品质量合格率100%,食品卫生合格率100%,不发生食源性食品安全事故。
(3) 保证留样率100%,产品质量分析和处理反馈完成率100%。

3 考核方式

组委会接待部所属的驻酒店接待站负责餐饮监理工作的人员,指定专人每日、每餐对厨房进行巡检。按照当餐食谱对照供应菜品进行仔细核对;检查菜品加工过程是否按烹饪手册执行;检查工器具是否清洗消毒;检查专间卫生是否达标;检查食品供应是否充足;检查食品存放是否定点、定位。如发现问题,及时记录,询问负责人,调查其原因,视具体情况进行处理。

现场服务管理监督规范

现场服务管理是指就餐区的管理,做好餐厅现场服务管理工作十分重要,餐饮监理需要每日对餐厅现场服务工作进行监督,确保现场服务能够满足用餐人员的就餐需求。

1 工作要求

确认用餐人员权限,统计用餐人员数量,引导用餐人员快速进入餐厅,快速取餐,快速就餐。服务人员文明礼貌,仪容仪表整洁大方,服务热情周到,熟练掌握本职工作,保证用餐人员体验良好。总服务台人员熟练掌握咨询信息,准确接收生日餐、病号餐、常温餐包等特殊餐饮服务预订信息,耐心解答用餐人员疑问。餐厅存包处存包秩序良好。餐厅垃圾实施分类管理,垃圾清运及时,卫生清洁到位,保证地面、餐桌无污渍,保证餐具清洗符合规定程序、餐具卫生合格。

2 考核指标

(1)服务满意率达到90%,避免因服务商原因产生投诉。如有投诉,采用投诉专项处理方式处理。

(2)清理餐具及环境卫生合格率达到95%以上,对不合格情况及时整改。

(3)公共区域卫生合格率达到95%,对不合格部分及时处理。

(4)餐厅就餐秩序良好。

3 考核方式

餐饮服务团队指定专人每日进行现场检查督导:检查工作人员是否着装整齐、文明礼貌、微笑服务;检查菜品卡摆放是否正确;检查供餐台卫生、就餐环境是否清洁;检查公共区域卫生是否干净整洁;检查洗手间是否清洁、无异味;检查垃圾是否及时清运、无异味;检查餐具是否干净卫生、摆放是否整齐。随时主动征询用餐人员意见,如有投诉,及时专案处理。

在长期的实践中,为了方便每日对餐饮服务质量有效、简便、统一规范地进行监督管理,我们研制出"餐饮服务质量每日监督管理检查表",以供借鉴。

餐饮服务质量每日监督管理检查表

年　月　日

序号	主要项目	工作要求	检查情况	备注
1	健康防控落实情况	前厅、后厨及相关区域	区域按规定每日(　　)次消毒并记录	
		人员检查	所有人员是否测体温 是□ 否□	
		人员安全防控措施	当班人员是否佩戴口罩,是否及时清洗消毒双手 是□ 否□	
2	人员到岗情况	管理人员到岗情况	应到____人,实到____人	
		厨师团队的仪容仪表情况	厨师团队是否开展班前例行检查 是□ 否□	
		管理人员考勤情况	管理人员是否有请假情况 事假□ 病假□ 无□	
			管理人员是否组织或参加交班例会 是□ 否□	

续表

序号	主要项目	工作要求	检查情况	备注
		厨师团队到岗情况	应到____人，实到____人	
		厨师团队考勤情况	厨师团队是否有请假人员 事假□ 病假□ 无□	
		厅面服务人员到岗情况	应到____人，实到____人	
		厅面服务人员的仪容仪表	厅面服务人员是否开展班前例行检查 是□ 否□	
		厅面服务人员考勤情况	厅面服务人员是否组织或参加交班例会 事假□ 病假□ 无□	
	食材准备情况	库存情况	食材储备现场仓温度控制是否符合要求 是□ 否□	
			食材储备是否合理分开储备 是□ 否□	
3	设备运行情况	故障设备报修、维修及时	报修数量____，已完成维修数量____	
			是否进行每日检查 是□ 否□	
		设备运转良好	除报修设备外，其他设备运转是否良好 是□ 否□	
		水、电、气能源供应良好	水、电、气能源供应是否良好 是□ 否□	
			每周检查水、电、气能源是否充足 是□ 否□	
4	后厨加工情况	菜品加工程序执行情况	冷荤加工程序是否按照食品安全规定和烹饪手册要求进行 是□ 否□	
			水果加工程序是否按照食品安全规定和烹饪手册要求进行 是□ 否□	
			热菜加工程序是否按照食品安全规定和烹饪手册要求进行 是□ 否□	

续表

序号	主要项目	工作要求	检查情况	备注
		菜品加工程序执行情况	汤粥加工程序是否按照食品安全规定和烹饪手册要求进行 是□ 否□	
			主食加工程序是否按照食品安全规定和烹饪手册要求进行 是□ 否□	
		出品质量	菜品色、香、味感官检测是否正常 是□ 否□	
			菜品摆盘是否美观、无异物 是□ 否□	
		出品满足现场供应情况	菜品出餐速度是否满足现场供应需求，或是否出现长时间断供 是□ 否□	
			菜品出餐整体节奏是否根据用餐人数实施动态调整 是□ 否□	
		后厨卫生、设备运转情况	检查消杀记录，是否开展定期消杀 是□ 否□	
			后厨垃圾桶是否加盖、保持桶外桶盖及外围清洁，后厨垃圾桶是否严格执行垃圾分类 是□ 否□	
			后厨环境是否干净、整洁、无异味 是□ 否□	
			后厨洗菜池、洗碗池、洗手池、洗肉池是否分开，且标识明确 是□ 否□	
			案板刀具是否无异味、无残留、生熟分开 是□ 否□	
			冷藏柜、冷冻柜生熟食材是否区分明确 是□ 否□	
			排水沟是否有残渣、有积水、有异味或堵塞 是□ 否□	

续表

序号	主要项目	工作要求	检查情况	备 注
		后厨卫生、设备运转情况	天花板及墙裙是否无油迹、无灰尘、无网状物 是□ 否□	
		后厨消防设施情况	是否每周开展检查并填写消防记录表 是□ 否□	
			消防器材在期限内是否能正常使用 是□ 否□	
			除消防器材外是否备有灭火毯 是□ 否□	
5	餐前准备情况	前厅卫生情况	总服务台是否干净整洁、无杂物 是□ 否□	
			存包处是否干净整洁、无杂物 是□ 否□	
			门窗是否干净、无灰尘 是□ 否□	
			取餐区域是否干净整洁、餐具摆放整齐、供餐台无油渍 是□ 否□	
			就餐区域是否干净整洁、地面无油渍、桌椅干净整洁 是□ 否□	
			餐桌、座椅是否摆放整齐、无污渍、无水渍、无破损 是□ 否□	
			灯光照明是否正常 是□ 否□	
			餐厅通道是否有障碍物 是□ 否□	
			垃圾桶是否更换及时、密封良好、无异味 是□ 否□	
			盆景花卉是否有枯叶出现、叶面是否有灰尘 是□ 否□	

续表

序号	主要项目	工作要求	检 查 情 况	备 注
		前厅卫生情况	卫生间是否清洁到位,纸巾、洗手液是否充足并配置到位 是□ 否□	
		餐饮具配置充足	餐饮具配置数量是否充足 是□ 否□	
		供餐准备情况	冷、热饮品数量是否充足 是□ 否□	
			供餐台菜品卡摆放是否和菜品对应 是□ 否□	
			供餐台菜品供应是否及时充足 是□ 否□	
6	现场服务情况	迎宾员验证情况	迎宾员是否礼貌热情,是否严格查验用餐人员权限 是□ 否□	
			用餐人数统计是否准确 是□ 否□	
		就餐秩序	服务员是否准确、及时、合理地引导用餐人员取餐、就餐 是□ 否□	
			服务员打餐是否快速、准确 是□ 否□	
			餐厅是否出现长时间拥挤,取餐是否出现长时间排队现象 是□ 否□	
			现场服务员是否及时妥善满足用餐人员需求 是□ 否□	
		菜品衔接	菜品补充是否及时、无长时间断供现象 是□ 否□	
		垃圾分类管理	垃圾分类是否符合规定 是□ 否□	
			垃圾桶是否清洁消毒、及时更换 是□ 否□	
			垃圾箱是否带盖套袋 是□ 否□	

续表

序号	主要项目	工作要求	检查情况	备注
		客户意见或建议处理情况	客户意见或建议是否及时反馈（回访） 是□ 否□	
			问题处理结果客户是否满意（问题列出） 是□ 否□	
			收集客人投诉____条，建议____条，表扬____条	
7	特殊供餐情况	常温餐包预订执行情况	预订数量____，领取数量____	
		生日餐预订执行情况	预订数量____，已办理数量____	
		病号餐预订执行情况	预订数量____，领取数量____	
8	简餐供应情况	简餐供应充足，就餐秩序有序	是否按时开餐 是□ 否□	
			餐饮具配备是否充足 是□ 否□	
			简餐菜品供应是否按照食谱执行 是□ 否□	
9	工作人员交接班情况	工作人员交接工作情况	是否做好班次交接记录 是□ 否□	
			当班次员工下班后乘坐通勤车，是否组织有序、及时 是□ 否□	
			下一班次员工是否按规定时间及时抵达岗位 是□ 否□	
			各项设备是否正常运行 是□ 否□	
			冰箱、冰柜门是否关好 是□ 否□	
			操作间内是否关闭气阀 是□ 否□	
			垃圾是否已及时清理 是□ 否□	
			餐厅内电器是否确认处于安全状态 是□ 否□	

续表

序号	主要项目	工作要求	检查情况	备注
10	下一班次食材准备情况	库存情况良好	食材储备是否完好 是□ 否□ 储备食材是否合理分开储备 是□ 否□ 仓储温度控制是否符合标准 是□ 否□ 库存数量是否达到警戒线 是□ 否□	

检查人：　　　　　　　　　　　　　　餐饮服务商代表：

在每日工作中，由负责餐饮监理工作的人员以上表为基本模板，会同餐饮服务商负责质量监督管理的人员，按照上表的指标逐项进行检查，每日20:00完成填报，针对不合格的项目进行专项整改，如连续两日不合格，则需启动追责机制。

担任餐饮监理的工作人员必须铁面无私、认真负责，还要熟悉餐饮工作。因此，在餐饮服务商合同签订完成后，组委会接待部就要指定专人负责餐饮监理工作，还要会同财务部共同对预算开支、固定资产管理等工作进行专项监督管理。

上述"餐饮服务质量监督管理"的内容是编者在全运村、军运村、青运村等运动会村首席专家刘清早教授的指导下，对餐饮监理工作进行研究的基础上，又在实践中反复进行验证取得的成果，为我国运动会村和体育赛事官方接待在餐饮监理工作规范方面提供了重要参考。

武汉市京膳坊酒店管理有限公司简介

武汉市京膳坊酒店管理有限公司创建于武汉,服务全国,从事膳食研发、生产、加工、配送及现场服务,是为机关、学校、企事业单位提供团餐服务的专业企业,是为在我国举办的全国性及国际大型综合性运动会、体育赛事等大型活动提供餐饮服务、餐饮管理和为体育赛事接待餐饮运行提供指导及咨询的综合性餐饮服务商。

本公司是武汉市集体配餐A级单位,被评为餐饮发展样板企业、AAA级信用企业和诚信服务供应商,现为武汉市近200所学校以及近百家企事业单位提供团餐服务。

本公司为成都第31届世界大学生夏季运动会运动员村提供餐饮服务,得到了世界各国代表团和各级领导的广泛好评,荣获中共四川省委、四川省人民政府、教育部、国家体育总局授予的"先进集体"荣誉称号;为杭州第十九届亚洲运动会和杭州第四届亚洲残疾人运动会运动员村提供餐饮服务,获得了亚洲各国代表团、亚组委、亚残组委的高度评价和表彰;为在广西举办的第一届全国学生(青年)运动会运动员村提供餐饮服务,获得了全国各代表团和参赛运动队的广泛好评,荣获运动员村村委会颁发的荣誉证书;为2019年举办的第七届世界军人运动会运动员村提供餐饮服务,获得了世界各国代表团的高度评价,并获得了管理军运会餐饮工作的武汉市商务局颁发的荣誉证书。

在2020年武汉进行新型冠状病毒感染疫情防控工作的关键时刻,本公司全体员工义无反顾地为武汉火神山医院、武汉雷神山医院及其他方舱医院不间断保供75天,为全体医护人员和隔离人员等累计提供了388万份供餐。

本公司秉承"做有良心的餐饮人"的朴素理念,兢兢业业做餐饮,营养配餐做供应,安全快捷做配送,热情周到做服务,数十年以来坚持做好"一餐饭"。

本公司创作并编制的《大型综合性运动会运动员村餐饮管理技术规范》已正式出版并向全国公开发行,成为我国运动员村餐饮管理的第一本公开出版物,填补了我国运动员村餐饮管理的空白。

《体育赛事接待酒店餐饮管理技术规范》的正式出版,将为我国各类体育赛事接待酒店餐饮管理建立规范流程,丰富完善以接待酒店为单位做好餐饮管理的规范流程。

本公司通过了ISO 9001质量管理体系、ISO 14001环境管理体系标准、ISO 22000食品安全管理体系、ISO 45001职业健康安全管理体系、危害分析与关键控制点(HACCP)体系等认证。本公司始终以食品安全为底线、以科学营养为原则、以优质服务为宗旨,始终保持"食品安全零事故、服务保障零差错、现场服务零投诉"。

本公司已在武汉市江夏区建设了近70000 m^{2}的"食品科技产业园",成为华中地区首个食材全自动化加工的产业园。

在建设中国特色社会主义的伟大征程中,本公司全体员工坚持听党的话,服从行业管理,精心为客户服务,将为各类体育赛事和活动的餐饮服务做出新的贡献。